司法・犯罪心理学

藤岡淳子 編

有斐閣ブックス

● はじめに ●

　司法・犯罪領域で心理職として勤務する，あるいはそれについて大学で教授するようになってから 40 年ほどが経過した。自身にとっては昨日のことのようであるのだが，学生たちや若い仲間たちと話をしていると，この 20 年ほどの間に「世の中変わった……」とつくづく感じることが増えた。元気に集団暴走や喧嘩をする非行少年たちがいつの間にか影をひそめ，児童自立支援施設に暮らす少年の大半が性問題行動のある少年たちになった。受刑者の犯罪行動変化のためのグループ教育を熱心にやっていたころは，よくて物好き，下手をすると処遇の邪魔扱いされていた気がするが，いまや猫も杓子も再犯防止である。日本の刑務所では無理と思われた治療共同体という方法さえ，一部では支持を受けるようになった。元非行少年・元受刑者たちの声もじょじょに世の中に届くようになりつつある。最初に被害者相談室ができたころは，交通事故遺族が中心だったが，そこから犯罪被害者遺族になり，いまや性被害者など本人たちが声をあげることができるようになっている。ずっと変わらない，変わりっこないと思っていたことが，ある日突然ベルリンの壁が崩れたように，風向きが変わったように感じる。なんだか歴史を語る生き証人あるいは過去の亡霊になったような気さえする。とはいえ，個人的にはよい方向に動いてきていると感じている。

＊

　2007 年に有斐閣ブックスの 1 冊として『犯罪・非行の心理学』を上梓した。10 余年を経て，世の中も制度も変わり，データも古くなってきたので，改訂版の企画を立て始めたが，ちょうど公認心理師制度が動きはじめ，犯罪・非行に関わる心理職に求められる方向性や態度，習得すべき知識やスキルにも変化の兆しがみえてきたところであった。

　そこで，単に改訂版というより，新たな心理臨床領域としての「司法・犯罪」心理学における礎の 1 つを形成するようなテキストを編集したいという野心を抱いた。公認心理師制度のなかで「司法・犯罪」領域が 5 領域のうちの 1 つと位置づけられ，標準カリキュラムも作成されたが，なにやらつぎはぎかつ

バラバラで，領域を形成する骨格，屋台骨がどのようなものであるのか，不明瞭に思えたためである。

*

アメリカ心理学会の定義によれば，司法心理学は，「司法制度内で専門的な心理学的技能を提供することを主たる活動とする心理学の専門分野」である。司法・犯罪領域で活動する心理職に有用であることをめざして，本書では，基本法と司法制度の概要とともに，実際に活動の場となる捜査，裁判，矯正，保護，医療観察，被害者支援の各分野で活躍している先生方に各分野の心理学の基礎知識と心理職の活動について活写いただいた（第II部）。

一方，現代の犯罪心理学は，犯罪行動を学習された行動とみなし，「普通の」人がなぜ，どのように犯罪行動を習得し，その行動を維持し，さらにはそこから離れるのかということの解明に主眼を置いている。それに関わる理論と知識を理解することは，司法心理の実務・実践を行ううえで不可欠の土台となる。

第I部は，司法・犯罪心理学そして犯罪の定義に始まり，その研究方法に触れ，そのうえで，心理学以外の社会学，法学等の関連分野における理論的寄与とその発展，ついで心理学的アプローチを詳細に学ぶ。加えて，対人暴力被害が人間に及ぼす影響を押さえておくことは，極めて重要である。主として加害行動を扱う司法分野の心理職にとっても，加害行動が与えた衝撃的な悪影響，トラウマについて知ることは欠かせないし，そのことは加害行動の背景にあるトラウマにも目を向けることにつながる。

第III部は，司法心理学の狭義の定義「司法に関わる心理学の臨床への応用」とその土台となる犯罪心理学の最新の知見である「犯罪行動から離脱するための心理学的介入」を中心に，日本における実践者たちからの論考を集めた。心理的介入の歴史的展開を踏まえて，アセスメント，トラウマインフォームドケア，社会への再統合（コミュニティへの復帰）という現代的で重要な領域について基本を学び，心理的介入として有効と認められ，日本でも実践されているグループ・アプローチ，認知行動療法による性犯罪行動への介入，自助グループと治療共同体によるアディクション行動からの回復といった実践が並ぶ。これらの章は，臨床実践に役立つことをめざす本書の特徴であり，理論と実践とをつないでいくよき道標となることを期待している。

*

今後，司法・犯罪心理学を学ぶ人が増え，社会から非行・犯罪・暴力行動の低減につながるように実践され，トラウマティックではない関係をより多くの人々がもてることに少しでもつながることを夢みている。

　最後になるが，有斐閣書籍編集第二部の中村さやかさん，渡辺晃さんには，企画段階から出版まで大変お世話になった。ここに記して深謝する。

2020 年 9 月

藤 岡 淳 子

朝比奈 牧子（あさひな まきこ） ［第2章］

川越少年刑務所分類審議室長

主要著作・論文 『関係性における暴力——その理解と回復への手立て』（分担執筆，岩崎学術出版社，2008年），『素行障害——診断と治療のガイドライン』（分担執筆，金剛出版，2013年），『性犯罪者への治療的・教育的アプローチ』（分担執筆，金剛出版，2017年）

大場 玲子（おおば れいこ） ［第9章］

関東地方更生保護委員会委員長

主要著作・論文 「更生保護における薬物乱用防止対策」（『警察学論集』71（11），2018年），「『つなぐ ひろげる つづける』薬物事犯者の社会復帰支援」（『罪と罰』56（4），2019年）

奥田 剛士（おくだ たけし） ［第15章］

公認心理師，元 広島国際大学大学院心理科学研究科特任講師

主要著作・論文 『アディクションと加害者臨床——封印された感情と閉ざされた関係』（分担執筆，金剛出版，2016年），『テキスト 司法・犯罪心理学』（分担執筆，北大路書房，2017年）

笠原 麻央（かさはら まお） ［第5章］

弁護士（大阪弁護士会所属）

主要著作・論文 「性犯罪の刑事弁護」（『季刊 刑事弁護』87，2016年），『事例と対話で学ぶ「いじめ」の法的対応』（分担執筆，エイデル研究所，2017年）

門本 泉（かどもと いずみ） ［第8章］

大正大学心理社会学部教授

主要著作・論文 『性犯罪者への治療的・教育的アプローチ』（共編著，金剛出版，2017年），『加害者臨床を学ぶ——司法・犯罪心理学現場の実践ノート』（金剛出版，2019年）

菊池 安希子（きくち あきこ） ［第10章］

武蔵野大学人間科学部教授

主要著作・論文 『専門医のための精神科リュミエール 4 精神障害者のリハビリテーションと社会復帰』（分担執筆，中山書店，2008 年），『事例で学ぶ統合失調症のための認知行動療法』（共編著，金剛出版，2019 年），『精神科臨床とリカバリー支援のための認知リハビリテーション──統合失調症を中心に』（分担執筆，北大路書房，2020 年）

寺村 堅志（てらむら けんじ） ［第 13 章］

常磐大学人間科学部教授

主要著作・論文 「無差別殺傷事犯に関する研究」（共著，『法務総合研究所研究部報告』50，2013 年），『犯罪統計入門』［第 2 版］（分担執筆，日本評論社，2013 年），『犯罪心理学事典』（分担執筆，丸善出版，2016 年）

野坂 祐子（のさか さちこ） ［第 4・17 章］

大阪大学大学院人間科学研究科教授

主要著作・論文 『マイステップ──性被害を受けた子どもと支援者のための心理教育』（共著，誠信書房，2016 年），『トラウマインフォームドケア──"問題行動"を捉えなおす援助の視点』（日本評論社，2019 年），『子どもへの性暴力──その理解と支援』［第 2 版］（共編，誠信書房，2023 年）

橋本 和明（はしもと かずあき） ［第 7 章（第 1・2 節）］

国際医療福祉大学大学院教授

主要著作・論文 『非行臨床の技術──実践としての面接・ケース理解・報告』（金剛出版，2011 年），『犯罪心理鑑定の技術』（金剛出版，2016 年），『司法矯正・犯罪心理学特論──司法・犯罪分野に関する理論と支援の展開』（放送大学教育振興会，2020 年）

坂東 希（ばんどう のぞみ） ［第 18 章］

大阪大学大学院人間科学研究科特任講師

主要著作・論文 『アディクションと加害者臨床──封印された感情と閉ざされた関係』（分担執筆，金剛出版，2016 年），『治療共同体実践ガイド──トラウマティックな共同体から回復の共同体へ』（分担執筆，金剛出版，2019 年）

引土 絵未（ひきつち えみ） ［第 16 章］

日本女子大学人間社会学部専任講師

主要著作・論文 『自殺をケアするということ──「弱さ」へのまなざしからみえるもの』（共編著，ミネルヴァ書房，2015 年），『治療共同体実践ガイド──トラウマティックな共同体から回復の共同体へ』（分担執筆，金剛出版，2019 年）

✿藤岡 淳子（ふじおか じゅんこ）　　　　　　　　　　　　　　［第1・3・12章］
　一般社団法人もふもふネット代表理事
　主要著作・論文　『非行・犯罪心理臨床におけるグループの活用──治療教育の実践』
　（誠信書房，2014年），『アディクションと加害者臨床──封印された感情と閉ざされ
　た関係』（金剛出版，2016年），『治療共同体実践ガイド──トラウマティックな共同
　体から回復の共同体へ』（金剛出版，2019年）

前川 弘行（まえかわ ひろゆき）　　　　　　　　　　　　　　［第7章（第3節）］
　前橋家庭裁判所次席家庭裁判所調査官

毛利 真弓（もうり まゆみ）　　　　　　　　　　　　　　　　　　［第14章］
　同志社大学心理学部准教授
　主要著作・論文　『アディクションと加害者臨床──封印された感情と閉ざされた関係』
　（分担執筆，金剛出版，2016年），『治療共同体実践ガイド──トラウマティックな共
　同体から回復の共同体へ』（分担執筆，金剛出版，2019年）

吉田 博美（よしだ ひろみ）　　　　　　　　　　　　　　　　　　［第11章］
　駒澤大学学生相談室常勤カウンセラー
　主要著作・論文　『関係性における暴力──その理解と回復への手立て』（分担執筆，岩
　崎学術出版社，2008年），『犯罪被害者のメンタルヘルス』（分担執筆，誠信書房，
　2008年）

渡邉 和美（わたなべ かずみ）　　　　　　　　　　　　　　　　　［第6章］
　科学警察研究所犯罪行動科学部長
　主要著作・論文　『犯罪者プロファイリング入門──行動科学と情報分析からの多様な
　アプローチ』（共編著，北大路書房，2006年），『法と心理学の事典──犯罪・裁判・
　矯正』（共編著，朝倉書店，2011年），『取調べにおける被誘導性──心理学的研究と
　司法への示唆』（監訳，北大路書房，2019年）

　　　　　　　　　　　　　イラスト：イナアキコ（63，93，96，238 ページ）

―――――――――――― **注** ――――――――――――

本書に掲載している事例で特に明記のないものは，典型例を組み合わせた架空のエピソードです。

第 **I** 部

司法・犯罪心理学の基礎

第1章 司法・犯罪心理学を学ぶにあたって

1 司法心理学と犯罪心理学

[1] 日本の刑事司法の流れと心理職の果たしている役割の現状

　日本の刑事司法制度は，成人を対象とするものと少年を対象とするものとに分かれている。図1-1中，枠で囲っているのは公務員試験に合格し，各公的機関に所属して勤務する者である。少なくともこれまでは，心理専門職としての資格や責務以上に，公務員としてのそれを求められてきた。そのなかで，少年司法制度においては，より早くから心理学が審判前調査として活用されており，家庭裁判所調査官，少年鑑別所技官は，審判による処遇決定のための環境および心理についてアセスメントを実施する専門家集団として成立している。

　他方，成人を対象とする刑事司法においては，行動科学の関与はきわめて限られていたが，近年，再犯率低下が求められ，犯罪行動の変化に心理学を含む行動科学の知見を活用することがいわれるようになると，処遇を行う矯正・保護の領域で，公認心理師や臨床心理士といった心理学の専門的資格を有する者や，精神保健福祉士や社会福祉士といったソーシャル・ワークの専門的資格を有する者が，少しずつ司法制度のなかで活動するようになりつつある。

　刑事司法制度は，犯罪が起きたことを認知し，捜査を行い，犯行をしたと疑われる被疑者を逮捕し，裁判を行って，有罪か無罪かを決定し，有罪であれば処分を決める捜査・裁判過程と，刑が確定した後の処遇を行う矯正・保護の過程に大きく分けられる。捜査・裁判過程は，公正な裁判結果を出すためにさまざまな情報が集められ，議論されていく過程であり，司法試験に合格して，裁判に関わる独占資格を有する，裁判官，検察官，弁護士といった法律家が，こ

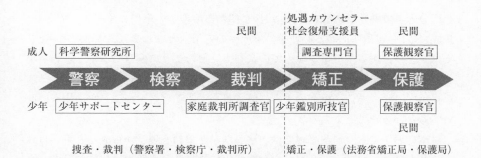

図 1-1　日本の刑事・少年司法制度における心理職

の過程を進めていく。これまで，法律家たちは，実際のところ矯正・保護過程にはほとんど関与しておらず，それは行政に委ねられていた。

　しかし，法学においても刑事司法制度を「刑罰を与えるプロセス」としてではなく，犯罪を犯した人が抱える「問題の解決を導き，結果的に再犯防止を進めるプロセス」として捉えようという考え方，すなわち治療法学（therapeutic jurisprudence）に基づく司法制度が主張されるようになっている。たとえば，欧米では，薬物依存症者は「薬物裁判所（ドラッグ・コート）」と呼ばれる特別な裁判所で裁かれ，薬物依存症の治療を受けるよう命じることができる。薬物裁判所は，再使用率を有意に低下させている。配偶者間暴力，精神障害を有する者に関わる特別な裁判所も設置されており，刑罰に替わる治療命令を出すことができる。こうした裁判制度は問題解決型裁判所（problem solving court）と呼ばれる。今後，日本においても問題解決型裁判が行われるようになるのかは不透明ではあるが，少年審判もある意味での問題解決型裁判所ともいえ，さまざまな形で，行動科学の関与が求められるようになっていくことは確かである。

[2] 司法心理学とは

　司法心理学（forensic psychology）は比較的新しい分野であり，アメリカ心理学会では，2001 年に領域として初めて公的に認められた（APA, 2013）。それによれば，「個人と法に関わる心理学の一分野」であり，この 30 年間に大きな発展を遂げたとされる。アメリカ心理学会の定義によれば，司法心理学は，「司法制度内で専門的な心理学的技能を提供することを主たる活動とする心理学の

専門分野」である。広義には，「司法に関わる心理学の応用のすべて」であり，狭義には，「司法に関わる心理学の臨床への応用」とされる（APA, 2013）。たとえば，家事，民事，刑事，すべての裁判で，どのように証言するか，陪審員をどのように納得させるか，証人にどのように準備させるか，どのようにケースを提示するか，あるいはどのように陪審員を選ぶかといったことを法律家に助言するといったことである。

　日本においても，司法心理学は，法心理学と裁判心理学から成ると考えられることが多い。「法と心理学会」が 2000 年に設立され，裁判過程において，心理や福祉職による，精神喪失の判断に関わる，精神鑑定書とは異なる，被告の心理等に関する情状鑑定や処遇に関する意見書，更生支援計画書も少しずつではあるが，採用されるようになりつつある（橋本，2016）。

　イギリスのデイヴィスとビーチ（Davies & Beech, 2018）は，司法心理学をもう少し広くとらえ，「司法と犯罪に関わる心理学と法の共通事項を扱う」こととし，司法的側面と犯罪学的側面の両方を包含すると捉えている。司法的側面とは，「心理学の知見と方法を司法プロセスに適用する（証拠，証言，裁判などを扱う）」ことであり，犯罪学的側面とは，「犯罪行動への介入を通して，犯罪行動への理解と低減に心理学の理論と方法を活用する」ことを意味する。

[3] 犯罪心理学とは

　犯罪心理学（criminal psychology）は司法心理学より古くから使われている言葉である。第 2 章に詳しいが，19 世紀末にイタリアの精神科医ロンブローゾが著した『犯罪人論』は，現代犯罪学の始まりともいわれ，その後現代の心理学，社会学等の人間科学の発展とともに犯罪に関する科学が発展してきた。ここで注意すべきは，犯罪に関する科学的研究は，心理学だけではなく，刑事政策学，精神医学，社会学といったさまざまな学問領域で研究され，各学問の有する固有の関心と研究方法によって多様な理論が展開されてきたことである。

　現代の科学的・実証的犯罪研究は，1930 年代以降のアメリカにおける社会学の貢献が大きかった（第 2 章参照）。社会学的な犯罪研究は，どのような社会が犯罪行動を生じさせ，また社会はそれに対してどのように対応するのかということに主たる焦点があてられる。刑事政策的な研究は，社会が犯罪に対してどのように対応するのかにさらに集中する。

心理学を背景にもつ研究者たちの理論としては，社会学的理論の発生と同じころ，同じアメリカで，犯罪も何らかの機能を果たしているとする H. ヒーリーの機能理論，その後のグリュック夫妻による特性理論がある。その後，心理学の 2 大パラダイムである，精神力動論と認知行動論の発展に即した人格障害についての研究や社会的学習理論に基づく理論が展開したが，心理学の本流は，「普通」の行動の普遍的法則の発見や精神疾患等の医療的問題の研究にあり，犯罪行動に関する心理学・精神医学は，「異常心理学（精神医学）」と呼ばれ，広い関心は向けられてこなかった。あるいは「異常な」人に対する，やや猟奇的な，偏った関心が向けられていた。

　しかし，1990 年代以降になると，心理学者である D. アンドリュースや K. ハンソンによって，大量のデータを活用し，メタ・アナリシスなどの新たな研究手法を用いたリスク理論が展開され，また認知行動的アプローチなど心理学的介入が犯罪行動の変化に一定の成果をあげるようになり，「心理学が犯罪研究に帰ってきた」といわれるようになった。現代の犯罪心理学は，犯罪行動を学習された行動とみなし，「普通の」人がなぜ，どのように犯罪行動を習得し，その行動を維持し，さらにはそこから離れるのかの解明に主眼を置いている。

　同じ犯罪行動に関する研究を行うにしても学問的背景が違うと，共通言語をもつことの困難が多くなるためか，日本において，犯罪研究に関する学会は，日本犯罪心理学会，日本犯罪社会学会，日本犯罪学会と林立している。犯罪行動を研究する際には，誰が，何を「犯罪」として，どのように対応するのかという社会の要因を抜きにすることはできず，犯罪心理学が，個人の犯罪行動，特にその心理的側面の要因の理解と犯罪行動の変化のための心理的介入に重点を置くにしても，その役割を十全に果たすためには，社会学的視点や刑事政策的視点をもつことが不可欠である。

[4] 司法・犯罪心理学とは

　まとめると，犯罪心理学は，個人の犯罪行動を開始，維持させる要因あるいは原因の研究と犯罪行動から離脱するための心理学的介入を主たる研究対象とするのに対し，司法心理学は，司法制度のプロセスにおける心理学を活用した専門的知見と技能に焦点をあてているといえよう。

　司法心理学と犯罪心理学は，両者ともに心理学の応用分野であり，科学的・

実証的思考と研究とが求められ，また活用する心理学的知見と技能も重なる部分が多い。司法・犯罪心理学を学ぶ際には，犯罪心理学を土台として，捜査，裁判，矯正・保護あるいは医療観察，被害者支援といった広く司法制度に関わる心理学的実務に必要な知識と技能の両方が必要である。本書では，法律違反という意味での「犯罪」を中心として，たとえ刑事事件として裁かれておらずとも，親密な関係における暴力，子どもの虐待，いじめ，といった対人関係における葛藤と紛争，あるいはパワーの乱用による個人の自由と権利の侵害，飲酒，性行動，ギャンブルといった嗜癖行動も視野に入れて扱っていく。

2 司法・犯罪心理学分野で専門職として働く

[1] 司法・犯罪分野で活動する心理職に期待される役割

　法と心理学のインターフェイスとして活動する司法心理学領域の心理専門職には今後どのような活動，役割が期待されているのであろうか。

　デイヴィスとビーチ（Davies & Beech, 2018）は，司法心理学の領域で活動する心理の職務として以下を挙げている。

- 犯罪者の処遇プログラムをつくり，実践する。
- 薬物・アルコール問題のある犯罪者を処遇する。
- 暴力・性犯罪のリスク・アセスメントを行う。
- 家庭内暴力と家族問題に対応する。
- 刑事政策と実務を支援する実証データを生み出す。
- 仮釈放委員会や精神保健裁判所に助言する。
- 犯罪分析と犯罪者プロファイリング。
- 目撃証人の信頼性について実証する。
- 被疑者や脆弱な証人への司法面接を助言する。
- 反テロ対策と人質交渉。

　心理学の発展と，社会における再犯防止に関する行動科学への期待，そして治療的法学と問題解決型裁判などの進展を考慮すると，今後は，司法制度の核である裁判を中心として，裁判のための情報収集と裁判後の再犯防止のために心理学を活用することが期待されているといえよう。1つの大きな領域として

は，社会内および施設内で，犯罪を行った人々の再犯の危険性を評価し，また仮釈放や医療保護入院に関して意見を述べるアセスメント機能である。さらに重要なのは，犯罪や嗜癖行動をもつ人々の再発を低減するための治療教育的介入を企画し，運営することが期待される。福祉領域とも重なるが，家庭内の暴力や家族機能についての対応も，犯罪・嗜癖行動への理解と対応については重要な要素となる。

　司法領域で心理職として働く場合，司法制度全体のプロセスを知っておくことは大切である。警察では被疑者がどのように逮捕，捜査され，裁判がどのように行われ，矯正施設や保護観察所ではどのような処遇が行われているかを知ることは，社会全体としての犯罪行動の統制と低減に不可欠である。

[2] 法と心理学の緊張関係

　医療の枠組みのなかで心理学的実践を行う際に，主治医がいる場合には公認心理師は，その指導に従わなければならないとされる。司法制度において活動する心理師においても，法律の専門家や行政職の人々との連携・協働が不可欠になる。医療現場で働く心理師が医療職の考え方や価値観，言葉をある程度知っておく必要があるように，司法制度の枠組みで働く心理師は，法律的枠組みを理解するとともに，法律職の人々の考え方，価値観，言葉をある程度理解することが，協働して機能するには大切であろう。以下は，筆者の個人的な印象にすぎないが参考までに述べておく。

　法律的な思考をする人は，有罪か無罪か，黒か白か，どちらが正しく，どちらが間違っているか，といった二項対立的な考え方をするような印象を，臨床心理学を専攻している者としてはもつことがある。法律家はどこかで線を引かざるをえないのだろうが，心理師としては，そうともいえるし，そうでないともいえるとか，見方によって見え方は異なるとか，黒とも白ともつかないことしかいえないことが一般的ではないだろうか。

　何かを述べるとしてもせいぜい確率でしかいえない。将来絶対に再犯しないとは決していえない。ただ，再犯をしない確率を上げるよう手を打つ，こういう手を打つのがよいのではないか，こういう対応はかえって再犯の確率を上げる，程度しかいえない。そういう意味では，法律は，過去の行動を対象とするのである程度確からしさがあるが，心理職は過去の行動から今と将来の行動を

予測するのであって，人間の行動は複雑であり，将来の状況は刻々と変わるのであり，何かを言い切ることは極めて困難である。

　また，司法では法律という規範が基盤となるが，臨床心理を生業とする者にとっては，規範そのものへの疑いは避けられない。むしろ価値判断は極力避けるよう訓練されている。裁いたら，心理療法はできない。人が人を裁くことはできないが，裁判官や検察官，弁護士は，国家によって裁くことを役割・責務として委託された人々である。役割と責任の違いとして，心理職は心理職の役割と責任とを果たすべく努力するのみであろう。

　行政も法律で動かされているが，実務の細かい（だからこそ大切な）点が，監督者が変わると，けっこう変わるというのが筆者の経験である。それも到底適切とは思えない方向に変わり，意見を述べる機会もなく，命令に従うのみということもある。ソーシャル・ワーカーであれば，そうした社会の矛盾や不十分さもソーシャル・アクションとして変えていくことを業務の1つと考えるのであろうが，長く組織のなかにいることによって，あまり問題さえ感じなくなってしまうこともあるように思う。公務員あるいは心理専門職としてだけではなく，一般社会の人々との交流を続け，一市民としての見方を持ち続けることが重要であると考えている。

[3] 犯罪をめぐる価値の葛藤あるいは二次受傷

　もう1つ，司法・犯罪心理学で実践を行う際に逃れられないのが，被害と加害の葛藤・分断であろう。犯罪行為には，被害者がいる。薬物乱用者が時として「薬物乱用には被害者はいない」などというが，実際には，家族など周囲の人々の被害は大きい。加害行動を行った者だけに接し，その理解と教育や支援を目的としている限りはさほど葛藤を感じないかもしれないが，被害者のことを知れば，そしてもともと「犯罪を行ってはならない」という価値観をもっていればいるほど，身近に関わる犯罪を行った者の言動と自身がもともと有する価値観，あるいは被害者の立場に共感するがゆえの価値観との葛藤が大きくなることは想像に難くない。

　そのうえ，加害行動を行った者の被虐待体験や被害体験，逆境的小児期体験を聞くにつれ，ある特定の行動については，加害者の責任を問うことができても，いったい誰が被害者で，誰が加害者であるのかも不明になってくることも

ある。理不尽であり，不条理である。そして，世の中や生きていくことがそれ程に理不尽で不条理であるならば，自身にそれが降りかかってこないという保証は何もないことに気づく。二次受傷状態（他者のひどいトラウマ体験について見聞して，それがトラウマ体験となること）である。

　トラウマ体験やトラウマ体験からの回復方法についての理解と実践は，加害行動を行った人びとに被害を受けた人に関する情報伝達をするためにも，彼ら自身の被害体験からくる不適切な行動を修正し，非適応的な症状を低減するためにも，そして専門家自身の精神的強さと健康を保つためにも不可欠である。

3　犯罪・非行の定義

[1] 犯罪とは何か

　みなさんは，「犯罪とは何でしょうか」と問われたらどのように答えるだろうか。犯罪者にどのようなイメージをもっているだろうか。「極悪人」というイメージをもっている人もいるかもしれないし，あるいは「ねずみ小僧」や「ボニー＆クライド」のように，義賊やヒーロー（ヒロイン）のイメージをもっている人もいるかもしれない。「平時に1人殺すと犯罪者で，戦争時に100人殺すと英雄」とはよくいわれることである。この違いはどこから生じてくるのであろうか。

　比較的明快に思える「犯罪」の定義は，「犯罪とは，法律違反行為である」とする定義であろう。法律に違反した者が「犯罪者」である。この定義は，必要十分であろうか。

　法律違反（者）を「犯罪（者）」と定義するのであれば，「誰でも法律を破るから，われわれはみな犯罪者である」という考えはどうであろう。筆者もスピード違反で捕まったことがある。そのときまず思ったのは，「ついてない」であった。生まれてこの方一度も法律違反をしたことのない人は，それほどいないのではあるまいか。いたとしたら，「相当変わっている」あるいは「嘘つき」くらいに思われかねない。しかしながら，「われわれはみな『犯罪者』」といってしまってよいのであろうか。

　あるいは，法律違反をしても，それが見つかる場合もあれば，見つからない

場合もある。見つかって司法手続きに乗せられた場合は「犯罪（者）」で，見つからなければ「犯罪（者）」ではないのであろうか。令和元年版『犯罪白書』によれば，犯罪があったと認知された一般刑法犯のうち，2018年の検挙率は37.9％である（法務総合研究所，2019）。3人に1人強しか捕まらない。同じことをした3人のうち，1人だけが「犯罪者」で，残りの2人は，犯罪者ではないのであろうか。しかも，犯罪があった事実さえ表沙汰になっていないこともたくさんあろう。見つかっても，見つからなくても，法律違反は「犯罪」と呼ぶということであろうか。

「われわれはみな犯罪者」という言い方は，理屈のうえでは成立するであろう。とはいうものの，すべての人が，同じ状況で，同じ頻度で，法律を破るわけではない。それを十把一絡げに「犯罪（者）」とすることは，犯罪行動を理解するうえで，あまり役に立つとは思えない。「だから罪を赦しましょう」とか「人を過酷に非難・処罰するのは，やめましょう」とかいう場合のように，宗教的・倫理的には有用であるかもしれないが。

このひとくくりの考え方は，「法律があるから『違反者』が生じる。法律がなければ犯罪（者）もない」という考え方に反転しうる。実際，法律は，時代や文化によって異なっている。旧刑法では，れっきとした「犯罪（姦通罪）」であった婚姻外の性交渉（不倫）は，現代の日本では比較的一般的な行為になっているといってもよいかもしれない。道徳的非難を受ける可能性はあるが，不倫しただけで「犯罪者」とは呼ばれないであろう。しかし，現代でも同じ婚姻外の性行為が，死刑に値する文化・国家もある。逆に，「妻子への暴力」は，子ども虐待防止法（児童虐待の防止等に関する法律）やDV防止法（配偶者からの暴力の防止及び被害者の保護に関する法律）ができるまでは，「犯罪」とはみなされにくかったが，現代の日本では犯罪として，法的手続きに乗せられる可能性が高くなっている。道路交通法で規定されたがゆえに，シートベルトを締めないことは法律違反になった。

この考えを推し進めると，「法律があるから犯罪が生じる」あるいは「赤信号で交差点に進入してどこが悪い。誰が決めたんだ。私は従わない」という論にもなりかねない。こうした言い方は極端に聞こえるかもしれないが，多くの非行少年たちは，「大人が決めた法律」に逆らうこと自体に意味を見出している。法律に従うことの真の意味を実感していない人たちもいる。現代の民主国

家である日本においては，法律は，国民の合意として民主的に決められている
という前提にあるので，「サッカーでもルールがあって，ルール違反すると
レッドカードを出されて試合に出られなくなるでしょう。参加者がルールを守
らないと試合にならない。ルールを守るという前提で参加者として認められ
る」という説明で「知的な」理解を得ることはたやすいが，たとえば，「朕が
国家である」などという専制君主に法律を定められていると実感されるような
国家では，法律に従うことが正しいのかどうかも不明になろう。たとえば，戦
争に行って人を殺すことを法律で定められたとしたら，法律に従うことが「犯
罪」なのか，従わないことが「犯罪」なのか，判断は分かれるであろう。「罪」
を犯すとは何であるのか，はたして**法律的定義**だけで必要十分であるのか，こ
とはそれほど単純ではないようである。

[2] 非行とは何か

　それでは，「非行」はどうであろうか。非行少年とはどのような人たちであろ
ろう。「親や先生のいうことを聞かない」「未成年なのにタバコや酒をやってい
る」「盗みとか無免許運転とか法律違反をしている」等々さまざまなイメージ
があろう。服装が変わっていても，親や教師に従順でなくても，言葉づかいや
態度が悪くても，別に法律に違反しているわけではない。未成年者の飲酒，喫
煙は確かに「法律違反」ではあるが，20歳に達すれば法律違反ではない。な
ぜ未成年であるという理由だけで，飲酒・喫煙で処罰されなければならないの
だろうと考える未成年者がいたとしても不思議ではない。

　日本の**少年法**では，14歳以上20歳未満を「少年」と定義している。ここで
は，男子は，「男子少年」あるいは単に「少年」とよばれ，女子は，「女子少
年」とよばれる。2018年に改正民法が可決され，2022年4月以降，成人年齢
が18歳に引き下げられるのに伴い，少年法の成人年齢の引き下げも検討され
ているが，反対意見も根強い。14歳未満の児童が法律違反行為を行った場合，
触法少年として，原則として，厚生労働省管轄下の各都道府県にある**児童相談
所**で扱われる。14 〜 20歳で法律違反を行った場合，家庭裁判所で審判を受け，
保護処分が必要であるとの審判結果が出た場合には，法務省管轄下の**保護観察
所**あるいは**少年院**において処遇を受けることになる。いずれにせよ，未成年で
あるという理由で，成人とは異なる特別な扱いが規定されている。

その少年法3条1項3号には，「保護者の正当な監督に服しない性癖のあること」「正当な理由がなく家庭に寄り附かないこと」「犯罪性のある人若しくは不道徳な人と交際し，又はいかがわしい場所に出入すること」「自己又は他人の徳性を害する行為をする性癖のあること」があって，「将来，罪を犯し，又は刑罰法令に触れる行為をする虞<ruby>虞<rt>おそれ</rt></ruby>のある少年」を「家庭裁判所の審判に付する」とある。いわゆる<ruby>虞犯<rt>ぐはん</rt></ruby>（ぐ犯：将来罪を犯す虞がある）である。「正当な」監督や理由，「いかがわしい」「徳性」といった言葉に議論の余地はあろうが，親のいうことを聞かないだけで，「非行」とみなされうるのである。

　ある行為が法律的に禁止されるか否かに関して議論がありうる場合，ある条件を満たした人には「犯罪」ではないが，満たさない人に対しては，法的規制を行うという対応策がありうる。たとえば，飲酒・喫煙は成人では違法ではないが，未成年では違法となる。これは，英語では，**ステイタス・オフェンス**（status offense：日本の少年法ではおおむね「虞犯」にあたるが，ややニュアンスを異にする）とよばれ，status（身分，地位）によっては法律で禁止されるという意味である。「非行」というと現代では，「少年」を連想するかもしれないが，元来は，「行いに非ず（正しくない行い）」という含意であろう。犯罪・非行は，社会のなかでなされる行為であって，行為そのものの意味だけではなく，それが社会（人々）から「犯罪・非行」と「みなされる」行為が「犯罪・非行」と「よばれる」という側面があることを念頭においておく必要がある。

[3] 時代や文化を超えた「犯罪」とは

　それでは，「犯罪・非行」は時代的・文化的に規定される相対的なものにすぎないのであろうか。ニューマン（Newman, 1976）は，異なる文化的・社会的背景を有すると思われる世界6カ国（アメリカ・ニューヨーク，イタリア・サルジニア島，イラン，インド，インドネシア，ユーゴスラビア）で，「以下の行為が法律で禁止されるべきか」という調査を行った。それらの行為とは，「強盗（ある人が他者から50ドルを強奪し，被害者はけがをして入院する）」「横領（ある人が政府の基金を私的に流用する）」「近親姦（ある男性が成人である実の娘と性関係をもつ）」「大気汚染（工場の支配人が，工場から大気汚染のガスを排出し続けるのを放置する）」「薬物使用（ある人がヘロイン等の薬物を使用する）」などである。「強盗」に関しては，アメリカとイタリアで100％禁止されるべきであるとさ

れ，最も肯定率が低かったのは，インドの97.3％であった。「横領」に関しては，イタリアの100％からアメリカの92.3％の肯定率であり非常に高い確率で，世界のどの文化でも一致して法律で禁止するべきであるとみなされた。他方，「近親姦」になると，イランの98.1％からアメリカの71％，「大気汚染」では，インドの98.8％からユーゴスラビアの92.8％，「薬物使用」では，インドネシアの93.3％からインドの74.9％と多少のばらつきがみられるようになり，「妊娠中絶」「同性愛」「デモ行為」「危険な状態にいる人を助けないこと」に関してはさらに意見が分かれた。

　時代や文化を超えて，「犯罪」とみなされる行為というものはやはりあるようだ。それは「被害（者）」の存在である。犯罪とは，自分と人々とが共存し，安心して生きていくための基本的ルールを破る行為である。誰でも犯罪行為の被害者にはなりたくない，客体に損傷や損失を与える行為は，それを禁じる主体が誰であれ，ひいてはそのルールが破られた際に「罰」を与えるのが誰であれ，「罪」とみなされるといってよいかもしれない。

［4］本書における犯罪の定義

　アンドリュースとボンタ（Andrews & Bonta, 1998）は，犯罪は，法律的，道徳的，社会的，心理的の4つの側面から定義されるとしている。犯罪とは，法律的定義によれば，「国家によって禁じられ，法によって罰せられる行為」であり，**道徳的定義**によれば，「道徳的・宗教的規範を犯し，超越的存在（神，お天道様など）により罰を受けると信じられている行為」であり，**社会的定義**によれば，「慣習や社会規範を犯し，共同体によって罰せられる行為」であり，**心理的定義**によれば，「行ったものには報酬をもたらすかもしれないが，他者には苦痛や損害を与える行為，すなわち反社会的行為」である。ルールを定め，それが破られた場合に罰を与える権威（国家，超越的存在，人間の共同体）による定義とともに，それを行う個人の側からの心理的意味を定義したうえで，彼らは，犯罪を「司法の注意をひく可能性のある反社会的行動」と定義しているのである。本書は，犯罪・非行の心理学を扱うので，個人の行動に，より重点をおいたこの定義を採用する。

4 犯罪・非行の研究方法

　犯罪，非行の現状は何から知るのであろう。テレビや新聞等のマスコミ報道からであろうか。多くの人々が，個々の犯罪・非行に関するマスコミ報道から犯罪・非行に関心を抱く。しかし，マスコミによる個々の犯罪報道は，犯罪・非行の現状や動向を全体的・本質的に把握するには偏りと限界があることを否定できない。

　犯罪・非行の**研究方法**としては，**量的研究**と**質的研究**とがある。前者に関しては，公的統計を活用する方法，犯罪行為の自己申告法，犯罪被害実態調査法があり，後者に関しては，被害者や加害者あるいは関係者のインタビュー調査がある。研究方法によって，みえてくるものは異なり，新たな研究方法の創始が新たな知見の創出にもつながっている。

[1] 公 的 統 計

　犯罪・非行の現状や動向を全体的に知るためには，『犯罪白書』『警察白書』などの政府機関による**公的統計**を参照するのが第一歩である。

　たとえば，2019 年版の『犯罪白書』（法務総合研究所，2019）をみると，2018 年における刑法犯の認知件数は 81 万 7338 件（前年比 -10.7％）であり，そのうち窃盗が 58 万 2141 件を占めている。図 1-2 をみれば，2002 年をピークとして，近年刑法犯の認知件数は減り続けていることがわかる。

　少年による刑法犯，危険運転致死傷および過失運転致死傷等の検挙人員の推移（図 1-3）をみると，昭和期においては，1951 年の第 1 の波，1964 年の第 2 の波，1983 年の第 3 の波という 3 つの大きな波がみられたが，平成期においては，全体として減少傾向にあり，2018 年は戦後最少を更新する 4 万 4361 人（前年比 -11.6％）であった。また，少年の人口比についても，人口比の最も高かった 1981 年（1432.2）の約 5 分の 1 になっている。

　白書などの公的統計を読みこなすことで，犯罪・非行の現状について，かなりのことがわかる。そしてこれらの公的統計は，各担当省庁のサイトで，無料で入手できる。

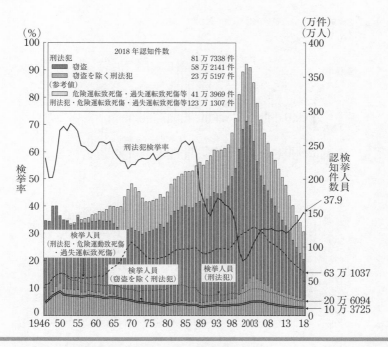

図 1-2　刑法犯 認知件数・検挙人員・検挙率の推移

（注）　1　警察庁の統計による。

　　　　2　1955 年以前は，14 歳未満の少年による触法行為を含む。

　　　　3　1965 年以前の「刑法犯」は，業務上（重）過失致死傷を含まない。

　　　　4　危険運転致死傷は，2002 年から 2014 年までは「刑法犯」に，2015 年以降は「危険運転致死傷・過失運転致死傷等」に計上している。

[2]　自己申告法および犯罪被害実態調査法

　公的統計の落とし穴として，**暗数**の問題がある。すなわち，公的統計は，警察に届けられ，犯行があったと認知された犯罪についてのデータである。比較的軽微な財産犯罪の被害や公表がはばかられる性犯罪の被害などは，警察に届けられない場合も多いと思われる。この表に出てこない数を「暗数」とよぶ。実際の犯罪の発生数は，認知された件数に比してかなり多くなるであろうことが推察される。また公的統計には，犯罪者の特性についてのデータも含まれているが，これはあくまで検挙された犯罪者についてのデータである。図 1-2 のように日本の近年の検挙率が 4 割弱であることをあわせ考えると，検挙された

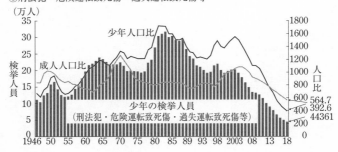

①刑法犯・危険運転致死傷・過失運転致死傷等

（万人）

少年人口比

成人人口比

検挙人員

少年の検挙人員
（刑法犯・危険運転致死傷・過失運転致死傷等）

人口比

564.7
392.6
44361

1946 50 55 60 65 70 75 80 85 89 93 98 2003 08 13 18

②刑法犯

（万人）

少年　成人

検挙人員

少年人口比

成人人口比

人口比

30458
182605

269.6
173.7

1966 70 75 80 85 89 93 98 2003 08 13 18

図 1-3　少年による刑法犯等　検挙人員・人口比の推移

（注）　1　警察庁の統計，警察庁交通局の資料および総務省統計局の人口資料による。

　　　　2　犯行時の年齢による。ただし，検挙時に 20 歳以上であった者は，成人として計上している。

　　　　3　触法少年の補導人員を含む。

　　　　4　「少年人口比」は，10 歳以上の少年 10 万人あたりの，「成人人口比」は，成人 10 万人当たりの，それぞれの検挙人員である。

　　　　5　①において，1970 年以降は，過失運転致死傷等による触法少年を除く。

　　　　6　②において，2002 年から 2014 年は，危険運転致死傷を含む。

人々に関するデータは，犯罪を行った人々の実態を完全に反映するものとはいえないであろう。

　こうした公的統計の弱点を補うものとして，犯罪の**自己申告法**と**犯罪被害実態調査**がある。両者ともに，社会調査の手法に基づいて，人々に対して，「犯罪行為の体験」あるいは「被害体験」について直接問うものである。前者に関しては，アメリカでは，ハーシの研究（Hirschi, 1969）やナショナル・ユース・サーベイ（全米青少年調査）があり，それまで公的統計で見出されていた，

「貧困層や少数民族に犯罪が多い」という見解をくつがえし，社会経済階級や人種は犯罪の発生率に無関係であるという知見をもたらすなど，犯罪研究に大きな一石を投じた。後者は，日本においても，国際犯罪被害実態調査に参加する形で，法務総合研究所において実施され，犯罪被害の実態を把握し，国際比較をするうえでも有益なデータが提供されている。犯罪被害実態調査と犯罪の自己申告法は，今後日本においても，公的統計を補完し，犯罪・非行の実態を把握する方法の1つとして活用されることが期待される研究方法である。

[3] インタビュー調査

　量的データは重要であるが，数だけでは，体験あるいは行動としての「犯罪」を把握しきれない。量的研究に対して，**インタビュー調査**を活用して，犯罪を異なる視点から照射したのが，女性研究者たちによる**犯罪被害体験**に関する質的研究である。

　たとえば，男性の性器露出は，日本でも女性の4割前後が被害を受けた体験がある比較的「ありふれた」性暴力であるが，伝統的な犯罪学では，比較的暴力性が低いとみなされ，加害者はおとなしく気弱で，それ以上は何もできない「かわいそうな」人々とみなされ，放置されがちであった。しかし，「比較的暴力性が低い」とはいうものの，女性に与える影響として，「被害者は，加害男性が次にやろうとしていることを恐れ，死の恐怖を抱くことがありうる」ことを，被害者のインタビュー調査から，マクニール（2001）は見出した。彼女によれば，ある女性は3回「性器露出」の被害を受けていた。1度目は，昼下がり友人と街を歩いている際に，前方から歩いてきた男性が性器を露出していた。そのときの彼女の体験は，「ショック」ではあるが，友人たちとそのショックを語り合うこともできた。ところが2度目の被害では，真夜中1人で，人気のない，逃げ道のない1本道を歩いているとき，前方から屈強な男性が露出した性器を触り，ニヤニヤしながら彼女の顔を見据えて歩いてきた。そのとき，被害者が感じたのは「通り過ぎる瞬間飛び掛られ，レイプされ，殺される」という「死の恐怖」であった。3度目は，夕方1人で街を歩いている際，民家の軒先に老人が座り込み，男性器を露出してマスターベーションをしていた。その時彼女が感じたのは，近くの精神病院の患者さんかも，気の毒に，という「同情」であった。

1人の女性の，同じ「性器露出被害」でも，その体験は，おかれた状況によって非常に異なる。犯行が，昼間，他の人がいるところで行われ，加害者が弱々しく見える場合は，被害者は加害者の行為を「滑稽」と感じる余裕をもつこともありうるが，夜間に人気のない場所で，男性加害者が自慰をしたり，ニヤニヤと顔や体をみるなど女性を怖がらせることで性的興奮を得ようとしている場合には，「露出の次には飛び掛かられ」，さらにはレイプや殺される恐怖を感じても不思議ではない。被害体験には，現実的な**危険性の評価**，つまり「暴力の脅し」が影響しているのである。

5　学際的研究分野として司法・犯罪心理学を学ぶ

　既述のように，犯罪・非行を研究対象とする学問分野は，法律学，刑事政策学，社会学，心理学などさまざまである。

　それぞれの学問分野が，犯罪・非行を主としてどのレベルからみているのかを示したものが図1-4である。心理学や精神医学（生理学）においては，犯罪行為を行う個人のレベルで，犯罪行為を理解しようと試みる。たとえば，アンドリュースとボンタ（Andrews & Bonta, 1998）は，個人がその状況をどのように定義するか，つまり**犯罪行為**を行うことが自分の欲求を満足させる手段として有効であるかどうかを，犯罪行為の心理的瞬間において判断・決断し，「よし」となれば，個人は犯罪行為を行うと考える。場面の定義の仕方には，生物学的および心理学的な個人差が存在する。その判断と決断には，その場そのときの状況としての犯罪行為を**促進する要因**と**抑制する要因**，犯罪に都合のよい考え方をどのくらいもっているか，犯罪行為を軽く思わせるようなサポートがあるかどうかなどが，影響を与えると想定している。たとえば，鍵のかかっていない自転車をみたとして，ほとんどの人はその自転車を盗むことはしないが，歩き疲れて電車賃もなく，家まで遠い，あたりに人影はないといった要因が重なると，ちょっと「借りるだけ」，友達もやっているといった条件がある中学生であれば，盗むかもしれない。盗まないことより盗むことのほうが，自分にとって得であると判断しているのであろう。この中学生には自転車を盗まれる被害者の損失は念頭にない。こうした個人の行動としての犯罪行為あるいは犯

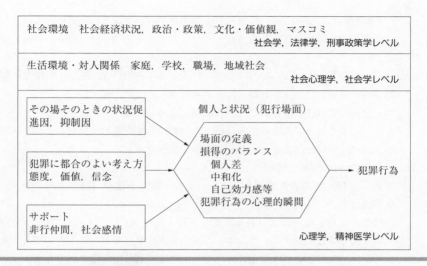

社会環境　社会経済状況，政治・政策，文化・価値観，マスコミ
　　　　　　　　　　　　　　　　社会学，法律学，刑事政策学レベル

生活環境・対人関係　家庭，学校，職場，地域社会
　　　　　　　　　　　　　　　　社会心理学，社会学レベル

その場そのときの状況促
進因，抑制因

犯罪に都合のよい考え方
態度，価値，信念

サポート
非行仲間，社会感情

個人と状況（犯行場面）

場面の定義
損得のバランス
個人差
中和化
自己効力感等
犯罪行為の心理的瞬間

犯罪行為

心理学，精神医学レベル

図 1-4　犯罪行為の説明要因
（出典）　Andrews & Bonta, 1998 より作成。

罪行為における個人差を主たる研究対象とするのが，犯罪心理学である。

どの視点から犯罪・非行の理解を試みるにしても，現代の犯罪・非行研究においては，「事実」に基づいた「実証主義」がその基底にあることには変わりはない。歴史的には，さまざまな研究分野からさまざまな研究や理論の提唱が行われてきたが，現代では統計的手法に基づく研究がさかんに実施されるようになっている。とはいうものの，「実証的」というのは，必ずしも統計的，量的研究であるという意味ではなく，臨床的・質的研究とあいまってはじめて，犯罪・非行の理解と司法制度における心理学の活用という目標を達成できるのであろう。木をみることと，森をみること，および，木や森を計測することと，木や森を生かし共存することは，すべて同じように大切なことである。

学習のための文献案内　BOOK GUIDE

藤岡淳子（2017）．『非行・犯罪の心理臨床』（こころの科学叢書）日本評論社
　▷ 2006 〜 2016 年にかけて雑誌等に掲載された非行・犯罪に関わる論文が集め

られている。テーマは，性非行・性犯罪の理解および非行・犯罪からの回復である。基礎的な知識と実践例とがバランスよく記載されており，理解しやすい。

ゴットフレッドソン，M. R.・ハーシ，T.［大渕憲一訳］（2018）.『犯罪の一般理論——低自己統制シンドローム』丸善出版

▷犯罪抑制要因に焦点をあてた犯罪統制理論の大物ゴットフレッドソンとハーシーによる名著である。彼らは種々の犯罪理論を徹底的に批判しつつ，犯罪−低自己統制理論こそが大部分の犯罪を説明できるとして，実証データをもちいて詳細に理論展開をしている。

門本泉（2019）.『加害者臨床を学ぶ——司法・犯罪心理学現場の実践ノート』金剛出版

▷現職の法務省心理技官である筆者が『臨床心理学』誌に 12 回にわたって連載した「非行・犯罪の心理臨床」についての論文をまとめたものである。非行少年・受刑者という対象について，心理臨床家という私という主体について，「わたしたち」という関係について，の 3 つの軸から筆者の日頃の思いが述べられている。

【藤岡淳子】

第2章 犯罪・非行研究の基礎理論

1 犯罪・非行理論とは

[1] 犯罪・非行理論を学ぶわけ

犯罪・非行理論は実に多様である。まず，焦点の当て方や切り口がさまざまである。犯罪がなぜ起こるのかを説明するもの，犯罪を防ぐ方法を説明するもの，犯罪が起こった場合に効果的に再犯を防ぐ方法を説明するものなど，互いに深く関係してはいるが，第1に着目する点に違いがある。

これに対応して，人が犯罪について説明を求める理由もまたさまざまである。自分や愛する人が被害に遭わないためにはどうすればよいのか知りたい，被害に遭ってしまった場合，なぜそのような目に遭うのか理由が知りたい，自分や身近な人が罪を犯してしまった場合，何がいけなかったのか知りたい，犯罪のない社会で安心して暮らしたい，などが挙げられる。しかし，まとめると，「犯罪を減らすために何ができるのかわかりたい」ということが，大きな理由といえそうである。となると，よい犯罪理論の条件というものがみえてくる。

第1に，どのようにすれば犯罪が減らせるのか，具体的で現実的な方法を示してくれるものである。仮に正しく犯罪を説明したとしても，犯罪抑止の対策を示さないものはよい理論とはいえない。かつて一世を風靡した理論でも，現在では「当時の風潮と社会の構造を知る」以外の使い道がないものもある。現代社会で，生きた理論として活用するための具体的な対策に結び付かないのである。言い換えれば，「それがわかっても，どうにも打つ手がない」のでは，よい理論とはいえない。

第2に，第1と関連して，検証可能な理論であることである。どんなにもっ

ともらしくても，実例に当てはめて検証できないのでは，実際どの程度有効な説明であるのかがみえてこない。

　第3に，多くの事例を説明できることである。ある少数の犯罪者が事件を犯した理由を非常によく説明した理論であっても，大抵の場合は当てはまらなければ，この理論に従った手を打っても効果が小さい。せっかくであれば，なるべく多くの犯罪抑止に効く方法を知っておきたい。

　このように犯罪理論の歴史を眺めると，その時代の人が，犯罪をどのように捉えていたかということに加えて，その社会的な背景が，どのような対策をとることを許容していたかということもみえてくる。具体的には，犯罪・非行を行った者を排除する方向にあったか，適切な処遇を行って社会に再統合する方向にあったか，人間の本質をよいものと捉えていたか，悪いものと捉えていたか，司法制度や社会全般にどの程度の信頼感・期待感がもたれていたか，などの事柄が浮き彫りになってくる。これらの背景を踏まえたうえで，犯罪・非行理論を概観し，現代の私たちにとって，本当に役に立つ犯罪理論とはどういったものなのかを考えるための視点を提供することが本章のねらいの1つである。

[2] 犯罪理論の分類

　多くの雑多なものの全体像を把握するためには，分類が便利である。ここでは，犯罪理論を大きく3つに分類してみていくことにしたい。

　1つ目は，主として犯罪を効果的に防ぐ司法制度に焦点を当てたものである。ここでは，刑事政策的理論と呼ぶことにする。

　2つ目は，主として犯罪が起こる社会のしくみに焦点を当てたものである。これは，社会学的理論と呼ばれている。

　3つ目は，主として犯罪を行ったか，これから行う可能性の高い個人に焦点を当てたものである。これは，生物学・心理学的理論と呼べるだろう。

　この3つの分類に基づき，本章で紹介する各理論の位置づけを図2-1のように整理する（図中の心理学的理論については，第3章を参照）。

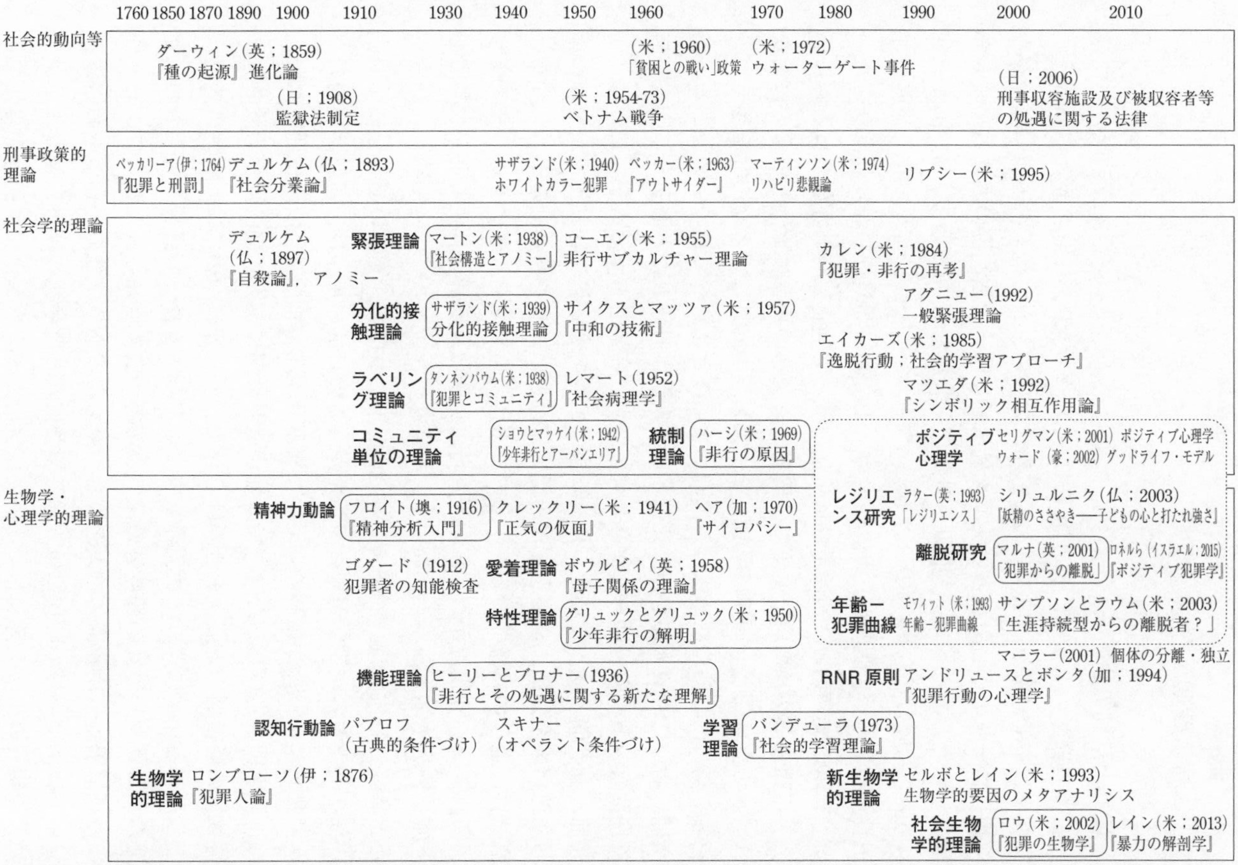

図 2-1 犯罪理論の見取り図

年代	1760 1850 1870 1890 1900 1910 1920 1930 1940 1950 1960 1970 1980 1990 2000 2010

社会的動向等
- ダーウィン（英：1859）「種の起源」進化論
- （日：1908）監獄法制定
- （米：1954-73）ベトナム戦争
- （米：1960）「貧困との戦い」欧米　ウォーターゲート事件（米：1972）
- （日：2006）刑事収容施設及び被収容者等の処遇に関する法律

刑事政策的理論
- ベッカリーア（伊：1764）「犯罪と刑罰」
- デュルケム（仏：1893）「社会分業論」
- サザランド（米：1940）ホワイトカラー犯罪
- ベッカー（米：1963）「アウトサイダー」
- マーティンソン（米：1974）リハビリ悲観論
- リプシー（米：1995）

社会学的理論

緊張理論
- マートン（米：1938）「社会構造とアノミー」
- カレン（米：1984）「犯罪・非行の再考」
- アグニュー（1992）―般緊張理論

分化的接触理論
- サザランド（米：1939）分化的接触理論
- サイクスとマッツァ（米：1957）「中和の技術」
- エイカーズ（米：1985）「逸脱行動：社会的学習アプローチ」
- マッツァ（米：1992）「シンボリック相互作用論」

デュルケム（仏：1897）「自殺論」アノミー

ラベリング理論
- タンネンバウム（米：1938）「犯罪とコミュニティ」
- レマート（1952）「社会病理学」

コミュニティ単位の理論
- ショウとマッケイ（米：1942）「少年非行とアーバンエリア」

統制理論
- ハーシ（米：1969）「非行の原因」

生物学・心理学的理論

精神力動論
- フロイト（墺：1916）「精神分析入門」

- ゴダード（1912）犯罪者の知能検査

特性理論
- クレックリー（米：1941）「正気の仮面」

愛着理論
- ボウルビィ（英：1958）「母子関係の理論」

特性理論
- グリュックとグリュック（米：1950）「少年非行の解明」

機能理論
- ヒーリーとブロナー（1936）「非行とその処遇に関する新たな理解」

認知行動論
- パブロフ（古典的条件づけ）
- スキナー（オペラント条件づけ）

学習理論
- バンデューラ（1973）「社会的学習理論」

生物学的理論
- ロンブローゾ（伊：1876）「犯罪人論」

ポジティブ心理学
- セリグマン（米：2001）ポジティブ心理学
- ウォード（加：2002）グッドライフ・モデル

レジリエンス研究
- ラター（米：1993）レジリエンス
- シリュエルニク（仏：2003）「逆境のさまざまな子どもの心は打ち返き」レジリエンス

離脱研究
- マルナ（英：2001）「犯罪からの離脱」
- サンプソンとラウブ（米：2003）「生涯持続型からの離脱者？」

年齢―犯罪曲線
- モフィット（米：1993）年齢―犯罪曲線

RNR原則
- アンドリュースとボンタ（加：1994）個体の分離・独立「犯罪行動の心理学」

新生物学的理論
- セルモとレイン（米：1993）生物学的要因のメタ分析

社会生物学的理論
- ロウ（米：2002）「犯罪の生物学」
- レイン（米：2013）「暴力の解剖学」

（注）英はイギリス、日は日本、米はアメリカ、伊はイタリア、仏はフランス、加はカナダ、墺はオーストリア。

2　刑事政策的理論

[1] 犯罪と刑罰の均衡

　今日の犯罪学の基礎は，18世紀にヨーロッパで生まれたとされている。始めに刑事政策的理論を説明するのは，現代に残るなかで最も古い犯罪理論がこの部類に含まれるからである。犯罪を効果的に防ぐ司法制度のあり方について明解に示した最初の人は，『犯罪と刑罰』を著したC. ベッカリーア（Beccaria, 1764, 1983）である。ベッカリーアは，アンシャン・レジームの刑罰制度の非人道性を批判し，「刑罰は予め法に定め，法に従って執行しなければならないこと」（**罪刑法定原則**），「司法手続は，法に従って適正に行わなければならないこと」（**適正手続の原則**）に加えて「刑罰は，犯罪の重さに比例したものにしなければならないこと」（**罪刑の均衡**）を主張し，国内外に大きな影響を与えた。

　犯罪を効果的に防ぐためには，刑罰は重いほどよいのではないのである。たとえば，窃盗にも殺人にも同じ死刑という刑罰が科されたとしよう。窃盗が起こる件数を減らす効果はあるかもしれないが，窃盗を行った人が「自分はどうせ死刑だ」と開き直った場合，捕まるまで何件でも窃盗を繰り返すかもしれないし，悪い場合には，窃盗をとがめた人にひどい怪我を負わせるかもしれない。窃盗被害に遭うのは嫌であるが，そのうえ怪我をさせられるよりは，まだましである。そういう視点から，犯罪の重さに見合った刑罰を科すことが大事であると説いたのである。

　たとえば，日本では，2005年から2017年にかけて，相次いで複数の「刑法の一部を改正する法律」が施行されたが，この目的の1つは，犯罪と刑罰の不均衡の是正にあった。強制わいせつや強制性交等（旧強姦）の懲役刑の上限または下限が引き上げられた一方で，窃盗に懲役刑に加えて罰金刑が新設され，強盗致傷の懲役刑の下限が引き下げられた。性犯罪については，女性の地位が向上したことなどに伴って性犯罪被害がもたらす心身への影響の大きさの認知が進んだことや，男性の性被害の深刻な影響が広く認知されたことによる不均衡の是正，罰則適用範囲の拡大が行われたものである。他方の窃盗や強盗致傷については，物不足の時代には，窃盗や強盗など財産犯の被害に遭うことが，その人の明日の生活を脅かし，ひいては生命までをも脅かす可能性が現代と比

較していっそう高かったところ，現代においてはそのダメージの可能性が多少なりとも軽減されたことの影響といえるかもしれない。このように，罪刑の均衡は，時代背景によって変化しうるものである。

　ベッカリーアの罪刑の均衡は，その後はジャスト・デザート（just desert；ちょうど見合うだけ）**理論**として引き継がれている。ジャスト・デザート理論の発想は合理的であるが，他方で，刑罰の応報的側面に注目しすぎているとの批判もある。たしかに，罪の重さに見合わない刑罰を与えることの悪影響は大きいが，他方で，同じ刑罰でも，受ける個人によって，社会的影響や改善更生の可能性といった他の要因はさまざまに異なっている。たとえば，十分な養育を受けられない子どもがお腹をすかせて食べ物を万引きした場合と，反社会的な傾向が進んだ大人が支払い能力があるにもかかわらず金品を窃取した場合について，たとえ被害の大きさが同じであっても，同じ罰を科すことが妥当かどうか，慎重に検討する必要がある。

　ジャスト・デザート理論のみに偏れば，これらの背景要因や罰による犯罪抑止の効果を度外視することになるという警告は重要であろう。

[2] 司法制度の4つの機能

　では次に，司法制度の機能を4つの側面から眺めることにする。司法制度には，大別すると(1) **拘束**（incapacitation），(2) **応報**（retribution），(3) **抑止**（deterrence），(4) **改善更生**（rehabilitation）の犯罪抑止機能が期待されている。

　第1の拘束は，犯罪に対する刑罰として，懲役などの施設収容を科すと，施設に収容している間，犯罪を行った人物が社会との接点を失い，そのために再犯をするおそれが小さくなり，社会の安全が保たれるという効果を期待するものである。かつて島流しや流刑など，犯罪者を隔離する政策をとっていた時代の背景理論といえる。

　第2の応報は，犯罪を行った加害者に対して刑罰を科し，金銭の没収，自由の剥奪，労働の義務化などにより，懲らしめる機能をいう。悪いことをした者は，痛い目にあわせる，という考え方である。主として，被害者や関係者の怒りを司法制度が代弁し，その無念さを軽減する効果を期待するものである。

　第3の抑止は，犯罪に対する刑罰を科すと，その本人が罰せられるのはもう嫌だと考え，再犯をする可能性が小さくなるという**特別抑止効果**と，刑罰を科

されているところを観察した周囲の人が，罰せられるのは嫌だから罪を犯すのはやめようと考えるという**一般抑止効果**の2種類がある。

第4の改善更生は，犯罪を行った本人に対して改善のための教育や指導，治療，処遇を行うことによって，再犯につながる問題性を改善し，再犯する可能性を小さくするという機能をいう。

この4つは，同時に満たされることが望ましいが，一方を強調すると他方が弱まるという関係にもある。たとえば，1970年代のアメリカでは，R.マーティンソンが1974年に発表した「矯正処遇は効果がない」という論文（Martinson, 1974）に代表されるリハビリ悲観論が台頭した。この結果，犯罪を防ぐためには(1)〜(3)の機能を強化するしかないとして，拘禁刑の多用・長期化とこれに伴う刑務所過剰収容が引き起こされ，刑務所の増築とさらなる収容増という悪循環に見舞われた。なお，その後D.アンドリュースらが1990年に，M.リプシーが1995年にそれぞれ発表したメタ・アナリシスでは，矯正処遇の再犯抑止効果が報告され，1990年代以降のアメリカでは，再び処遇プログラムの開発と実施に予算と人材が注がれるようになっている。

日本では，アメリカと比較すると，従来から司法制度に対する改善更生効果への期待が根づいていたといえるが，1908年に制定された**監獄法**には，刑務所等の機能として改善更生は謳われていないまま長年運用されていた。刑務所運営の基本法である同法は，行刑理念の変化や国際的な刑事準則の影響もあって，被収容者の権利保護と改善更生・社会復帰理念の徹底を図る見地から全面改正作業が行われ，1982年および1987年に法案が国会に提出されたが成立しなかった。しかし，2005年5月，約100年の時を経て「監獄法」は**刑事収容施設及び被収容者等の処遇に関する法律**（2005年法律第50号）に生まれ変わり，受刑者に必要な矯正処遇を義務づけることが明文化された。この法施行に伴い，刑事施設が改善更生機能を充実させることへの期待が高まったといえる。

[3] 司法制度と政治

次に，司法制度と政治の関係性についてみておきたい。E.デュルケムは，1893年に著した『社会分業論』のなかで「我々は，ある行為が犯罪であるからそれを非難するのではなく，我々がそれを非難するから犯罪なのである」とし，犯罪は，絶対的な行為の性質をさすものではなく，人々の反応による産物

であると説明した（Durkheim, 1893, 1933）。

　さらに，20世紀に入ってからは，H. S. ベッカーが「ある行為が犯罪である
とみなされるかどうかは，司法制度がその行為にどのように反応するかによっ
て決まる」と主張した。つまり，犯罪は，普遍的・絶対的なものではなく，そ
の時代，その社会において司法制度を動かす立場にある人々（＝政治の中心に
いる人々）に都合のよい法と制度によってつくられると説明したのである。

　政治の中心にいる人々とは，人種や他の属性という観点からその社会の多数
派であり，かつ中産階級以上の経済水準にある人々であるといえる。E. H. サ
ザランドが1940年に発表した論文で焦点を当てた**ホワイトカラー犯罪**（この場
合のカラーは襟であり，つまりYシャツの白襟をさす）も，同様の視点から犯罪
を説明している。ホワイトカラー犯罪とは，信用と権力を手にしている人々が
犯す犯罪と定義され，主に企業犯罪や経済犯罪をいう。サザランドは，ホワイ
トカラー犯罪が社会に与える経済的ダメージは路上犯罪のダメージを上回って
おり，より多くの人を傷つけ，殺害する原因となっていると説明した。しかし，
上流階級によって行われるホワイトカラー犯罪は，他の犯罪とは異なる取り扱
いを受け，犯罪者自身も，周囲の人も，彼らを真の犯罪者とはみなさない傾向
があると指摘した（Sutherland, 1940）。

　社会的弱者に対する不均衡の例として，諸外国においては，人種的少数派が
刑事施設に収容されやすいという現象が問題となっている。現代でも，アメリ
カではアフリカンアメリカンやネイティブアメリカン，カナダではイヌイット，
オーストラリアではアボリジニーなどの刑務所や保護観察などにおける人口比
は，社会における人口比よりかなり高くなっている。アメリカの例では，たと
えば白人女性に対する犯罪を行った場合，黒人男性に対する刑罰は白人男性に
対する刑罰よりも重く科される傾向があることや，黒人の間で流通している固
形コカイン（クラック）の所持は，白人の間で流通している粉末コカインの所
持と比較して重い刑罰を科される傾向があることなどが，この偏りを説明する
要因の例として挙げられている。

　社会において，完全な平等が実現されることはないことを私たちは知ってい
る。だれかが他の人よりも恵まれていて，あるいは運がよく，他方は不遇を強
いられ，あるいは損をしているという状態は避けられない。多くの場合，その
社会において力をもっている前者の声は，社会を動かしやすい状況にあること

から，前者にとって不都合な行為が「犯罪」と定義されることになる。他方で，後者の前者に対する恨みは常に存在する。前者の行いが，直接的・間接的に後者の成功や幸福を阻害しているようにみえることも少なくないだろう。時には，前者の行いが他を顧みておらず，自分だけが得をしようとしているという点で不道徳であるとして，非難の的となることがあるかもしれない。こうした状態にあって，後者の声が十分に大きいときには，前者のその行いもまた，新たに「犯罪」として定義されるということが起こる。いずれの場合も，新たに「犯罪」化された行為を法的に訴追するために新たな法律が制定され，当該社会における公的な非難の体制が確立されることになるのである。

このように，逆説的ではあるが，当該社会が誰の何を「犯罪」と定義しているかを眺めることで，当該社会の成員のパワーバランスや不均衡の強弱，政府への信頼感の強弱などがみえてくることになる。こうしたところから，19世紀後期以降のアメリカにおいて，犯罪を行う側ではなく，司法制度を取り仕切る側の都合により犯罪を説明しようとする視点が生まれた背景には，当時の社会的な格差の広がりや，それに対する不満の高まりが影響していることが想像されるのである。

3 社会学的理論

社会学的理論は，犯罪・非行を「個人を取り巻く社会的環境，家族，学校，仲間，職場，コミュニティ，社会のさまざまな要因の相互作用の結果生じるもの」であるとするところから出発している。ここでは，社会的要因について，より広い視点からみるマクロ理論，より個人に焦点を当てるミクロ理論，個人に対して反応する側に焦点を当てるラベリング理論の3種に大別し，それぞれの代表的理論を紹介していくことにする。

[1] マクロ理論
マクロ理論は，社会的要因が人々に与える影響を広い視点から眺めたものである。「ある状況に置かれた個人は，一般的にはこのように反応する」という仮説に基づいた説明となっている。

① アノミー／緊張理論

R. K. マートンは，アノミー／緊張理論の始祖である。1938 年に『社会構造とアノミー』（Merton, 1938）を著し，犯罪を「一面的な人生目標の強調」と「合法的な達成手段提供の失敗（＝アノミー）」から説明した。マートンは，一般的に人々は経済的な成功を人生目標としがちであるが，社会には合法的な手段によってはこれを達成できない緊張状態にある一群があることを指摘した。これらの緊張状態にある人々が成功を手に入れようとすれば，非合法的な手段を選択する可能性が高くなる。マートンは，これが犯罪のからくりだと説明した。

たとえば，経済的地位が低い者は，十分な教育を受けることができず，その結果として就労も制限され，経済的成功を収めることが難しくなる。彼らが経済的な成功を求め続けた場合，非合法的な手段をとることも辞さず，結果として窃盗や薬物売買，売春などに手を染めることになりやすいとした。また，彼らが経済的な成功をあきらめた場合は，自らが達成できない目標に価値を置く社会に不満を抱き，既成の社会規範を否定し，たとえば「力の強い者になる」ことを目標として，傷害・暴行を繰り返したり，「自分の身体に自分の選んだ物質を摂取して何が悪い」と居直って薬物乱用を行ったりするとしている。

この理論の発表当時は，「人はだれもが経済的な成功を目標にしている」と考えるのは画一的すぎるとか，経済的地位が低くても犯罪をしない人はたくさんいるという批判が多く，あまり注目されなかった。しかし，社会的格差の問題が重視されるようになったことに伴い，1950 年代以降この理論に基づく研究が盛んに行われ，次第に大きな影響力をもつに至った。1960 年代のアメリカでは，「貧困と戦う」政策が大々的に展開されたが，その背景にはこのアノミー理論があるともされている。

A. K. コーエンは，マートンとサザランドに学んだ学生である。1955 年に『非行少年——ギャングの文化』（Cohen, 1955）を著し，緊張状態にある個人が非合法的な手段を用いるにあたって，非行サブカルチャーを共有する集団を形成することに注目した。コーエンの非行サブカルチャー理論は，目標達成の手段が阻まれることが犯罪の原因となるという点でマートンの主張と同じであるが，その目標は，単に経済的な成功にとどまらず，一定以上の地位を手に入れ，周囲から尊敬されることをも含んでいると捉えた。経済的な成功は，窃盗の反復によって手に入れることができるかもしれないが，地位と尊敬は窃盗によっ

ては手に入らない。そこで，これを補うための独自の非行サブカルチャーが形成され，中産階級においては排斥されうるような独自の価値体系における賞賛の対象を手に入れることで，労働者階級における地位の向上が果たされるとして，マートンの理論を一歩発展させた。

　さらに1980年代から1990年代にかけて，R. アグニュー，F. T. カレンらによってこの理論が見直された。人生目標は必ずしも経済的成功に限らず，人によって多用なものであるが，その個人が属する集団において重要とされる目標が達成できない状況があると相対的な緊張と欲求不満を生み，これが犯罪行動に影響するとしたのである。つまり，経済的地位にかかわらず，その人が属している集団のなかで重要とされる目標を達成していれば人は安定するが，そうでなければ，非合法的手段をとる可能性が高くなるとして，個人の所属集団や地位にかかわらず適用可能な理論へと一般化した。アグニューらの理論は，マートンの緊張理論を発展させ，より適用範囲を広げたものと位置づけられ，**一般緊張理論**と呼ばれている。

　② **コミュニティ単位の理論**

　コミュニティ単位の理論は，ある地域が別の地域と比較して犯罪・非行の発生件数が高いという点に注目し，そのコミュニティで何が起こっているのかを説明しようとしたものである。

　C. R. ショウとH. D. マッケイは，1942年に『少年非行とアーバンエリア』（Shaw & Mckay, 1942）を著し，コミュニティに着目した犯罪理論の先駆けとなった。彼らは，少年非行の背景を個人の人格や生物学的特徴によって説明するだけでは不足であるとして，少年が育ったコミュニティの環境の影響を重視した**社会解体論**を提唱した。社会解体論は，少年非行を誘発するコミュニティの特徴として，(1)経済水準の低さ，(2)人種の多様性，(3)流動性の高さ（住民の入れ替わりの激しさ）を挙げたものである。この3点がコミュニティのネットワークを破壊し，地域の問題解決能力を低下させ，その歪みが1つには少年非行という形で表面化すると捉えたのである。この理論は，その後も複数の研究者の手によって発展したが，たとえば，R. J. サンプソンとB. グローヴスによって「家族関係の破壊」といった要因が加えられた（Sampson & Groves, 1989）。さらにその後も，「地域」を単位として犯罪の発生に結びつく要因等を探求する犯罪マッピング研究として，主に地域防犯の観点からみた理論が発展

している。

[2] ミクロ理論

ミクロ理論は，犯罪・非行につながるさまざまな要因の相互作用のうち，主として行為者個人に属する特徴に焦点を当てたものである。そのため，心理学的理論と重なる部分が生じてくるが，個人がその要因を備えるに至った過程や社会的要因を説明することにより関心が向いているところが，これらの理論が社会学的理論に区分される理由である。

① 社会的学習理論

社会的学習理論は，アノミー／緊張理論と同様に「人は生まれながらにして犯罪者なのではなく，何らかの要因により，犯罪を学習する」との前提に立っている。ただし，アノミー／緊張理論が，学習する集団あるいは学習を進める社会の構造に注目したのに対し，社会的学習理論は，学習する個人に注目したミクロ理論と位置づけられる。

前述のサザランドは，1939年に「犯罪は，友人や家族など親しい人との交流を通じて学習されたものである」とする**分化的接触理論**を提唱したことでも著名であり，社会的学習理論の基礎を築いたとされている (Sutherland, 1939)。つまり，人はもともと犯罪を行おうとするものではないが，親しい人が犯罪を行っていた場合には，その人々との交流を通じて，犯罪の手口を学び，法を犯すことへの抵抗感を低下させ，犯罪を合理化することを学ぶとした。こうした学習が(1)人生のより早期に，(2)より頻繁に，(3)より長期間にわたって，(4)より尊敬する人物から教えられた場合，犯罪を行う可能性が高くなるとしている。犯罪を許容する人々とより頻繁に交流し，そうでない人々との交流が限られていた場合，犯罪の学習が進むというところから，分化的接触理論と呼ばれている。

G. M. サイクスと D. マッツァは，サザランドの理論のうち，犯罪者がいかにして「法を犯してもよい」という合理化を行うかという点に注目し，1957年に『中和の技術』(Sykes & Matza, 1957) を著した。人が犯罪を選択する前後の心の動きに注目すると，彼らは犯罪全般が悪いことはわかっているが，自身の犯罪については，理由があり，正当化されると考えるようにしているというのである。サイクスとマッツァは，この正当化の方法を**中和の技術**と呼び，(1)

責任の否認，⑵傷害の否認，⑶被害者の否認，⑷非難者への非難，⑸より高次への忠誠という5つの側面から説明した。合理化・正当化という心の動きに注目した点では，多分に心理学的でもあるが，サイクスらが社会学者であったこともあり，通常は社会学的理論の1つに分類されている。

その後 R. エイカーズは，1985年に『逸脱行動──社会的学習アプローチ』（Akers, 1985）を著し，犯罪を学ぶ過程をより明確にする形で，分化的接触理論を発展させた。エイカーズは，後述するバンデューラの社会的学習理論を取り入れ，犯罪を学習する過程を⑴信念を学習する過程，⑵信念に基づいた行動が強化される過程，⑶他者の行動を模倣して犯罪行動を拡大していく過程，の3段階に分けて論じた。サザランドのいう分化的接触により「犯罪は OK である」という信念を学ぶ過程に加えて，その結果として金銭を手に入れたり，周囲からバカにされなくなったりして信念が強化される過程，さらに親しい人の成功からより広範な犯罪行動を取り入れて犯罪の範囲が拡大していく過程があると詳細化したのである。犯罪・非行を行う者が犯罪性の進んだ仲間と交流する機会が多いことは，実証研究によっても裏づけられている。

このように，サザランドからエイカーズへと発展していったミクロレベルの学習理論は，今日の犯罪理論の主要な一流派として位置づけられている。

②　統制理論

学習理論とは異なる視点のミクロ理論として，**統制理論**が挙げられる。前述のショウとマッケイ，サイクスとマッツァも統制理論を提唱した研究者に数えられることがあるが，これらを**社会的統制理論**としてより明確に統合したのは，1969年に『非行の原因』（Hirschi, 1969）を著した T. ハーシである。

ハーシの第1の特徴は，「人は放っておけば犯罪・非行を行う」という前提に立って理論を展開した点にある。アノミー／緊張理論や分化的接触理論が，「人がなぜ犯罪を行うのか」を解明するための理論であるのに対し，社会的統制理論は，「人がなぜ犯罪を行わないのか」を解明するための理論である。人が犯罪を行わない理由として，ハーシは，個人が社会との間に形成している絆（Bond）に着目した。絆は，⑴重要な他者への愛着，⑵制度化されている価値志向への同意，⑶伝統的活動への自我関与，⑷社会規範が人々の行動を拘束することの正当性についての信念，の4種に細分化されている。ハーシは，この絆が弱まったり切れたりしたとき，人は犯罪・非行を行うと説明した。こ

の理論は，だれかに犯罪を行わせないためにはどうすればよいのか，という問いに答えを与える点で新しかった。さらに，単なる仮説としてではなく，実証的な裏づけとともに提唱されたことも，この理論が注目された一因である。

ハーシはその後，M. R. ゴットフレッドソンとともに社会的統制理論を**犯罪一般理論**へと展開させた（Gottfredson & Hirschi, 1990）。犯罪一般理論は，犯罪を抑止する要因のうち，最も重要な鍵となるものを特定しようとする試みでもあり，ハーシらはこれを親子関係に求めた。

③ 離 脱 理 論

社会的統制理論が「人がなぜ犯罪を行わないのか」の解明に力を注いだ流れを受けて，S. マルナは，2001 年に『犯罪からの離脱と「人生のやり直し」』（Maruna, 2001）を著し，「一度犯罪を行った人が再犯しなかったのはなぜか」という犯罪からの立ち直りに注目した**離脱理論**（desistance theory）を展開した。マルナの研究は，一度犯罪を行った人々が改善更生に向かう過程に注目するという点で新しい試みであったことに加えて，実際に犯罪から離脱した人たちからの聞き取り調査を行って分析するという質的研究の先駆けであったということからも，大きな注目を集めた。マルナは，犯罪からの離脱を果たした人々からの聞き取りに基づいて，立ち直りを果たした人には，過去の犯罪行為が主として当時の過酷な環境に起因するものであったと位置づけつつ，そのなかで，「真の自己」と感じられるような中核的な信念を形成し，自己の運命を自分で支配しているという自律感をもち，社会への償いや次世代への伝承という役割意識や使命感を抱いていることなどの特徴がみられるとし，これらを「回復の脚本（redemption script）」に必要な要素と位置づけた。

20 世紀終盤から 21 世紀初頭は，犯罪学領域のみならず，医学，心理学，福祉学等の各領域において，リスクの低減をめざす「リスク管理モデル」から肯定的要因／長所の充実化をめざす「長所基盤モデル」へのパラダイムシフトがなされた時期でもあり，マルナの離脱研究はこの一連の流れのなかにも位置づけられる。マルナは，2007 年には，犯罪心理学領域でグッドライフ・モデル（good lives model：GLM）を提唱した犯罪心理学者 T. ウォードと共著で『リハビリテーション』（Ward & Maruna, 2007）を著した。加えて，離脱研究は，1970 年代から 1980 年代にかけて児童精神医 M. ラターや精神科医 B. シリュルニクらが注目し，1990 年代からは PTSD（post-traumatic stress disorder）研究

や ACE（adverse childhood experiences；逆境的小児期体験；第4章も参照）研究の流れのなかで脚光を浴びることとなったレジリエンス（resilience：ストレス体験，逆境体験，被災体験等心理的に大きな負荷が掛かる状況に直面した際，ここに適応しようとする過程やそれを支える資質をいう）研究との融合も図られるに至っている。その意味では，離脱理論は心理学的理論の1つとも数えうるところ，マルナが犯罪学者であることもあって，基本的には社会学的理論の1つと位置づけられている。今後こうした一連の流れは，N. ロネルらによって2015年にまとめられた著作『ポジティブ犯罪学』（Ronel & Segev, 2015）の概念に収斂される可能性があり，そうであればマルナは，その始祖と呼ばれることになるであろう。

［3］ ラベリング理論

ラベリング理論は，犯罪・非行を行う者から離れて，これらの者に反応する側に着目した理論として展開された。F. タンネンバウムは，1938年に著した『犯罪とコミュニティ』（Tannenbaum, 1938）のなかで，コミュニティのなかで人が犯罪を身に着けていく過程を説明し，同時に，逮捕などによってひとたび犯罪者としてラベリングされると，他の非犯罪者とは異なる人間になった感覚が生まれ，いっそう犯罪者との付き合いを重視するようになる，といったラベリング理論の基礎となる考え方を紹介した。

その後，E. M. レマートは，1951年の『社会病理学』（Lemert, 1951）で，逸脱行動を第一次と第二次とに分類した。**第一次逸脱行動**は，社会的，文化的，心理学的，生物学的要因が複雑にからみあって発生し，これを**第二次逸脱行動**へと推し進めるのが社会からの反応，つまりラベリングであるとした。

ラベリング理論は，1960年代から1970年代初期のアメリカで台頭した。その背景には，同時代のアメリカの政府不信があるともいわれている。1960年代のアメリカは，市民権運動活動家の迫害，ベトナム戦争，ウォーターゲート事件などにより，政府の権力濫用に対する市民の不満が増大していた時代である。こうした状況下にあって，ラベリング理論は，政府の対応を批判するために都合のよい理論であったといえる。しかし，実証研究を行っても，ラベリング理論を支持する結果が出なかったことや，社会情勢の変化を受け，いったんは廃れていった。

その後，1990年代に入ってから，**新ラベリング理論**ともいうべき動きがみられ，再び注目を集めるようになっている。R. L. マツエダは，1992年に『シンボリック相互作用論』（Matsueda, 1992）を著し，従来のラベリング理論が重視していた「公式なラベリング」（逮捕，刑務所収容など）という概念に対して「非公式なラベリング」の概念を導入し，これらが犯罪・非行行為に与える影響について説明した。これは，犯罪・非行における「自己評価」の役割について，社会学的な観点から注目したという点での貢献として注目されている。

4 生物学的理論

社会学的理論を「個人を取り巻く要因に注目した理論」とすると，生物学的理論，心理学的理論は，犯罪・非行を行う個人により焦点を当てた理論と称することができる。生物学的理論，心理学的理論の多くは，犯罪者・非行少年と非犯罪者・非行少年とを比較し，前者により多くみられる特性を取り出すという形で理論化されている。心理学的理論については，次章で詳述することとし，ここでは，生物学的理論に焦点を当てることとする。

[1] 初期生物学的理論

生物学的犯罪理論の始祖は，1876年に『犯罪人論』（Lombroso, 1876）を著したC. ロンブローゾであるとされている。ロンブローゾの**生来性犯罪人理論**の背景には，C. ダーウィンの進化論（Darwin, 1859）があり，犯罪を行う多くの者は，進化が不十分な個体であると説明された。ロンブローゾは，イタリアの司法機関で働いていた医師であった。多くの犯罪者を診察するなかで，彼らに共通する特徴として，あごと頬骨の発達，突き出た唇，長い腕，しわが多く，把握力のある足などを挙げ，これらの特徴をもったものを「生来性犯罪人」と名づけた。

ロンブローゾの理論は，非常に単純なものであり，生物学的な特徴と犯罪とを短絡的に結びつけようとするものであった。他の生物学的理論とともに，1900年代中ごろまで実証研究の対象とされていたが，研究を重ねても生物学的特徴と犯罪との間に明確な関係が見出されなかったことに加えて，優生学思

想を助長するとか，人種差別を容認する政策につながるといった批判を受けて，衰退した。このころには，多くの社会学的理論が台頭してきたこともその一因であるといえよう。

[2] 新生物学的理論

　初期生物学的理論は衰退したが，1990年代ころから，新たな生物学的理論の時代が始まっている。新生物学的理論は，遺伝的特徴と後天的事象に幅広く注目し，これらの特徴が神経系や脳機能に及ぼす影響までを含めて検討した点を特徴としている。技術の進化に伴い，これまで測定しえなかったさまざまな生物学的指標を客観的に測定することが可能になったこと，遺伝子研究が盛んになり，行動特徴に対する遺伝の影響についても解明が進んだことによって，善悪の価値判断を脇に置いた科学的立場からの検討が再燃したともいえる。

　近年の新生物学的理論は，特定の特徴と犯罪とを直接的に結びつけることはしておらず，ある生物学的特徴が個人の学習スタイルなどに影響し，刺激反応性や衝撃希求性などの犯罪に結び付きやすい特徴を増加させると説明するなど，原因と結果の間に多数の媒介変数が存在し，異なる結果を導きうることを前提とした議論を展開している。

　ここでは，現代でも研究が続けられている生物学的要因のいくつかを取り上げ，簡潔に紹介したい。

①　神経伝達物質

　神経伝達物質と犯罪行動の研究は，セロトニン，ノルエピネフリン，ドーパミンを中心に行われている。セルボとレイン（Scerbo & Raine, 1993）が実施したメタ・アナリシスによると，反社会性行動とセロトニンおよびノルエピネフリンの低下の関係が示唆され，ドーパミンについては効果が認められなかったとされている。セロトニンの低下については，身体の大きいこと，社会的ストレス，栄養の偏りなどが影響していると考えられており，これらの要因が媒介変数となって，犯罪行動に影響している可能性が検討されている。また，ブラナーら（Brunner et al., 1993）は，犯罪性の高いある一族にセロトニンやドーパミンを酸化させる酵素をつくる機能をもつMAOA（モノアミン酸化酵素A）遺伝子の欠失変異が共通してみられたことを発表し，セロトニン，ドーパミンレベルと衝動性，攻撃性コントロールの関係性を示唆した。

② 脳機能障害

脳機能と犯罪行動の研究は，脳機能を測定する技術等の発展とともに広がっている。いまだ研究途上の段階にあるが，現在までの発見をまとめると，粗暴犯罪と前頭葉機能障害の関係，性犯罪と側頭葉機能障害の関係などが示唆されている。ただし，これらの機能障害は，神経系の機能やパーソナリティ，認知的過程，社会的活動などとの関連をみながら幅広く検討すべきであり，脳機能障害と犯罪行動とを直接的に結びつけられるほどの発見には至っていない。

他方で，21世紀に入ってから脳の発達に関する研究が急速に進み，脳の容量は思春期には成人と同等にまで成長するものの，その機能の発達は，25歳ころになってようやく完成形に近づくことが明らかにされていった（例：Jetha & Segalowitz, 2012）。特に，結果を予測する力や社会的行動のコントロールに関する機能をもつとされる前頭前皮質が25歳かそれ以上まで発達を続ける（＝それ以前は未完成な状態にある）個人が少なくないという発見は，多くの司法行政区において18歳から21歳の間に「成年年齢」の定義を置き，司法制度において当該年齢以上の者を成人として取り扱っていることの正当性に対して，疑問を投げ掛けることにもなった（Jetha & Segalowitz, 2012）。これは，生物学における発見が，若年成人と定義されている年代の対象者に対し，どのような処遇を行うべきか，どのような司法制度や福祉制度，保健制度，教育制度を用意すべきかについて議論を呼び起こし，実務に影響を及ぼしうることが示された一例といえよう。

③ 精神生物学的要因

精神生物学的要因として，**皮膚電位反応**および**心拍**と犯罪行動の研究がなされている。いずれの結果からも，反社会的な人は，そうでない人と比較して，刺激全般や，犯罪行為，自らの行為を責任回避する際の覚醒水準が低いことが示唆されている。生理的覚醒水準の低さは，古典的条件づけの困難さにも結びついているといわれ，つまりはこれらの特徴をもった人が罰から学びにくいなどの理由で犯罪行為に及びやすいとの説明が可能だとされている。

④ 他の生物学的要因

他の生物学的要因として，頭部外傷，出生時事故，軽微な身体障害，中胚葉型体格（筋肉質で大きい），テストステロンレベルの高さ，低血糖やカルボヒドラーゼ値の高さなどと犯罪行動の関係が示唆された研究がある。しかし，これ

らの特徴が直接的に犯罪行動と結びついていると主張する研究者は少なく，た
とえば頭部外傷や出生時事故，軽微な身体障害は，崩壊家庭や虐待家庭でより
多発しやすいこと，中胚葉型体格やテストステロンレベルの高さは，社会的・
文化的に強さを表現するよう期待されやすいこと，低血糖やカルボヒドラーゼ
値の高さはアルコール濫用との相互作用が認められることなど，生物学的特徴
と社会環境の相互作用にも注目する形で理論を展開している。つまり，上記①
から③と同様に，これらの生物学的特徴が犯罪の直接的な原因であるとは考え
られていない。

このように，新生物学的理論は，社会学的要素と心理学的要素とを柔軟に織
り交ぜた形で発展している。ただし，依然として生物学的理論には懐疑的な学
者や，生物学的要因を犯罪の原因とすることに対する抵抗感を抱く向きも多く，
生物学的理論を提唱する研究者たちも，「特定の犯罪者を説明する要因の1つ
として有効である」とする限定的な主張にとどめている場合が多い。

[3] 社会生物学的理論

社会生物学（Wilson, 1975）から進化心理学（Jerome et al., 1992）へと発展し
たように，社会現象や人間行動の理解に生物学の進化論的観点を取り入れる流
れを汲んで，犯罪学研究にも再び生物学的視点が取り入れられるようになった。

ロウ（Rowe, 2002）は犯罪行為を「自分自身の社会集団に属する人々を意図
的に搾取しようとすることによって，人々の適応度を下げる行為」と定義し，
人々が犯罪を行う意味を生物固有の適応行動という観点から見直そうとした。
進化生物学においては，生物は，進化の過程において，生存と種の保存を目的
としたときに適応的なスタイルを採用するという大原則がある。種全体として
は，ときどき発生する遺伝的変異と淘汰を経て，長い時間を掛けてより適応的
な性質を備えていくことになる。ロウは，ここから全世界で共通にみられる犯
罪率の性差が説明されうる（男性においては，より攻撃的，衝動的で無鉄砲な特
性をもっていることが子孫を残すことに有利であった一方で，女性においては，同
じことが当てはまらないとする仮説）としている。

他方で，より身近には，種の内部において，自らの遺伝子を残すための他の
個体との競争も生じる。犯罪行為を，こうした生存競争においてより有利な行
動と意味づけるとき，攻撃的な言動が同性の競争相手を妨害するうえで有利で

あったり，罪を犯してでも富を得るという行為が異性を惹きつけたりする効果をもっていたりする可能性を検討することができる。冒頭でも述べたとおり，犯罪の定義は人為的であり，各行為が犯罪化された経緯が異なっていることから，すべての犯罪行為を進化論の観点から説明することは困難であろう。ただし，犯罪率における圧倒的な性差や，時代や文化を超えて典型的に発生している犯罪行為（例：殺人，傷害，窃盗，強姦等）については，社会生物学的観点からのアプローチが新しい理解や介入のヒントを示しうるかもしれず，今後の展開が期待される。

[4] 生物学的理論がもたらしうる倫理的議論

　今後も各種生物学的機能の測定技術は向上し続けることが想定され，そのなかで，生物学的特性として衝動性の高い個人，攻撃性の高い個人，残虐性を有した個人等が特定される時代がやってくるかもしれない。そのとき，こうした特性をもつ個人に対し，犯罪抑止の観点からどのような処遇を行うべきかという議論が起こりうることをロウ（Rowe, 2002）は予見している。たとえば，現代国家の多くは，精神障害による心神喪失者を罰さず，心身耗弱者の罰を減ずるとしている。これは，精神障害を有する個人が，その意思や意図によらず罪を犯したとき，その個人に対して罰を科すことは合理的ではなく，そうであれば刑罰よりも治療の対象とすることが有効であるとの発想に基づく制度である。

　今後仮に，生物学的特性として攻撃性が高い個人がかなりの精度で特定されるようになったとき，この個人による暴行は，生物学的に穏やかな特性をもった個人による暴行と同等の非難に値するといえるか，つまり，同等の罰を科すことが妥当であるかどうか，私たちは考えなければならない。レイン（Raine, 2013）もまた，出産時の合併症や萎縮した扁桃体，あるいは低レベルのMAOA遺伝子を抱えて生まれてきた子どもが，そうでない子どもと比較して犯罪リスクが高いとき，厳密な意味で彼らに自由意志があるといえるかどうかを問い掛けている。

　また，仮に攻撃性を抑止する薬物があり，相応の効果が認められるとした場合，生物学的に攻撃性が高い個人は，この投薬を受ける義務があるといえるかどうか，本人が同意しない場合，あるいは投薬によって相応の副作用が生じる場合，それでも投薬を強制することが妥当であるといえるかどうか，やはり私

たちは考えなければならない。

　生物学的理論が新たな事実を解明するのと同時に，私たちはこうした一連の問いに答えを出していかなければならない。それらの情報は，判断材料を示しはするが，価値判断を含む倫理的な回答を自動的に導き出すわけではない。そして，新たに解明され，その情報が確からしいとなった場合には，それを知らなかった時代に後戻りすることはできないのである。

　それらの情報を得たうえで，どのような決断をするのか，議論を尽くして一定の回答にたどり着く土壌がないままに新たな事実を次々と突きつけられる事態は避けなければならず，その意味でも生物学的理論の展開を注視し続けたいものである。

5　犯罪・非行理論の今後

　ここまで，刑事政策，社会学，生物学の各分野における代表的な犯罪・非行理論を歴史的な流れとともに紹介してきた。冒頭に述べたとおり，それぞれ着目するポイントや犯罪・非行を説明する目的が異なっており，どの理論が最もすばらしいと単純に比較することはできないし，比較することに意味もない。私たちは，自らの目的に沿って，必要な解決策を提示してくれる理論をその都度選択することが求められる。本章のまとめに代えて，犯罪・非行理論を用いる際に重要な点と今後の展望を4点挙げておく。

[1]　犯罪・非行の定義は絶対ではない

　ある行為が犯罪・非行とみなされるかどうかは，その時代や文化的背景に応じて変化する。個人間の殺人や窃盗など，ある程度普遍的な行為は脇へ置くとしても，新たに問題となった迷惑な行為が犯罪に含まれるかどうかは，法制化を待たねばならない。近年では，コンピュータネットワーク上の犯罪，個人情報の濫用，株式の取引に関する情報操作等が新たに注目を集めているところである。ひとたび非合法と位置づけられた場合でも，これが司法制度に発覚しない場合には，犯罪と呼べるかどうかという問題もある。これらの行為を理解するにあたっては，従来の犯罪・非行理論の枠組みが使えるのか，使えないとす

ればどのような改訂が必要なのか，新たに吟味する必要がある。

[2] 促進要因と保護要因がある

犯罪・非行研究の多くは，犯罪・非行が起こった状態や，犯罪・非行を行った個人に注目して展開されている。そのため，犯罪・非行を促進する**リスク要因**に目が向きがちであるが，他方で，同様のリスク要因が存在する場合にも，犯罪・非行の発生を防ぐよう作用する**保護要因**が存在しうる。犯罪を未然に防ぐという目的に立てば，促進要因だけではなく，保護要因を広く特定する意味合いは大きい。歴史をみると，犯罪・非行と相関関係をもつ要因の模索は，犯罪とは直接関係のない技術の進歩とともに拡大している。今後も引き続き，各分野の専門家が，新たな技術を駆使して，促進・保護の両面から鍵となる要因を幅広く研究することが望まれる。

[3] 犯罪・非行は多重な要因の相互作用である

犯罪行為は，現在までにわかっているだけでも，非常に多重な要因の相互作用である。このなかで主要な役割を果たす要因の特定も重要であるが，同時に，手を入れやすい要因を特定することも大切である。相互作用のある現象に介入する場合の利点は，どこか1点を変化させた場合，その変化が他の要素にも伝播し，影響を及ぼしうることにある。小さな変化でも，それがさまざまに作用し，犯罪を食い止めることができる可能性がある。そうであれば，なるべく変化させやすい点に焦点を当てることは理にかなっている。

[4] 当該犯罪・非行を抑止するために，払えるコストを定める必要がある

よくいわれるように，犯罪・非行を抑止する特効薬は存在しないが，肯定的な効果をもたらしそうな方策は複数存在する。ただし，いずれの方策も，導入するには，それぞれにコストがかかる。犯罪・非行を行った個人，犯罪リスクが高いとされた個人，あるいは社会の成員すべてが負担すべき費用，受忍すべき自由の制限や心身の不自由の範囲など，多様なコストの何をどの程度私たちの社会は許容するのか，という議論は必須である。どんな方策もその効果は絶対ではなく，特定の可能性を高めたり低めたりするにすぎない。その可能性がどの程度であれば，どの程度のコストを許容するのか。これは，一律に答えを

出すことが困難な問いである。しかし，投げ出すことなく，議論を続けるべき問いである。既成の答えはない。

　本章の結びとして，医師中村哲（1946-2019）の功績を紹介したい。中村は，アフガニスタンにおいて診療所の開設に取り組んでいたが，渇きと飢えで多くの子どもが命を落とす状況をみかねて，命を助けるためには医療の前に生活用水を手に入れる手段を確立することが不可欠であると考え，医療の提供に先んじて現地における水路の建設に尽力した（中村，2007）。中村の選択から学ぶことは多くある。「犯罪を減らすために何ができるのか」という目的に向かって，現実的で効果的な方法を考えていくためには，私たちも各分野の犯罪・非行理論を最大限活用することが望まれる。その理論が社会学的か，生物学的か，あるいは心理学的かは，問うべき問題ではない。目的を果たすために最も効果的な手段が，自らの専門分野以外の領域で見出された知見にある可能性を，常に想定していたい。そして，そこに光を見出したのであれば，自ら行動することの大切さを中村は教えている。

　心理学を専門とする人々に，本章において扱った各分野の今後の展開に対して関心を寄せ続けることの意味が少しでも伝わっていれば，本章の目的は達成されたといえる。

学習のための文献案内　BOOK GUIDE

岡邊健編（2014）.『犯罪・非行の社会学──常識をとらえなおす視座』（有斐閣ブックス）有斐閣
　　▷社会科学の若手研究者の手による読みやすさ，使いやすさを重視した教科書。社会学的理論の内容と実社会における意義が丁寧に解説されている。社会学的理論について，もう一歩深く学びたいという読者のニーズを満たす1冊。

マルナ，S.［津富宏・河野荘子監訳］（2013）.『犯罪からの離脱と「人生のやり直し」──元犯罪者のナラティヴから学ぶ』明石書店
　　▷本文中で離脱理論の提唱者として引用したマルナの初著作。後に犯罪理論の一領域に数えられることになる一連の流れの起点となるインパクトを与えた。

ロウ，D. C.［津富宏訳］（2009）.『犯罪の生物学──遺伝・進化・環境・倫理』北大路書房
　　▷犯罪行為を社会生物学から捉えた研究として引用したロウの著作。それまで

「過去の遺産」として研究者の関心を失いつつあった犯罪学における生物学的視点の意義を改めて世に問い，「犯罪に対する生物学的な視座の価値を正しく認識する」（「訳者あとがき」より引用）きっかけを作った。

【朝比奈牧子】

第3章 犯罪行動理解のための心理学的アプローチ

1 心理学は犯罪行動をどのように理解するか

　心理学は，人間行動の普遍的法則を明らかにしようとするとともに，1人ひとりの違い（個性）を明らかにしようとする。パーソナリティ研究は，心理学の始まりから重要な研究領域の1つであった。犯罪への社会学的アプローチが「環境要因」を重視するのに対し，犯罪心理学では，同様な状況において，ある人は犯罪を行い，別の人はなぜ行わないのかという違いの理解に，より重点を置く。その際，**パーソナリティ**が説明要因としてしばしば使われる。

　犯罪心理学は，心理学の応用分野の1つであり，心理学全体の理論的展開と軌を一にしている。すなわち，心理学の二大理論的枠組み（パラダイム）である，**精神力動論**と**学習理論**（認知行動論）である。それぞれのパラダイムは，人間の心あるいは行動についての理論的基盤をもち，非行・犯罪あるいは逸脱行動についても理解の枠組みを提供している。また，パラダイムにまでは至っていないものの，人間の主体性や価値，目的といったものを重視する人間性心理学や現象学的心理学と馴染む考え方もある。他方，心理的特性を操作的に定義し，尺度を構成して量的に測定し，人間あるいは人間の行動を理解しようとする心理学における実証的方法も犯罪行動の理解に活用されている。理論の発展は，多様な影響を受けつつ単線ではないが，パラダイムのどれか1つに偏るよりは，多面的，統合的理解を求められる。

　本章では，心理学がどのように犯罪行動あるいは犯罪行動を行う人を理解・説明しているか，主たるアプローチを概観する。犯罪行動の機制の理解は，第Ⅲ部の犯罪行動変化のための心理学的介入を行う際の基盤となる。

[1] 精神力動論は犯罪をどのように理解するか

S.フロイトは，パーソナリティ論は犯罪行動を抑止する衝動統制発達の視点という意味で犯罪心理学理論に大きな影響を与えていると考える。すなわち，人は生まれたばかりのときには，直接的・即自的欲求充足を求める**イド**（本能）によって動かされており，それは快を求め，不快を避けるという快楽原則によっている。すなわち「〜したい」によって生きている。しかし，両親に代表される「〜してはいけない」「〜すべき」という**超自我**が取り入れられるにつれ，ことの是非善悪を区別する良心が芽生え，「〜したい」という衝動を統制しなければならない，統制しようとするようになる。これはおおむね3歳ごろまでという人生早期に形成される。とはいうものの，「〜したい」衝動と，外側からの罰と報酬による「〜すべき」という社会からの厳しい要請を調整し，自らの意思と選択によって衝動を統制できるようになるには**自我**の発達を待たねばならない。自我の発達によって，人は欲求の満足を遅延させ，現実原則に従って衝動を統制しつつ，現実的に欲求充足を図ることができるようになる。精神力動論の立場で考えると，ヒトはもともと動物同様に自らの欲求を充足させようとするので犯罪を行うのも自然であるが，そこからどのように超自我と自我を発達させて，反社会的行動を行わないようになるかという社会化が課題となる。「なぜ犯罪を行うのか」ではなく，「ほとんどの人はなぜ犯罪を行わないのか」に焦点をあてた，社会学的理論におけるハーシの統制理論にも影響を与えている。

① パーソナリティ構造に基づく類型論

マンハイム（Mannhaeim, 1965）は，フロイトのパーソナリティ構造に基づいて，犯罪者を(1)超自我脆弱タイプ，(2)自我脆弱タイプ，(3)神経症タイプ，(4)一般的反社会性タイプ，その他に分類している。

(1)**超自我脆弱タイプ**は，そもそも超自我の禁止が弱く，「良心」がうまく育っていないタイプであり，人生早期の両親などの養育者との愛着関係に瑕疵があると仮定され，その後の治療的関わりでも変化は困難であるとされる。いわゆる**サイコパス**と呼ばれるのはこのタイプである。

犯罪者というとこのタイプを思い浮かべる人も多いかもしれないが，数としてはそれほど多くはない。就学前後という比較的早い時期に非行が発現していることも多いが，それはいわゆる凶悪なものである必要はなく，ちょっとした

盗みや嘘といった行動で表される。愛想がよく，かわいい印象を与えることもあるが，自分の利を得るために人を操作する傾向がみられる。

　たとえば，以下のようなある15歳の少年の例である。彼は幼い頃からの家出，不登校，万引を内容とする虞犯で少年院に入り，そこで中学を終えて出院してすぐの鑑別所再入所である。小柄でかわいい印象で，よく話し，愛想もよい。今回の入所も，彼女と一緒にいたいからという理由で進学した高校に登校せず，2人で家出して，生活のために彼女が家の金銭を持ち出したり，盗みをしていたというものであった。少年院を出たばかりであり，保護者が引き取りの意向を示し，非行内容が比較的軽微であったことからも，試験観察ということで退所した。

　とはいうものの個人的には，なんだか嫌な感じが残った。よくしゃべり，人懐っこいのだが，「もし僕と彼女が鳥だったら……」といった非現実的なことばかりを述べること，「少年院行ったらもっと悪くなる」といった暗に人のせいにするような操作性（自身の欲求に沿うように他を操ろうとする性向）がみられること，職員がみていないと思うと，必ずといってよいほど小さなずるをすること，等である。

　数年後，刑務所で勤務していた筆者の手元に20歳になった彼の書類が回ってきた。殺人罪である。それによると，働きもせず交際していた女性に家の金を持ち出させて，2人で転々として暮らし，金銭を持ち出せなくなったところでその女性に親を殺害して金銭をもってくるよう言い含め，ためらう女性を励まして実行させたという犯行内容であった。自らは手を汚さず，彼女にやらせるところが「彼らしい」と感じた。

　(2) **自我脆弱タイプ**は，少年司法においては，いちばん多く出会うタイプであろう。典型的には，中学に入ってから非行が発現する。1人で非行を行うというよりは，集団で行い，仲間を頼りにしていることも多い。自分がやりたいことと親や教師からの要請との間で葛藤し，現実的に自身の欲求をかなえていくだけの自我の力がまだ十分に育っていないことから，非行が生じる。集団でいると粗暴あるいは反社会的な行動も出るが，1人になると案外素直で，仲間に対する忠誠心などもみられる「いいやつ」である。子どもでもなく，大人でもない時期に，世の中で自身のあり方や居場所を探して，大人社会では不適切と思われるような行動も試される。あるいは集団でいると心強くなり，または仲

間の手前もあって，不適切な行動がエスカレートする。

　彼らに必要なのは，大人になるためのサポートである。治療というよりは教育である。自身の気持ちや考えに気づき，言葉にして人に伝え，内なる葛藤や対人関係における葛藤を超えて問題解決する力を育成していく。

　(3) **神経症タイプ**は，何らかの悩みの症状として非行が発現しているものであって，悩みが相談され，解決に向かえば非行行動も終息する。非行には，自分は悩まず，行動化することによって他を悩ますという側面があるので，自我脆弱タイプは，それほど複雑さや繊細さというものを感じさせないが，神経症タイプの少年は，抑うつ感や不安感を内面に抱えている。

　典型的には，高校デビューといわれるような遅めの非行の発現であり，自我脆弱タイプに比べて，自身の気持ちや考えをより言葉で人に伝えることができ，話を聞いているとその悩みは，聞き手にも共感しやすいし，こちらの共感に対しても応えてくれる印象がある。人とつながる力があるので，通常は学校などで周囲の人々の支援を受けることができ，司法の場まで来ることは，自我脆弱タイプより少ないが，周囲のサポートを受け損ねて来ることもある。

　たとえば，ある夏の日，10人近くの高校1年生たちが一斉に鑑別所に入所した。夜中に，近隣の学校校舎の窓ガラスを割ってまわったという器物損壊容疑である。彼らは，中学時代の同級生で，それぞれ進学した高校にうまくなじめず，アルバイトが終わった夜間に近所の公園にたむろしていた。飲酒して騒いでいるうちにそのなかの1人が，停めてあった自動車のボンネットにあがってボンボン飛びはねるという行為を始め，そのうち皆で学校の窓ガラスを割りに行こうということになったらしい。

　車のボンネットで飛んだり，窓ガラス割りを提案した少年は，入所後，箸の柄で居室の天井をつついたり，「俺は都会に出てビッグになる。何をするかわからないけど，ビッグになれる」と非現実的なことをいったりして，非行性が進んでいるようにもみえた。しかし，種々の心理検査の結果からは，彼が内面に多くの不安と抑うつ感を抱えていることが示された。また，共犯の少年たちからは，彼は「いいやつで，おもしろい」と評価され，好かれていることもわかった。心理検査の結果をフィードバックしつつ再度面接をすると，明るく破天荒にみえたが，実際には，スポーツクラブでのいじめが原因で，しかもそれを誰にもいえず，ときどきふっとおかしなことをしてしまい，自分でもおかし

いのではないか，精神科に行きたいと思っていたと述べた。彼がバウムテスト
で描いた，幹だけが画面の左寄りに大きく拡大して描かれ，しかもその幹には
大きな洞が空いており，幹も洞も黒く塗りつぶされていたのは，自身のトラウ
マティックな体験に注意が集中していたためかと了解できる気がした。その後，
彼の言動は落ち着き，審判でも自身の気持ちや考えをしっかりと述べていた。
神経症タイプの非行であったと考えている。

　共犯となった少年たちは，自我脆弱タイプがほとんどであった。新しい高校
でうまくなじめず，中学の友達と気楽に遊んでいるのが楽しかった。窓ガラス
を割りに行くなんて，本当は嫌だったが，皆が乗っているし，行こう，行こう
といわれて，行かないわけにもいかず，とりあえず行ったらバットを握らされ
たので，少し割りましたという感じである。

　(4) **一般的反社会性タイプ**はパーソナリティとしては健常なタイプである。両
親や親族あるいは生活の場が，非行・犯罪的な文化をもっていて，両親に正常
に愛着し，同一視した結果として，非行・犯罪を行っている。

　パーソナリティ心理学が類型論と特性論から始まっているように，類型化は，
ものごとあるいは事象の理解の第一歩であるが，すべての事象がどこかの類型
に明確に分類されるわけではない。また，心理学的アプローチが特に有効であ
るのは，おそらく自我脆弱タイプと神経症タイプである。超自我脆弱タイプは
精神医学的，一般的反社会性タイプは社会学的アプローチがより適切であろう。
いずれにせよ，犯罪行動がパーソナリティだけで理解できるものではないこと
を考えると限界がある。

　類型論の場合，目的に照らしての分類の基準が重要であるが，精神力動論を
基盤とするパーソナリティ構造に基づく類型化は，反社会的行動を抑制するた
めの社会化のつまずきとして，発達的視点を導入するうえで有用である。特に，
両親との関係や家庭環境，そして愛着と衝動統制の発達など，治療的介入に直
結する心理的機制の理解につながると考える。

　② **パーソナリティ障害とサイコパシー（精神病質）論**

　現代におけるパーソナリティ障害の概念は，アメリカ精神医学会による『精
神疾患の診断・統計マニュアル』（DSM-5：APA, 2013）によることが一般的で
ある。DSM は，10 のパーソナリティ障害を，3 つのクラスターに分けている。
A群は，「奇妙で風変わり」な人々で，妄想性，失調型，シゾイドの3つがあ

表 3-1　反社会性パーソナリティ障害

A. 他人の権利を無視し侵害する広範な様式で，15歳以降起こっており，以下のうち3つ（またはそれ以上）によって示される。
　(1) 法にかなった行動という点で社会的規範に適合しないこと，これは逮捕の原因になる行為を繰り返し行うことで示される。
　(2) 虚偽性，これは繰り返し嘘をつくこと，偽名を使うこと，または自分の利益や快楽のために人をだますことによって示される。
　(3) 衝動性，または将来の計画を立てられないこと。
　(4) いらだたしさおよび攻撃性。これは身体的な喧嘩または暴力を繰り返すことによって示される。
　(5) 自分または他人の安全を考えない無謀さ。
　(6) 一貫して無責任であること。これは仕事を安定して続けられない，または経済的な義務を果たさない，ということを繰り返すことによって示される。
　(7) 良心の呵責の欠如。これは他人を傷つけたり，いじめたり，または他人のものを盗んだりしたことに無関心であったり，それを正当化したりすることによって示される。
B. その人は少なくとも18歳以上である。
C. 15歳以前に発症した素行症の証拠がある。
D. 反社会的な行為が起こるのは，統合失調症や双極性障害の経過中のみではない。

（出典）　APA, 2013 より作成。

り，B群は，「演技的，感情的で移り気」が特徴であるとされ，自己愛性，境界性，演技性，反社会性の4つが含まれる。C群は，「不安で内向的」であり，回避性，依存性，強迫性の3つがある。このうち最も犯罪に関係するのは，B群であり，特に反社会性パーソナリティ障害は犯罪者のうちに多いとされる。

　反社会性パーソナリティ障害の診断基準（APA, 2013）（表3-1）をみると，診断基準に犯罪を行ったことが入っており，またこの診断にはその原因や機制が含まれておらず，何らかの診断名をつけるというほどの意味しかないと考える。

　また，反社会性パーソナリティ障害の診断基準Cに「15歳以前に発症した行為障害の証拠がある」と記されている素行障害の診断基準（表3-2）も同様に非行・犯罪行動そのものが掲げられており，多様な非行を行っていればほぼ当てはまってしまう。心理学的アプローチとしては，精神障害の概念であるパーソナリティ障害は，治療的介入や教育的介入にもほとんどつながらず，むしろパーソナリティ障害と診断をつけて理解した気になることを避けることのメリットのほうが大きいと考える。

表 3-2　素行障害の診断基準

A. 他者の基本的人権または年齢相応の主要な社会的規範または規則を侵害することが反復し持続する行動様式で，以下の15の基準のうち，どの基準群からでも少なくとも3つが過去12カ月の間に存在し，基準の少なくとも1つは過去6カ月の間に存在したことによって明らかとなる：

【人および動物に対する攻撃性】

(1) しばしば他人をいじめ，脅迫し，または威嚇する。

(2) しばしば取っ組み合いの喧嘩を始める。

(3) 他人に重大な身体的危害を与えるような凶器を使用したことがある（例：バット，煉瓦，割れた瓶，ナイフ，銃）。

(4) 人に対して身体的に残酷であった。

(5) 動物に対して身体的に残酷であった。

(6) 被害者の面前での盗みをしたことがある（例：人に襲いかかる強盗，ひったくり，強奪，凶器を使っての強盗）。

(7) 性行為を強いたことがある。

【所有物の破壊】

(8) 重大な損害を与えるために故意に放火したことがある。

(9) 故意に他人の所有物を破壊したことがある（放火以外で）。

【虚偽性や窃盗】

(10) 他人の住居，建造物，または車に侵入したことがある。

(11) 物または好意を得たり，または義務を逃れるためしばしば嘘をつく（例：他人をだます）。

(12) 被害者の面前ではなく，多少価値のある物品を盗んだことがある（例：万引き，ただし破壊や侵入のないもの，文書偽造）。

【重大な規則違反】

(13) 親の禁止にもかかわらず，しばしば夜間に外出する行為が13歳未満から始まる。

(14) 親または親代わりの人の家に住んでいる間に，一晩中，家を空けたことが少なくとも2回，または長期にわたって家に帰らないことが1回あった。

(15) しばしば学校を怠ける行為が13歳未満から始まる。

B. その行動の障害は，臨床的に意味のある社会的，学業的，または職業的機能の障害を引き起こしている。

C. その人が18歳以上の場合，反社会性パーソナリティ障害の基準を満たさない。

（出典）　APA, 2013 より作成。

　アメリカの精神科医クレックリー（Cleckley, 1941）は一見正常な仮面の下に隠されている精神病理を**サイコパシー**と呼んだ。クレックリーはサイコパシーに行動上の基準を以下のように設けた；(1) 良心の呵責あるいは恥の欠如，(2) 劣悪な判断と体験から学べないこと，(3) 病的な自己中心性と愛することがで

きないこと，(4)情性欠如，(5)洞察を欠く（Meloy, 1988)。それらの基準のいくつかは明確に精神力動論に基盤をもっていて，超自我脆弱タイプの項で述べたような，早期の愛着形成不全といったサイコパシーの成立機制にまで理解を進めようとしている。

　また，ヘア（Hare, 1991）は，クレックリーのサイコパシー概念に基づき，受刑者らを被検者としてデータを収集し，**サイコパシー・チェックリスト改訂版**（PCL-R）と呼ぶアセスメント尺度を開発した。PCL-R は，信頼性・妥当性が確認されており，悪性の自己愛，情性欠如，衝動的／無責任な生活態度の三因子構造をもつとされており，犯罪者と犯罪行動の研究に活用されている。

　サイコパシーは，犯罪者のみにみられるわけではなく，社会的に成功しているサイコパス（サイコパシーの人）も大勢いるといわれる。なぜか映画や小説，漫画で人々の関心を惹きつけてやまないところがあるようだが，発達障害や知的障害も含めて，精神障害が直接に犯罪行動に結びつくわけではなく，安易に診断名をつけて，犯罪行動やそれを行った人を理解した気になることを避ける必要がある。

[2] 実証的心理学——特性論から犯罪の発達理論そして犯罪行動の一般的パーソナリティ理論へ

① 特　性　論

　グリュックとグリュック（Glueck & Glueck, 1950）は，ボストンの 10 〜 17 歳の非行を行った少年たちと行っていない少年たちとを比較し，その特性を明らかにしようとした。彼らは，少年院に収容された 500 人の非行少年と地域で生活する非行のない 500 人の少年を年齢，人種，居住する地域の特性，知能をマッチングさせたうえで，幅広い要因を比較した。その結果，非行少年に多くみられた心理学的特性として，外向性，衝動性，敵対心，挑戦性，自己愛傾向，頑固さ，問題解決能力の乏しさ，言語性知能の低さなどを見出した。

　特性論は，特性の有無や量あるいは組み合わせによって個々の違いを詳細に把握し，量的に比較できるという利点があるが，特性をバラバラに比較しても，1 人の人間全体あるいは非行・犯罪の原因や機制はみえてこないという弱点もある。現代では，特性を明らかにしたうえで，類型化して理解していくという方向性が一般的であろう。

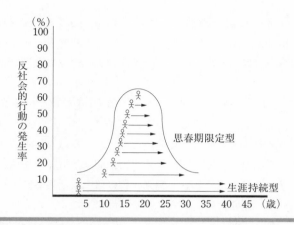

図3-1　反社会的行動の分類

（出典）　Moffitt, 1993 より作成。

　グリュックとグリュックはその後の追跡調査（Glueck & Glueck, 1950）におい て，非行の初発年齢が低いほど常習化していること，加齢とともに犯罪行動 は急減していること，家族要因の説明力が大きいことを見出している。すなわ ち，非行少年はそのまま成人の犯罪者になるわけではなく，多くの者が犯罪行 動をやめていくことに注意を向け，年齢的成熟による犯罪からの離脱説を提唱 した。他の実証的研究同様，横断的研究から時間的経過を視野に入れた縦断的 研究へと，さらにはコンピュータ技術と統計手法の進展によって大量のデータ を処理できるようになったことが，実証的研究の発展を後押ししている。

② **年齢－犯罪曲線**

　横軸に年齢，縦軸に非行・犯罪の発生率をとったグラフを**年齢－犯罪曲線**と 呼ぶ（図3-1参照）が，それによると非行・犯罪行動は時代と文化を超えて， 10代に入るころに増加し，10代後半くらいで徐々に減少する。モフィット （Moffitt, 1993）は，思春期にのみ非行・犯罪行動を行う「思春期限定型」と， 少数ではあるが生涯にわたり犯罪行動を続ける「生涯持続型」の2つのタイプ に分け，生涯持続型について，子ども時代からの活動水準，情動反応，言語能 力，衝動コントロールなど脳の神経生理学的な要因を重視した。また，思春期 限りで非行・犯罪行動をやめていく人々のやめていき方とその要因に焦点をあ てていく離脱理論も発展している（第2章も参照）。

③　犯罪行動の一般的パーソナリティ論

ボンタとアンドリュース（Bonta & Andrews, 2016）は，縦断研究により，大量の犯罪を行った人々のデータを統計的に分析し，犯罪を予測させるリスク要因として，「行動履歴」「反社会的パーソナリティパターン」「反社会的認知」「反社会的仲間関係」「家族・婚姻関係の問題状況」「学校・職場の問題」「余暇活動」「物質乱用」を見出し，セントラルエイトと呼んでいる。彼らの研究は，非行・犯罪の原因論から，いかにしてリスクを管理して犯罪行動をコントロールするかというアプローチへの展開をもたらした（第12章も参照）。

ここでは，彼らが犯罪行動の一般的パーソナリティと呼ぶ理論に触れておく。反社会的パーソナリティパターンとして，自己統制力不足と計画性の欠如という衝動性の側面と，イライラ感，被害感，敵愾心などネガティブな情緒性の側面が認められるとする。衝動性という点では，サイコパスの特徴と重なる部分もあるが，サイコパスは情性欠如を重視するのに対し，反社会的パーソナリティとしては，否定的な情動状態が強調されている。いずれにせよ，犯罪行動の一般的パーソナリティ論においては，サイコパス論とは異なり，衝動性もネガティブな情緒性も一般の人々にも存在する正常な要因であり，犯罪行動を行う者は，その多い少ないという位置づけの問題であり，異常や障害として考えているものではない。

[3]　学習理論（認知行動論）は犯罪行動をどのように理解するか

現代の犯罪心理学は，犯罪行動を学習された行動とみなし，「普通の」人がなぜ，どのように犯罪行動を習得し，その行動を維持し，さらにはそこから離れるのかということの解明に主眼を置いている。

心理学における学習の研究は，**古典的条件づけ**による学習から始まった。20世紀に入ったころ，I. パブロフは，犬に餌を与える前にベルの音を聞かせることを繰り返すと，犬はベルの音が聞こえただけで唾液を分泌するようになること，すなわち，刺激（S）と結びついて反応（R）が生じることを発見した。

B. F. スキナーは，マウスがバーを押すと餌が出てくるスキナー箱を用いて，マウスがバーを押すという行動を学習する**オペラント条件づけ**を提唱し，報酬と罰を用いて，行動を学習させたり消去させたりする方法について研究をした。古典的（レスポンデント）条件づけとオペラント条件づけは，現代の行動主義

心理学の基本理論となっている。しかし，こうした条件づけに基づく行動理論は，人間の学習を説明するにはあまりに単純であり，「ネズミの心理学」などと揶揄されることもあった。

　動物の学習から人間の学習にまで，行動理論を拡張したのは，バンデューラ（Bandura, 1973）の**社会的学習理論**である。バンデューラは，人は自らの体験からのみならず，他者の行動とその結果を観察することからも学習するとした。すなわち，直接強化を与えられなくとも，他者に与えられた強化を観察して代理強化と呼ばれるプロセスが生じ学習が成立する。人間の学習は，単に行動のみならず，社会的環境で行われる認知過程であるとみなされ，個人内の思考と認知過程が重視されるに至った。

　バンデューラは，ボボと名付けた人形を用いた実験を行い，大人がボボ人形に対して攻撃的に振る舞うのを観察した子どもたちは，攻撃的ではない大人の行動を観察した子どもたちより明らかに攻撃的に振る舞うことを示した。すなわち，攻撃行動の学習を促進する要因として，(1)攻撃的モデルと接触すること，(2)他者からひどい扱いを受けていること，(3)攻撃行動により肯定的結果が予測されることなどを挙げ，個人内の認知過程が行動の発生に影響することを明らかにした。

　現代では，学習論と社会的学習論の基本となる行動論と認知論は合わせて認知行動療法の基盤として活用されることが多い。犯罪行動のリスク要因を管理し，犯罪を行う個人に対しては，反社会的行動を支える反社会的認知を修正し，自身で犯罪行動を行わないよう管理するようになることをめざすという認知行動療法的アプローチが，実際に再犯率を低下させていることが実証されるようになり，非行・犯罪行動変化のためのプログラムの主流となっている。

[4] 機能理論とグッドライフ・モデル──非行・犯罪行動の個人にとっての意味を重視する

① 機能理論

　非行に関する科学的研究が始まった20世紀前半に，ヒーリーとブロナー（Healy & Bronner, 1936）は，非行のある少年とない少年との多くの事例研究に基づき，非行のある少年たちには，情動障害が多いことを見出し，非行の原因を幼少期の満たされない人間関係によって生じる情動障害であると考えた。す

なわち，非行は「満たされない願望や欲求の表現」であり，他の行動と変わらない，生活における活動の一部とみなした。たとえば，親や家族からの愛情を十分に感じられない，友人関係や学校の活動で思うように承認や賞賛を得られないといった状態での不快な感情や欲求不満は，非行によって低減させたり気を紛らわせたりできる。非行はそうした機能を果たしていると考えられている。

　実際，暴力や非行は，他の欲求充足の手段が限られている人にとっては，魅力的な即時的欲求充足をもたらしうる。成績も振るわず，運動も得意ではなく，友達から軽くみられていると感じている少年が，バイクを直結してエンジンをかける方法を習得し，盗んだバイクを乗り回せば，バイクは彼に力の感覚を与えてくれるし，「すごいな。どうやってやるんだ」と寄ってくる仲間もできるかもしれない。1人では心細くても，大勢で肩で風を切って歩くのは喜びかもしれない。それまであれしろこれしろと要求ばかり多くて，自分の気持ちやニーズは気にもとめてくれなかった親が，薬物を使った勢いで暴れたりするだけで，今度は親のほうが彼に気を遣うようになる。口ではかなわない彼女を一発殴ればとりあえずは彼のいうとおりになるかもしれない。最終的にはかえって本当に欲しいものからは遠ざかるとしても，非行・犯罪・暴力行動は少なくとも一時的には欲求を充足させてくれるような気がする。他に欲求充足のためにもつ手段が少なければ少ないほど，たとえ他からは非難されようと，彼らにとっては非行・犯罪行動は大切な活動になる。

　ヒーリーとブロナー（Healy & Bronner, 1936）は，応報的司法に代わり，個人的な理解に基づく人間的・心理的対応を主張し，それを処遇（treatment）と呼んだ。現在でも，司法領域では，非行少年や受刑者への教育的働きかけ（狭義の処遇）を含めて，生活条件などの取り扱いすべて（広義の処遇）を「処遇」と呼ぶ。単に病気を治療するというよりは，生活全般とさまざまな要因が絡み合う生き方を対象とする理解と取り扱いを意味している。ヒーリーらの著書は精神科医の樋口幸吉によって『少年非行』として 1956 年に翻訳が出版されており，日本の少年司法制度の発展にも影響を与えたと考える。

　実際，個々の非行・犯罪行動を手放すこと，あるいは変化させることを試みる場合，この機能論の視点は極めて有用であると筆者は感じている。非行・犯罪行動がその人にとってどのような機能を果たしているのか，どのようなニーズを満たしているのかを知ることは，非行・犯罪以外の自分と人にとってより

機能する行動を獲得することを手伝ううえで欠かせない視点となる。

② グッドライフ・モデル

T. ウォードは，リスク管理を主たる目標とする認知行動療法的アプローチは必要ではあっても十分ではないとして，すべての介入プログラムには，グッドライフの視点を入れることが不可欠であると主張した（Ward, 2002）。彼によれば，20世紀末から強い影響力をもち続けているリスク管理アプローチは，リスクを回避することばかりに焦点があてられがちで，犯因性（犯罪の原因となる）リスク以外の本人がよりよく生きるためのニーズが軽視されがちになる。結果としてプログラムを受け続けるという変化への動機づけが弱くなりがちであるという。他方，グッドライフ・モデルは，その人のもつ強みと周囲の資源を大切にし，どのような人生を送りたいのか，本人の目標やニーズを達成し，「よい人生」を送るという接近目標を強調する。

犯罪者であるとなしとにかかわらず，人間が求める**基本的な良いもの**（primary goods）としてウォード（Ward, 2002）は，(1)生きること／生活，(2)知識，(3)遊びにおける卓越性，(4)仕事における卓越性，(5)主体性（自律・自己決定），(6)心の平穏，(7)親しい関係性（友情，恋人，家族など），(8)コミュニティ，(9)精神性，(10)幸福，(11)創造性の11を想定し，すべての人間はそれらを求めるが，人によって優先順位は異なり，自身にとって大切な「良いもの」を獲得するためのグッドライフ・プランを本人とともに立てることを介入の目的としている。

犯罪を行うなどグッドライフの追及がうまくいっていないときは，追及のための手段が不適切であったり，1つか2つだけの目標にこだわりすぎて幅が狭くなっていたり，目標が定まっていなかったり矛盾したり，達成するためのスキルが不足していたり，外的な状況が悪くてチャンスがないなどのつまずきがみられたりするので，それらのつまずきを取り除き，よい人生の追及を助けていくことが支援の目標となる。本人が本当に欲しいもの（こと）は何か，優先順位は，それを得るのにどんな本人の強みがあるか，どんな外的なリソースがあるか，本人が変わるべきことは，周囲が変わるべきことは，最も重要なニーズをどうやって満たすか（手段），互いにぶつかるニーズは（葛藤），無視されているニーズは（幅）といったことを一緒に探求していくことになる。

価値や目標という志向性は，1950年代に第三の心理学として人間性心理学，

ポジティブ心理学を提唱したマズローの**欲求の5段階説**（生理的欲求，安全の欲求，社会的欲求，尊厳欲求，自己実現欲求）を彷彿とさせるし，1990年代のレジリエンスやストレングス（強み）が強調されたポジティブ心理学の流れをも背景としているといえよう。

　犯罪に関する心理学は，原因論から犯罪行動をいかに変化させるか，言葉を換えていえば，再犯を減らすことにどのように活用できるかということに焦点が移りつつある。実務家としての心理師に求められる犯罪行動変化のための心理学については，第12章で詳述する。

2　子どもの発達と非行・犯罪行動

[1] 子どもの愛着行動と感情・衝動統制の発達

　J. ボウルビィによれば，**愛着**（アタッチメント）とは，子どもがストレスフルな状況に置かれたときに，主な養育者との近接性を維持したり回復しようとしたりする強い傾性である。子どもは主たる養育者とのやり取りのパターンから**内的作業モデル**と呼ばれる認知の枠組みを形成し，自分と養育者の行動を予想するようになり，この内的作業モデルは持続して，その後の対人関係に大きく影響する（ボウルビィ，1976）。

　図3-2は，子どもの愛着行動と感情・衝動統制の健常な発達を示している。生物としての子どもには，身体的ニーズ・欲求がある。乳幼児は，自身でそのニーズを満たすことが難しいので，自身のニーズを感情や行動によって世話をしてくれる人に伝え，満たしてもらう必要がある。言葉をもたない段階では泣いたり，ぐずったり，少し大きくなれば話しかけたりする。養育者は，赤ちゃんが泣いていたとして，なんで泣いているの，あっそうそうおむつが濡れているのね，あるいはお腹すいたのね，といってミルクをくれたり，おむつを替えてくれたりする。赤ちゃんは，空腹が満たされたりお尻が気持ちよくなったりして，空腹感やお尻の不快感という嫌な神経興奮がおさまってスヤスヤと眠りにつく，そして自分を世話してくれる養育者との関係を予測可能で安全で信頼できるという信頼感ができてくる。これが繰り返されるうちに，世の中はこの先も自分のニーズに答えてくれるし自分もそれにふさわしい存在であるという

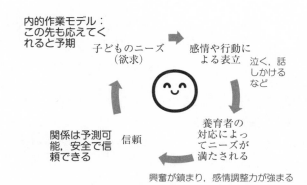

図 3-2　子どもの愛着行動と感情・衝動統制の発達
イラスト：ろじ／PIXTA

内的作業モデル（自他をいかにとらえるかという認知の枠組み）ができてくると
考えられる。日々の暮らしのなかでこれが繰り返されることによって，よい自
分，安心で信頼できるよい世の中を体感し，「一時的には，不快な状態や欲求
が充足されない状態があっても，他に自身のニーズを示して助けを求めれば助
けてもらえて，不快な状態は収まる」「不快な経験を乗り越えて，再びよい状
況になる」という構えができていく。
　ところが，図 3-3 に示したような**虐待**あるいは不適切な養育（**マルトリート
メント**）と呼ばれるような関係では，子どもの感情・衝動の統制は健常な発達
を妨げられる。すなわち，赤ちゃんが，泣いたり，話しかけたりしても養育者
が対応しない，あるいはうるさいといってかえって殴られたりすると，いつま
でたっても不快な状態は収まらず，子どもは，感情も衝動も状況もコントロー
ル不可能な状態を体験し続ける。そうした不快な状況で生じるのは，闘争か逃
走かあるいは凍りついてなにもできないというストレス反応となる。その子に
とって，周囲や関係は自身のニーズには無関心であてにならず，助けを求めて
も無駄であり，さらには予測不能で危険なもの，自身は他からケアされるに値
しない存在として体験される。内的作業モデルは，拒否や危険を予期して常に
警戒していて外からの働きかけにはシャットダウンをしてしまうという，不適
切な扱いのサイクルが始まる。
　これが進行すると，他に自身のニーズを表出するような感情や行動を表出し

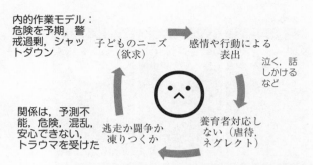

内的作業モデル：
危険を予期，警
戒過剰，シャッ
トダウン

子どものニーズ
（欲求）

感情や行動による
表出

泣く，話
しかける
など

関係は，予測不
能，危険，混乱，
安心できない，
トラウマを受けた

逃走か闘争か
凍りつくか

養育者対応し
ない（虐待，
ネグレクト）

子どもはコントロール不能と感じる，感情調節の機能不全

図 3-3　不適切な扱いのサイクルと感情・衝動統制不全
イラスト：ろじ／PIXTA

ない，そしていつまでも衝動も感情も好転しない，結局自分には状況はコント
ロール不能だと諦めるという状況が生じてくる。このことは，人々との信頼関
係を築き，良好な関わりのなかで自尊心と主体性を獲得し，社会化されていく
というプロセスを阻害することにつながる。逆にいえば，いかにして他との安
心できる関係，自身のニーズを気づかれ，尊重されるような体験を重ね，自
身のニーズや感情に気づいてそれを適切に表出していくという主体性の成長と
関係性の構築が，犯罪行動からの回復の鍵になるということが示されている。

［2］　愛着スタイルと感情・衝動調整

　エインスワースら（Ainsworth et al., 1978）は，新奇場面における子どもたち
の行動観察から愛着を，安定型，回避型，不安・両価型の 3 つに分類した。図
3-4 は愛着スタイルと感情・衝動調整について示している。

　子どもの欲求をすべて常に充足させることが不可能であることは明らかだが，
養育者が柔軟に対応し，グッドイナフ（十分よい）な場合，子どもの愛着は安
定し，ある程度欲求不満状態にも耐え，感情・衝動を統制し，現実や社会の制
限を受け入れつつ社会化されていく（安定型）。ところが，親が子どものニー
ズに無関心だったり，冷たかったりした場合，いわゆる回避型の愛着スタイル
が形成され，子どもは非社会的で，どうせ反応してくれない世の中に対して無
関心で無気力で表情が乏しいといったパターンになりがちである。他方，養育

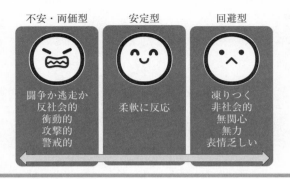

不安・両価型 | 安定型 | 回避型
闘争か逃走か 反社会的 衝動的 攻撃的 警戒的 | 柔軟に反応 | 凍りつく 非社会的 無関心 無力 表情乏しい

図 3-4　愛着のスタイルと感情・衝動調整
イラスト：ろじ／PIXTA

行動が不安定で，時には世話をされるが，他のときには世話をされず予想がつかないような場合には，戦うか逃げるかといった，反社会で衝動的，攻撃的，警戒的という非行少年に多いパターン（不安・両価型）になる傾向がみられる。非社会的傾向と反社会的傾向は，ともに愛着の不安定からくる異なるパターンであり，共通の根をもつといえよう。

[3] 児童期中期の愛着——監督に関する協力関係

　ボウルビィは，子どもの愛着の発達を，3 ～ 6 カ月で特定の対象に愛着を形成し，6 ～ 24 カ月で安全基地を形成すると考えたが，ウォーターズら（Waters et al., 1991）は，安全基地が安定するまでにはもっと時間がかかり，親のサポートが不可欠であるとして，児童期中期の愛着について**監督に関する協力関係**（supervisory partnership）を提案している。児童期中期頃，10 歳頃，思春期に入ってくる頃は，多くの非行が始まる頃でもある。幼い頃は非行をする力もない。児童期中期は，まだ子どもではあるが，大人の入り口に立ち，親や大人以上に，友達関係が重要になっていく時期である。より幼い頃の愛着は身体的な近さで，近くに居て不安なときに抱きしめてくれたりなど，接近していることが重要である。他方，児童期中期の愛着は身体的近さというよりも，利用できることが重要となる。つまり子どもが愛着対象を，話ができて，接近可能で，助けを求めれば応えてくれるとみているかどうかということが鍵となる。

　児童期中期ころになると，親にべったり接近されているとかえって邪魔であ

るが，それでも外に出て何か迷ったこと，困ったことがあるときには親に相談すれば聞いてくれて，支えてくれることで安心を得る。必要に応じてみてくれて，聞いてくれる，話したいことを話すことができるという利用可能性と親の協力と監督によって自分の行動をコントロールしていくことができるという「監督に関する協力関係」が重要となる。

ところが，親が忙しかったり，子どもが本当の気持ちをいえない関係性であったり，あるいは子どもがそれまでとても良い子で問題もないので子どもが困っていることに気がつかなかったりすることは生じうる。親のほうはいつでも心配して子どものことを愛していると思っていても，子どものほうは，たとえば，中学の受験校を決めるときでも親は「子ども本人が決めた」というが，子どものほうは「お父さんもお母さんもそこしかないって感じだった」と思っていたりする。あるいは，親は「勉強しろとはいっていない」というが，子どもにとっては「勉強しろとはいわれないが，部屋を用意してもらって夜食を用意されたら，もうそれだけでものすごいプレッシャーに感じる」。あるいは，親は子どもが，おにぎりが好きだと思ってしょっちゅう食べさせていた，しかし子どもは本当は人の手で握ったおにぎりは気持ち悪くてしょうがなかった，でもそれはいえなかったといった状況は起こりうる。

子どもの本当のニーズや気持ちを，親が拾いそびれるということはあるのが普通である。健全に機能している家庭でもそれが起こるが，家族に機能不全が生じている場合は，頻繁に，あるいは常にそういう状態になりがちである。たとえば，父親が単身赴任で母親が1人で大変な思いをしているとか，父方祖父母と同居で，その介護に母親は疲れ果てているとか，あるいは妹や弟に障害があってそっちに手をとられているとか，さまざまな理由で十分に子どもの気持ちと，ニーズに目がいかないことが生じうる。

[4] 主体性と関係性の発達

子どもの感情と認知，そして自己と関係性の発達は相互作用的に進む。図3-5 では，便宜上，上段に愛着，感情，共感，対人関係の発達を挙げ，下段に認知と社会性の発達，脳神経系の発達，言葉の発達を挙げている。

J.ピアジェによれば，子どもの認知は，脳の発達に応じて，感覚運動期，前操作期，具体的操作期，形式的操作期と段階を踏んで発達する。非行行動に関

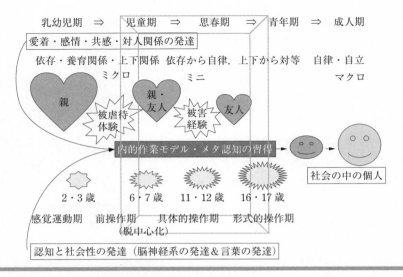

図 3-5　感情と認知・自己と関係性の発達（相互作用的）

係する，他の視点をとる能力の「脱中心化」は，就学前頃に起こる。小学校入学後，学習を続け，16 歳頃になるとほぼ成人同様の脳に発達をして，成人同様の形式的な操作，概念的にものを考えることができるようになる。それによって言葉によって衝動をコントロールする力が身についてくる。

　他方，親との関係は生まれたばかりのときは依存・養育関係で，これは基本的にパワーの格差の大きい支配関係である。子どもが小学校に入る頃になると，親と友人が両方重要になる。それが児童期から思春期になると，親との関係の比重は下がり，友人関係がさらに重みを増してくる。それは依存から自立，支配関係から対等な関係へと移っていくことであり，健常な発達過程である。

　ところがそこに被虐待体験や被害経験があると，感情，共感，対人関係の発達が損なわれることがある。内的作業モデルがつくられ，修正され，自分は何を考えているのかと考えることができるメタ認知が習得されてきて，ようやく青年期になると社会のなかの 1 人の責任ある大人として生きることができる。すなわち，自立，自律が達成されるわけであるが，なんらかのつまずきがあったときに感情・衝動のコントロールにつまずきが生じるということがありうる。非行もその表れの 1 つと考えられる。

分離・独立・個体化の過程（マーラー）
（境界線：自他を分ける安心の線）

乳幼児期 依存と支配 Dependent, Control 健常	児童期〜思春期 依存と支配に関わる 葛藤，安心・信頼 健常／つまずき	青年期〜成人期 分離・独立のつまずき Addictive, Violent 嗜癖と暴力

図 3-6　境界線の発達

[5] 分離・独立──個体化の過程

　マーラーら（2001）は，母子共生から個体化の過程を理論化している（図 3-6）。人間には皮膚で囲まれた身体という**境界線**（boundary）があって，他の存在から分離・独立している。この身体的境界線はもう少し広くて，両腕を広げた範囲くらいであり，動物としての人間にとっては，ここに見知らぬ人が入ってくると，安全をおびやかされ，ストレス反応として，闘うか，逃げるか，凍りつくか（fight or flight or freeze）といった反応が生じる。他方，親しい人がこの身体的境界線のなかに入ってきたときには，かえって安心感が増す。身体的境界線は，自分のスマートフォン（以下，スマホ）や愛車といった身体の延長としての物理的境界線にまで広がる。勝手にスマホや愛車を使われたら侵害された感じがするであろう。身体的・物理的境界線は，心理的境界線と社会的境界線へと広がっている。心理的境界線の侵害とは，本人の主体性や自尊心を損なうような悪口や本人の意思やニーズ，選択を無視して判断や決定を押し付けることであり，社会的境界線は，社会でともに暮らしていくうえで守るべきルールやマナーを意味する。非行・犯罪行為は，こうした個人の境界線，権利や自由を侵害する行為とみなすこともできる。

しかし，境界線は，特に心理的・社会的境界線は最初から柔軟かつしっかりと確立されているわけではなく，分離，個体化，独立の過程によって発達するものである。すなわち，胎児のときは母親のお腹のなかにいて，母子の境界線は重なっている。栄養や感情の状態も母子は共有している。出産により別々の2つの身体的境界線になるが，母子は密着している。母は胸に抱いて授乳し，子どもは母の心音を聞き，2人は目を合わせている。歩いたり話したりすることができるようになると，少し母親から離れて外の世界を探索するが，何かあったらすぐに母親のもとに戻れるような，母親を安全基地として使えるような距離にいて安心する。乳幼児期は，依存が当然の状態であるが，それは同時に支配されている状態でもある。それが健常な状態である。

　ところが，児童期，思春期になると依存と支配に関わる葛藤が生じる。一緒にいて安心するという信頼とともに，外へ出て自分の世界を作っていかなければならないという自立の時期となる。非行，暴力，嗜癖，引きこもりといった児童期，思春期に発現しやすい「問題とされる行動」は，多くはこうした個体化のつまずきとしてとらえることができる。

　青年期，成人期までに，親とは分離独立して，主体性を一定確立し，自身の欲求や感情に気づき，衝動をコントロールし，かつ他との関係性においても，互いに言葉でやり取りをしてニーズを伝えあえるようになる必要がある。その時期になっているにもかかわらず，児童期のように境界線が重なったままで，私の欲求をなんであなたはわかってくれないのといった依存的で支配的な関係の持ち方になると，親しい人への暴力や，人に依存できないとなれば薬物や行動に自身の感情や衝動コントロールを頼るということになる。個体化できていないと，自身の欲求や感情と依存する相手とのそれを混同する関係，依存的な関係のままで，自分と人の欲求を混同する，あるいは自分の欲求がよくわかっていないということが生じる。心理学的にいえば，非行・暴力・嗜癖といった社会化のつまずきとして表現される行動上の問題は，主体性を身に付けて自立し，他と協働して生きていく過程のなかで，そこから離れていくことができると考えられる。

3 家族の機能不全と犯罪・アディクション行動

[1] 家族はミステリー，子どもは探偵

　子どもたちがある程度大きくなるまで，親と家族は子どもにとっての世界のすべてである。たとえそこで虐待的に扱われていようと，それが当たり前で不思議とも変とも思わない。学校など外の社会との接触が増えてくると，友人の家などに遊びに行くことなども増え，あるいはテレビやネット情報に触れるようになって，各家庭によって親との関わり方，細々した暮らし方が異なることには気づいていくこともあろう。それでも子どもにとっては，家を出ることは簡単にはかなわない。その家庭に，夫婦の不和や暴力，アルコール依存症や精神障害，ギャンブルや不倫といったさまざまな外にはいえない「秘密」があれば，外との交流は限られ，家庭は格子のみえない牢獄となりうる。子どもたちはそのなかで絶対権力者である親の機嫌をうかがい，意向を汲みながら，親のもつ価値観や対人関係の持ち方を習得していく。それが生き延びる術である。それぞれの家族はミステリーであり，子どもはそれを読み解く探偵である（Najavits, 2019）。

　子どもが安定した愛着を発達させ，親から自立して自身のパートナーを見出し自らの家族を作っていくには，子ども時代に子どもらしく，安心して自身の感情や欲求を表現でき，両親や周囲の大人たちにそれを尊重してもらえ，自他への信頼感を育む必要がある。ところが，両親がそうした子どもの安心・安全を保障する家庭をつくり，維持することが難しいことも多々ある。たとえば，死別，病気，失業など親自身にもどうしようもない状況によって，子どもの安心をつくれないこともあるし，夫婦の不和，アルコール依存やギャンブル依存などの問題行動，祖父母との葛藤，家庭内での暴力など，親が親の役割と責任を果たすことがかなわず，むしろ子どもが親を助けなければならないと自らのニーズを犠牲にして無理して頑張ることはよくある。その場合，親自身が自らの生い立ちのなかで非適応的な関係の持ち方や生き方を身につけてきていた可能性も高い。家庭内の緊張感の理由や原因が何であれ，子どもが頼るべきときに親に頼れないとき，早期に家出したり，女性であれば相手は誰でもよいので結婚して生家を早く出るといった早すぎる「自立」につながることもある。そ

して，子どもは親が気がかりで，また外に出て自立するための主体性の発達も損なわれて，成人後も外の社会に出られないということも生じうる。

　昔ながらの「非行」少年少女は，子どもがたくさんいて，親が経済的にも苦しく，社会的には認められない非行を行ってでも家を出て，早すぎる「自活」をするようなある意味たくましい少年少女が多かった。しかし現代では，少年人口の減少以上に非行の減少は著しく，親は経済的には困っておらず，子どもの数も少ない核家族のなかで，親離れ，子離れできず，子どもが外に出ていけないという様相が大きくなっているように思われる。

［2］良い子と嗜癖（アディクション）行動，非行・犯罪──システムとしての家族

　現代の分離・独立が難しい彼らは，みえない牢獄と化した家庭のなかで，それでなくとも大変で機能できていない親をこれ以上困らせないために，親の期待に応えるべく一生懸命良い子をして頑張り，自身のニーズは犠牲にし，親のニーズを自身のニーズであるかのように振る舞ううちに自身のニーズが本当は何であったのかもわからなくなり，生きているという実感が乏しくなっていく。しかし，親やひいては世の中の人々からの要求はきりがなく，頑張って，頑張って，「べき」に従うべく生きて緊張感が高まり続け，あるときそれがぷっつり切れると，「したい」に反転し，暴力行動，性犯罪，薬物など，やってはいけないと禁じられているからこそやってのけることに特別な快感と意味を見出す。頑張ってもどうせ駄目な自分，何をしたいのかもわからない自分にとって，周囲の期待や要求を裏切った行動をすることは，ある意味自分を取り戻すかのような錯覚や背徳の喜びをもたらすかのようである。

　こうした家族における関係性の持ち方の課題が継承されていることが嗜癖行動や非行・犯罪行動につながっている場合，本人の主体性を伸張させ，対人関係の持ち方を協働的なものに発達させる支援と教育も大切ではあるが，それと同時にあるいはそれ以上に，家族や本人が関わる関係性のあり方や生活状況に介入することが効果的である。その際は，家族を1つの生きた**システム**（相互に影響を及ぼしあう要素から構成されるまとまりや仕組み；**家族システム**；図3-7参照）とみなし，誰か1人のせいというよりは，システムのなかで悪循環が生じて，特定の成員に家族（あるいは生活する施設）の課題が表出している（**IP**：

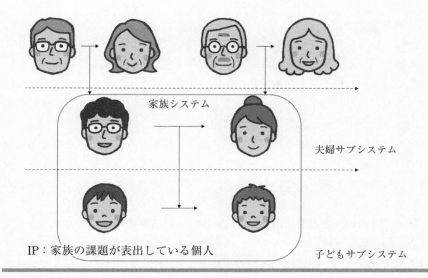

図3-7 家族システム
イラスト：サワテラ／PIXTA

identified person と呼ぶ）と考えることができる。すなわち，家族の課題は，1人の人が背負うには大きすぎ，家族全体，家族メンバー同士のコミュニケーションのあり方，関わり方に介入していくことが望ましい。

　非行・犯罪は心理学上のくくりではないので，その背景にはさまざまな動機や心理的機制がある。たとえば，食べるのに困って盗んだ時代から，親や学校，社会への不満を集団を組んで表現した時代，そして社会状況と家族状況の変化によって，人々がバラバラのまま家族という秘密の牢獄に閉じ込められ，人に依存することさえできずに，薬物や暴力，性，ギャンブル，ゲームといった嗜癖行動に1人ぼっちではまるという時代になりつつあるのかもしれない。彼らは，反社会的価値観や態度といった従前の非行少年少女とは異なり，むしろまじめすぎること，非社会性が課題となるのであり，嗜癖行動や犯罪行動から離れていくための支援は，従前の働きかけとは異なるアプローチが必要となると考えられる。

[3] 家族のアセスメント

　非行・犯罪，嗜癖行動をもつ人個人ではなく，その人が生まれ育ち，生活する家族全体にも働きかける場合，家族がどのように機能しているのか，あるいはしていないのかを**アセスメント**することも重要になる。家族内の実際の様子は，外からはなかなかみえにくい。まずは，本人の話をできるだけ具体的によく聞き，また少なくとも親，できれば他の家族成員からも同様に話を聞く。家族間で生じたトラブルとそれへの対応の様子，腹が立った状況等を具体的に聞いていくと様子がみえてくることも多い。本人と親との話が異なっており，素直な気持ちや考えをいえていない場合は，何らかの機能不全が生じているとみなしてよい。

　加えて，親の子どもとの関わり方は，親とその親との関わり方や親自身の生き方，価値観を反映しているので，家族歴をきちんと聴取し，父方母方それぞれの祖父母についての情報や父母のそれぞれの実家との関わり，そして父母の結婚のいきさつ，子どもが生まれたときのそれぞれの関わり方を聴取することが有益である。3世代前まで遡って家族の歴史と物語を聞くことは，本人の理解に直結することが多い。ただし，その際は，親のせいでこうなったといったような，親を問題扱いすることは避けなければならない。親も家族システムの一部であり，親を非難することは，子どもを非難してますます事態を悪化させることと同じ過ちとなる。

　過去の「失敗」の原因を探すより，今ここ，またはこれからのことに注意を向け，問題の解決に焦点を当てていくことがよい。その際は，よい面に目を向けて，本人や家族がすでにもっている問題解決能力を引き出していく。基本方針は，個々およびサブシステムのバウンダリー（境界線）を柔軟で適度にしっかりしたものとする手を打つことである。

学習のための文献案内　*BOOK GUIDE*

ボンタ，J.・アンドリュース，D. A.［原田隆之訳］（2018）．『犯罪行動の心理学』［原著第6版］北大路書房

　▷ 6版を重ねる犯罪心理学のテキストである。現在の犯罪行動変化のためのアプローチの主流となっている認知行動論的アプローチである。RNR原則と

それに基づく実践が詳述されている。

ローズ，D. R.・ウォード，T. ［津富宏・山本麻奈監訳］（2014）．『性犯罪からの離脱──「良き人生モデル」がひらく可能性』日本評論社

▷本書は，前半で犯罪からの離脱に関する影響を与える要因や理論などを概観し学ぶことができる。後半では，特に性犯罪からの離脱に関して，グッドライフ・モデルの視点から社会への再参入と再統合への道が模索される。

ナジャヴィッツ，L. M. ［近藤あゆみ・松本俊彦監訳］（2020）．『トラウマとアディクションからの回復──ベストな自分を見つけるための方法』金剛出版

▷トラウマとアディクションに同時に介入し回復をめざす「シーキング・セイフティ」を使い，自身の回復をめざす人のためのワークブックである。わかりやすい知見と具体的で効果的なワーク，そして回復者の声が満載されている。

【藤岡淳子】

第4章 対人暴力被害が及ぼす影響

1 対人暴力の特徴

[1] 暴力の定義

　暴力とは，殴打や足蹴にするといった身体的暴力だけでなく，暴言や無視，仲間外れなど，さまざまな手段で相手を傷つけたり，支配したりする行為全般をさす。直接的な暴力のみならず，その目撃や伝聞といった間接的な暴力も，当事者や周囲に恐怖やショックを与える。

　暴力と判断される基準の1つが，行為を受けた人の主観的苦痛である。行為をした側の意図に関わらず，された側が不快や嫌悪，恐怖を感じたなら，それは暴力である。たとえ，「ふざけただけ」という軽い気持ちや「悪気なく」やったことであっても，相手の気持ちを考えず，自分の基準だけで判断している時点で，暴力的な言動といえる。

　他方，被害者が苦痛を感じていなかったとしても暴力とみなされる行為もある。たとえば，覗きや盗撮をする人は「相手は気づいていないのだから傷つかない」と自分の行為を合理化しやすいが，他者のプライベートな領域を侵害することは性暴力である。性的な画像等をインターネット上に拡散するサイバー犯罪（リベンジポルノ）も，被害者への性暴力であるだけでなく，「自分も知らないうちに狙われているかもしれない」という不安や不信感を社会に与える。年少児や知的・認知的能力に障害がある人へのさまざまな侵害や搾取も，被害者が被害を受けたと自覚しているかどうかに関わらず，暴力と捉えられる。

　いずれも**同意がない**点で共通しており，それが暴力の判断基準となる。つまり，暴力とは相手が望まず，さらに／あるいは理解していない行為全般をさし，

同意のない言動と定義される。同じ言動でも，関係性や状況によって遊びや親密さの表現になることもあれば，暴力や支配の手段に用いられるものもある。同意が成り立つには，両者の関係性が対等であり，お互いの意向が尊重されていなければならない。力関係に差があれば，いじめやハラスメント，DV（ドメスティックバイオレンス）等になりやすい。親しい関係性であっても，相手の意向を無視した行為は暴力である。睡眠中やアルコール・薬物の影響下では意思確認ができないため，いかなる場合も同意は成立しない。

[2] 境 界 線

　人々がある行為をどう感じるかは個人差があり，関係性や状況によっても異なる。変化する個人の自治権（autonomy）を表すのが**境界線**（boundary）である（第3章参照）。境界線には，身体的・物理的境界線（身体や所有物），心理的境界線（その人らしさや気持ち），社会的境界線（ルールやマナー）があり，個人と社会の安全を守っている（Kahn, 2001；藤岡，2014）。境界線の侵害という観点から暴力を捉えることもできる。

　境界線は，成長や発達に応じて変化する。乳幼児と養育者の身体的・物理的境界線は非常に近く，身体接触によって**アタッチメント**（愛着）が形成されるが（第3章参照），成長に伴い身体的にも心理的にも分離していく。思春期を迎えた子どもは自分の境界線を主張するようになり，自我を確立する。養育者による**虐待**や**ネグレクト**，過保護・過干渉といった境界線の侵害があると，子どもは年齢相応の境界線を築くという健全な発達が阻害される。

　家庭での境界線侵害には，虐待やネグレクトのほかに，**不適切な養育**（マルトリートメント），DVや家庭内暴力，きょうだい間の性暴力などがある。

[3] 逆 境 体 験

　幼少期に暴力にさらされたり，安全ではない家庭環境で育ったりすることは，子どもにとって慢性的なトラウマとなる。虐待やネグレクト，DVや離別，養育者のアディクションや収監といった家族の機能不全は，**逆境**（adversity）と呼ばれる。

　こうした逆境体験が，生涯にわたり心身に深刻な影響を及ぼすことを明らかにしたのが**逆境的小児期体験**（adverse childhood experiences）に関する研究であ

表 4-1　逆境的小児期体験（ACE）

- 繰り返し，身体的な暴力を受けていた（殴られる，蹴られる等）
- 繰り返し，心理的な暴力を受けていた（暴力的な言葉で痛めつけられる等）
- アルコールや薬物乱用者が家族にいた
- 母親が暴力を受けていた
- 家庭に慢性的なうつ病の人がいたり，精神病を患っている人がいたり，自殺の危険がある人がいた
- 両親のうち，どちらもあるいはどちらかがいなかった
- 家族に服役中の人がいた
- 親に無視されていた
- 親に食事や生活の世話をしてもらえなかった
- 性的な暴力を受けていた

（出典）　Felitti et al., 1998 より作成。

る（Felitti et al., 1998）。頭文字をとって ACE（エース）と呼ばれる逆境体験（表4-1）を 18 歳までに幾種類も経験するほど，神経発達不全や社会的・情緒的・認知的な問題を抱えやすくなり，喫煙，暴飲暴食，薬物乱用等の危険な行動が多くなり，精神疾患や身体疾患の有病率，自殺，犯罪などの社会適応上の問題，早期の死亡等のリスクが高まる（Felitti et al., 1998）。さらに，ACE は後の貧困と関わることも示唆されている（Metzler et al., 2017）。

2　対人暴力の影響

[1]　トラウマと PTSD

　アメリカ精神医学会の『**精神疾患の診断・統計マニュアル**』（DSM-5）の**心的外傷後ストレス障害**（post-traumatic stress disorder：PTSD）の定義によれば，**トラウマ**は実際にまたは危うく死ぬ，深刻なけがを負う，性暴力を受けるといった精神的衝撃をもたらす体験と，それによるストレス症状群とされる。PTSD 診断名が登場した 1980 年（DSM-Ⅲ）から現在の DSM-5 まで少しずつ改訂されているが，いずれも生死に関わるような深刻なストレッサーに限定されている。たとえば，災害や事件・事故，暴力等が当てはまるが，これらの体験がすべてトラウマになるわけではなく，できごとの過酷さや社会支援，本人のレジリエ

表 4-2　PTSD の診断基準（DSM-5）

トラウマ：実際の死あるいは危うく死にそうなできごとや重篤なけが，性的暴力を受ける出来事への曝露【A 基準】
　① 直接体験する
　② 他者の外傷的な出来事を直接目撃する
　③ 家族や友人の外傷的な出来事（暴力的で偶発的なもの）を耳にする
　④ 職務に関連して，外傷的な出来事の細部にさらされる
PTSD 症状群【B 基準〜 E 基準】
　侵入症状：フラッシュバックや悪夢の形でトラウマ記憶がよみがえり，精神的な苦痛
　　　　　　やさまざまな身体症状が引き起こされる（フラッシュバックによる解離反応）
　持続的回避：トラウマ記憶を思い出すような人や場所，機会などを避け，そのことを
　　　　　　　考えないようにする
　認知や気分の変化：トラウマ体験を思い出せなかったり，長く自分や他者を責め続け
　　　　　　　たり，楽しみや興味を失ってしまったりする（持続的な否定的信念，陰性感情）
　覚醒や反応性の変化：過覚醒によるイライラや感情爆発，自己破壊的な行動，過度の
　　　　　　　警戒心，不眠や集中困難などの顕著な変化

（出典）　APA, 2013 より作成。

ンス（resilience；回復力）等によって変わる。しかし，災害や事故と比べて対人暴力の被害にあうことはトラウマになりやすい（Kessler et al., 1995）。また，DSM-5 では，6 歳以下の診断基準が新たに記載され，子どもの場合，年齢不相応な性的体験も心的外傷になりうることが付記された（APA, 2013）。

　DSM-5 による PTSD の診断基準は，トラウマとなるできごと（A 基準）があり，かつ**侵入症状，持続的回避，認知や気分の変化，覚醒や反応性の変化**の各症状（B 基準〜 E 基準）が 1 カ月以上続き，臨床的な著しい苦痛や社会機能に支障をきたしている場合をさす（表 4-2）。

　幼児の場合，必ずしも苦痛を伴うような侵入症状に限らず，遊びのなかでトラウマの場面が反復的に表されることもある。暴力の場面を目の当たりにした子どもが，興奮気味に，あるいは淡々と人形を床に叩きつけたり，人を塗りつぶすような絵を黙々と描いたりする。これらは，トラウマを想起したことでの強迫的な行動といえる（後述する「トラウマの再演」参照）。また，トラウマと明確に結びついた悪夢というより，不明瞭だが苦痛を伴う夢をみることも少なくない。持続的回避も，これまで通りに遊べなくなったり，外出を怖がったりするといった行動で表れる。一般的に，**退行や分離不安**が強まり，トラウマ症

状が身体面や行動上の問題として表れやすいのが特徴である。

　年少であるほど，出来事の客観的な危険性や脅威よりも，周囲や環境からの影響を受けやすい。つまり，周囲が過度に動揺したり，環境が不安定であったりすれば，子どもへの悪影響は大きくなるが，大人が落ち着いて子どもに対して保護的な役割を担うことができれば，子どものトラウマ反応を最小化することができる。そのため，子どもが安心して安全な環境で暮らせるようにすることが大切であり，大人への支援と環境調整が不可欠である。

　また，子どもは，アニメの英雄のようにふるまえなかったという罪悪感をもつこともある。その無力感や自身への腹立たしさから復讐のファンタジーをいだき，過度に攻撃的な言動が増えることもある。不眠や集中力の低下，学習上の困難さ等が，生活リズムの乱れや学校生活の不適応につながることも多い。

[2] PTSD 症状の実際

　PTSD 症状とはどのようなものか，事例でみていこう。

暴行による被害と PTSD 症状

　ある雨の夜，仕事帰りの男性がすれ違いざまにぶつかってきた若者に鞄を奪われそうになった。とっさに鞄を引き寄せると，舌打ちが聞こえ，次の瞬間，頭がカッと熱くなり，目の前が見えなくなった。パトカーのサイレンとライトの眩しさに意識を取り戻すと，雨のなかで倒れた状態であり，すぐに病院に搬送された。頭部を殴打された衝撃で意識を失っていたものの，命に別状はないとのことだった。警察で盗難と傷害の被害届を出し，数日の療養ののち仕事に復帰した。

　気遣う周囲に「とんだ災難だった」と笑って応じ，仕事に専念しようとしたが情報がまったく頭に入らず，会議にもついていけない。事件から 1 カ月以上経ち，頭部の外傷は治ったのに，常に頭痛がして眠れない。タバコやアルコールの量が増え，家庭や職場でもイライラする。周囲もそんな男性の変化に戸惑っていた。

　男性は，見知らぬ若者からひったくり（窃盗）と暴行の被害を受けて，生活が一変した。犯罪に巻き込まれ，危うく死ぬような体験をしたことはトラウマとなり，身体的外傷が治癒してもトラウマ症状は続く。心的外傷は目にみえないため，周囲はもとより本人もトラウマの影響に気づきにくい。しかし，犯罪被害によって，それまで当たり前のように思っていた「世の中は安全である」という認知が崩され，つねに「いつ何があるかわからない」「人は信用ならない」という警戒

心をもつようになった。そのため，通勤や社内で人とすれ違うたびに，反射的に身を固くし，動悸が激しくなり，頭のなかが真っ白になってしまう。集中力も低下し，文章を読んだり，日常会話についていくことも難しくなってしまった。

エピソードからは，認知や気分の変化や覚醒や反応性の変化に該当するPTSD症状がみられるが，それらがトラウマによる反応であることを知らない本人は，自分がおかしくなったと感じ，自己否定感や無力感を強めてしまう。「なぜ，あのときあやしいと気づけなかったのか」「抵抗すべきだった」という自責感に苛まれることも多い。事件の場面がふいに頭に浮かぶ侵入症状に悩まされたり，現場を通れないといった持続的回避によって生活が制限されたりすることもよくある。類似のニュースや加害者に似た若者，舌打ちの音，夜間や雨の日といったトラウマに関連した刺激がフラッシュバックを引き起こす**トリガー**（記憶を想起させる**リマインダー**）となり，PTSD症状を強める（第17章参照）。

PTSD症状は大きな苦痛をもたらすが，それがトラウマの影響であるという理解がなければ，本人の能力による問題やパーソナリティによる情緒不安定だと誤解されやすい。本人も，加害者への強い怒りや恨み，恐怖に向き合うのが難しく，自分の無力さや恥の気持ちを抱く。そのため，介入や支援においては，トラウマとなる体験とその影響について説明する**心理教育**（psychoeducation）が不可欠である（第11・17章参照）。

[3] 発達性トラウマと複雑性PTSD

前出のDSM-5において，トラウマは「危うく死ぬ」ような体験と定義されているが，養育者の虐待やネグレクトは，単回の暴行事件とは異なり，いわば「真綿で首を絞める」ような慢性的な暴力といえる。虐待者は，つねに生命に関わるような暴力をふるうわけではなく，子どもへの愛情もあることが少なくない。しかし，愛情の表出が不適切であり，愛情と拒否，執着と無関心といった一貫性のない関わりが子どものアタッチメントを混乱させる。

こうした虐待やネグレクトは，**発達性トラウマ**（developmental trauma；Courtois, 2004）や**関係性トラウマ**（relational trauma；Schore, 2001）と呼ばれ，単

回のトラウマを想定した PTSD とは別に，**複雑性 PTSD**（complex post-traumatic stress disorder：C-PTSD；ICD-11；Brewin et al., 2017）という概念で説明されている。類似の概念に，**特定不能の極度のストレス障害**（disorder of extreme stress not otherwise specified：DESNOS；van der Kolk et al., 2005）もあり，いずれも長期反復的なトラウマ体験の後にみられやすい情動の調整困難を伴うトラウマ症状である。怒りや自己破壊行動，衝動的で危険な行動をとりやすく，性的な関係性も不安定になりやすい。記憶の欠落である健忘や解離，精神的苦痛が身体的な不調として表れる身体化，自責感や他者への不信感も強い。

　安全ではない環境で育つと，脳はつねに過覚醒状態になり，学習よりも生存に集中するため通常の発達や成長が阻害される。そのため，情動調整と衝動性の能力に悪影響が生じ，健全な対人関係や安全感が損なわれる（Courtois & Ford, 2013）。他者とのよい関わりが経験できないことで対人トラブルを起こしやすく，ますます周囲から孤立するという悪循環に陥り，さらに被害に遭うという**再トラウマ**が生じやすくなる（Classen & Clark, 2017）。

［4］虐待によるトラウマ

▰▰▰▰▰▰ 連鎖するトラウマ ▰▰▰▰▰▰

　ある 5 歳の男児は，保育所でしょっちゅう癇癪を起こし，手あたり次第に玩具を投げつけ，保育士の腕に噛みついたり，唾を吐きかけたりする。保育士に「あっちへ行け！」と叫んだかと思えば，「こっちに来い！」と命令口調で自分のそばにいさせようとする。母親が迎えに来るとうれしそうに駆け寄るが，疲れて無表情な母親をみるとおとなしくなり，母親の後を追うようにして帰宅する。

　DV が原因で男児が 2 歳のときに離婚した母親は，シングルマザーとして働きながら子育てをしていた。母親自身が身体的・心理的虐待を受けて育ち，義父による性的虐待から逃れるように実家を離れたので，頼れる親族はおらず，友人もいない。妊娠をきっかけに入籍した夫には交際中から暴力を受けており，夫の暴力が子どもに向くこともあった。乳幼児健康診査で男児の低体重を指摘され，相談・受診を勧められたが，保健師に人並みに子育てができていないことを責められたように感じた母親は，不安と不信感から相談に行けず，無理やり男児にミルクを与え，うまく飲めない男児を怒鳴りつけるようになった。

　離婚して母子だけの生活が始まり安定した生活が送れたのもつかの間，母親の

うつ症状が悪化し，男児の癇癪もひどくなっていった。落ち着きのない男児の行動に母親は消耗し，母親は男児を鍵のついた部屋に閉じ込めたり，水をかけたりして，いうことを聞かせようとした。母親自身がそうされてきたように。

　男児には，虐待，ネグレクト，両親の DV と離別など，さまざまな ACE があり，アタッチメントが形成される 2 歳までの時期に**安全基地**（secure base）をもてなかったことから，保育士にもうまく甘えられず，アンビバレント（両価的）な態度を示している。情動調整や衝動性の問題があり，保育園の集団生活に適応できずにいる。また，母親も育てにくさを感じている。

　こうした発達性トラウマの影響は，DV のある環境から離れたり，保育所や学校などの居場所ができてから表れることが少なくない（遅延反応）。安全な場所に移ったとしても，子どもが新たな環境や人間関係に安心することができず，さらに不安定になったり，退行（赤ちゃん返り）したりする場合もある。

　事例のように，不適切な養育をしている親自身も虐待を受けてきたというケースは少なくない。うつ病や PTSD 等の精神疾患からネグレクトが起きていたり，専門家への不信感から援助を求められなかったりして，必要な情報やケアが届いていないことがある。支援者は，親の養育態度を批判するのではなく，親の生きづらさや子育ての困難さを理解する姿勢が求められる。

［5］ トラウマによる行動化

　トラウマの影響は，心身の不調や疾患だけでなく，対人関係や行動面にも表れる。本節で挙げた 2 つの事例にもみられるように，イライラや不信感から他者とうまく関われず，怒りや攻撃が自分や他者に向くようになることが多い。自己否定や絶望による自傷行為や自殺企図，自暴自棄な性行動や危険行為，人を信じられないがゆえの物質への**アディクション**など，トラウマ症状や苦痛に対処するための行動化がさらなるリスクにつながってしまう。

　幼少期の性暴力被害と思春期における高リスクな性行動の間には，有意な関連が認められている（Fergusson et al., 2008）。幼少期に性暴力を受けた人は，抑うつや不安などの心理的ストレスへの対処に性行動を用いやすい傾向がある（Orcutt et al., 2005）。これは，**性化された行動**（sexualized behavior）ともいわれ，

性暴力によって境界線が侵害されたことで，他者との距離や親密化の過程が混乱し，身体接触が多くなったり，性にあけすけな態度をとったりするものである（Gil & Johnson, 1992）。性的な関心や欲求というより，怒りや寂しさ，自己嫌悪といった否定的な感情の行動化であることが多い。

　こうしたトラウマの重複や連鎖は，**トラウマの再演**（reenactment）とも捉えられる。再演とは，語れない恐怖（speechless terror）の行動化といわれており，本人も無自覚なまま，トラウマの象徴的なテーマが遊びや関係性に表れることである（Bloom, 2006）。たとえば，子どもが目撃した衝撃的なシーンを玩具で再現するのは，言葉で表せない混乱を表現したものと考えられる。あるいは，虐待を受けた子どもが大人を信用できず，試し行動や挑発を繰り返し，相手から暴力的な態度を引き出そうとするのも再演である。つまり，相手や状況に関わらず「暴力をふるう－ふるわれる」というトラウマティックな関係性に持ち込む傾向であり，発達性（関係性）トラウマを受けた場合にみられやすい。

3　関係性における暴力の理解

[1] Ｄ Ｖ

　関係性における暴力とは，見知らぬ相手からではなく，何らかのつながりがある関係のなかで起こる暴力である。ここでは，すでに述べた虐待以外の暴力として，親密な関係性における暴力（intimate partner violence：**IPV**）である DVを取り上げる。

　夫婦もしくは交際関係における DV は，身体的暴行，心理的攻撃，経済的圧迫，性的強要といった暴力による支配的行為であり，複数の種類の暴力が同時に起こることも多い（表4-3）。夫婦喧嘩が，お互いに不満や要求を伝え合い，妥協したり，解決しようとしたりする相互的なやりとりであるのに対して，DVは力の上下関係があり，一方的に境界線を侵害するものである。

　内閣府が2017年に実施した調査によると，婚姻歴のある2485名の対象者で上記の DV 行為のいずれかの被害を受けたことがある人は，女性が31.3％，男性が19.9％であり，「何度もあった」と回答した人は，女性が13.8％，男性が4.8％であった（内閣府，2018）。つまり，女性の約3人，男性の約5人に1人

表4-3　DVの内容

身体的暴行	殴ったり，蹴ったり，物を投げつけたり，突き飛ばしたりするなどの身体に対する暴行
心理的攻撃	人格を否定するような暴言，交友関係や行き先，電話・メールなどを細かく監視したり，長期間無視したりするなどの精神的な嫌がらせ，あるいは，自分や家族に危害が加えられるのではないかと恐怖を感じるような脅迫
経済的圧迫	生活費を渡さない，貯金を勝手に使われる，外で働くのを妨害されるなど
性的強要	嫌がっているのに性的な行為を強要される，無理にポルノ映像等をみせられる，避妊に協力しないなど

（出典）　内閣府，2018より作成。

が，婚姻関係中もしくはその後にDVを受けており，とりわけ女性の場合，7〜8人に1人は複数回の被害を受けていることが示された。

　配偶者からの暴力の防止及び被害者の保護等に関する法律が施行される前は，「夫婦ゲンカは犬も食わない」「痴話喧嘩」「家庭の問題は民事不介入」等，それが暴力であることすら社会的に認識されていなかった。現代でも，加害者が暴力を正当化したり，社会も暴力を容認したり，被害者のほうが「自分が悪かった」と自責感を抱く状況は少なからず残っている（表4-4）。

　親密な関係性における暴力は，閉鎖的な状況を悪用し，相手を見下したり，苛立ちをぶつけたりするといった威圧や攻撃だけでなく，相手への愛情や甘えを理由に，過度な要求や強制が許されると思ってふるまうものも少なくない。たとえば，交際相手や配偶者を自分の所有物として捉えるような不明瞭な境界線があると，相手は自分の思い通りになるはず（べき）だという未熟な考えから暴力に至る。自信のなさゆえに自分が優位に立とうとしたり，愛されている確信がもてず，相手を試そうとしたりして，支配的な行動をとることもある。

　DVは，殺人に至ることもある暴力であり，被害者は身体的外傷のみならず深刻なトラウマを受ける。しかし，典型的なDVのパターンとして，ハネムーン期と呼ばれる暴力のない時期を挟んだサイクルがあり，被害者は「もう絶対にしない」と反省する姿をみせる相手を信じたいという気持ちや期待をもつことで，DVのある関係性から抜け出しにくくなる。加害者から自由な行動や交友を制限され，家庭外のつながりが絶たれた被害者にとっては，知人や社会資源を頼って避難するのは難しい。

表 4-4　DV をめぐる当事者と社会の認識の例

【加害者】	【社会】	【被害者】
● 相手が至らないから ● 怒らせるようなことをするほうが悪い ● 相手のためを思っていった（やった） ● そんなつもりではない ● 愛しているんだ ● こんな自分も受け入れてほしい（べき）	● うまく夫の機嫌をとればいい（実際には，妻のほうが力がある） ● それだけ愛されているということ ● 優しいときもあるのなら，いいじゃない ● 別れればいい（別れないということは好きなのだろう）	● 私も悪いから…… ● たいしたことでない ● 優しいときもある ● 今度こそ，変わってくれるはず ● 私にだけみせてくれる姿なのだろう ● 相手も気の毒だから ● 夫婦とはこういうもの

　暴力が日常化し，加害者とともに過ごすしかない状況に置かれると，被害者の感覚や感情は麻痺し，次第に痛みや恐怖が感じられなくなっていく。また，暴力に介入しようとする支援者よりも加害者を信頼し，トラウマティックな関係性にとどまろうとする。これは**外傷的絆**（traumatic bonding）と呼ばれ，トラウマティックな状況での生存方略といわれている。誘拐や拉致といった犯罪において，被害者が犯人に信頼を寄せるようになる**ストックホルム症候群**（第 6 章参照）の現象にもみられるように，対人暴力によるトラウマは被害者の感覚や認知を歪ませ，トラウマティックな関係性の維持や悪化につながりやすい。

　さらに，被害者が女性の場合，経済的自立が困難で，子どもの養育の責任も担っているという社会的脆弱性も，DV から抜け出す際の大きな支障になる。

[2] 親密な関係性における暴力の多重性

　DV のように親密な関係性における暴力は，暴力行為の場面だけに着目すれば「加害－被害」に分けられるが，両者が暴力的にふるまうことを「本心をさらけ出す関係」だと思っていたり，疑念や嫉妬といった激しい感情が伴わなければ「本気ではない」ように感じたりしていて，お互い無自覚なままに暴力的なやりとりを求めていることもある。両者が恋愛や結婚を「2 人の境界線をなくすもの」と捉えていると，一体感のような感覚が支配やコントロールにつながってしまう。これは決して特別な錯覚ではないだろう。

さらに，長期的な視点で捉えた場合，「加害－被害」の立場が転じたり，新たな暴力が生じたりすることもある。たとえば，長年のDV被害による逃げ場のない恐怖や絶望が，自己防衛としての殺人に至ったり，夫からDVを受けていた妻が心身共に消耗し，子どもへのネグレクトや虐待を起こしたりするなど，親密な関係性における暴力の多重性に着目する必要がある。暴力の背景には，しばしばアルコールなどのアディクションの問題もあるため（第16章参照），「加害－被害」の観点に加えて，精神保健や**トラウマインフォームドケア**（第17章参照）のアプローチから考えることも有用である。

　DVはまた，それを目撃する子どもにとっては面前DVと呼ばれる心理的虐待となる。両親のDVは，子どもの安全や安心を奪うACEとなり，そのトラウマが子どもの発達に及ぼす影響も甚大であることは前述した通りである。

　同性パートナーやトランスジェンダー（transgender）のIPVは，より顕在化しにくい問題といえる。既存のDV相談窓口の大半が異性愛者の女性を前提としており，男性の被害者やセクシュアルマイノリティの当事者への十分な情報提供やシェルター等の紹介ができないのが現状である。DVやIPVの情報を得るには，被害者が自分のセクシュアリティも開示しなければならないという障壁もある。異性間のDVと同じような暴力に加えて，セクシュアルマイノリティのDVでは，本人の同意なくセクシュアリティを周囲に曝露する**アウティング**（outing）が脅迫に用いられたり，LGBTコミュニティから排除されたりするなど，社会的立場の脆弱性を悪用した暴力も起こる。

　ジェンダーやセクシュアリティを問わず，コミュニティや社会で孤立することはDVの加害と被害のリスクを高める。デートDVと呼ばれる若者のIPVの予防教育や情報提供等，思春期前からの包括的な取り組みが求められる。

[3] いじめ，ハラスメント

　同級生からの暴力であるいじめと社会的な地位や権力を背景にした暴力である**ハラスメント**は，学校や職場だけでなく，インターネット上でも起こり，被害者の生活に大きな影響を及ぼす。身体的暴力だけでなく，心理的攻撃や性暴力，差別や排除，そのほか就学・労働環境を悪化させる行為を広く含むものである。傷害や暴行，強要や侮辱等の犯罪とみなされるものも含まれる。

　いじめとは，文部科学省の定義（2006年）においては，「当該児童生徒が，

一定の人間関係のある者から，心理的，物理的な攻撃を受けたことにより，精神的な苦痛を感じているもの」であり，「起こった場所は学校の内外を問わない」とされる。2013年に制定されたいじめ防止対策推進法では，学校に在籍する児童または生徒の間でのいじめは禁じられており，加害児童等に対する懲戒処分・出席停止についても明記されている。

　和久田（2019）は，いじめを深刻化させるキーワードとして力の不均衡（アンバランス・パワー）と不公平な影響（シンキング・エラー）を挙げている。たとえば，いじりは，いじられた側が言い返せる力と立場があれば遊びといえるが，力の不均衡がある場合はいじめと判断される。不公平な影響（シンキング・エラー）とは，暴力を「ふざけただけ」と最小化するような**思考の誤り**（第15章も参照）であり，被害者への影響（苦痛）を加害者が軽視することである。実際には，思考の誤りは，加害者だけでなく，傍観者や被害者も，暴力の責任や苦痛から逃れるために用いている。いじめは，他者の目に触れにくい状況や方法でふるわれる暴力であるうえに，被害者も報復への恐怖や恥の気持ちから誰にも打ち明けられず，かつ，周囲も思考の誤りによって無責任な態度をとりやすいといったことが重なり，潜在化・深刻化しやすい対人暴力である。

　学級や学校全体の安全が損なわれ，不信や混乱といった荒れた状況があると，特定の対象者がスケープゴートとして集団の不安や不満をぶつけるターゲットにされやすい。職場でのハラスメントも同様に，組織全体に差別やパワーの乱用が横行し，さまざまな不正や問題が起きているなかで生じやすい暴力である。つまり，いじめやハラスメントといった集団内での対人暴力は，それが起こる環境と切り離して考えることはできない。

　また，いじめの被害が自死につながるリスクがしばしば指摘されているが，むしろ自死との関連が深いのはいじめの加害者だという指摘もある（National Center for Injury Prevention and Control, 2014）。暴力行為の背景に，加害者自身の問題やトラウマの影響がある可能性を考えれば，加害者のメンタルヘルスは重要な課題といえよう。環境全体の改善に向けた取り組みが必要である。

[4] 性 暴 力

　性暴力被害の影響の深刻さが多くの研究から明らかにされたことによって，前出のDSM-5では子どもの年齢不相応の性的体験もトラウマになりうること

が記載された。社会的にも，セクシャルハラスメントや性暴力の被害体験を共有する「#MeToo」運動が国内外で展開し，日本でも家庭内の性暴力への無罪判決（2019年3月）をきっかけに，被害者に寄り添う「#WithYou」の呼びかけによる「フラワーデモ」が広がりをみせるなど，性暴力への関心は高まりつつある。また，性犯罪に関する刑法改正（2017年）によって，強姦罪（改正後は強制性交等罪）の被害対象者の性別が問われなくなり，親などの監護者による子どもへの性的虐待も処罰の対象となった。しかし，加害者の暴行や脅迫の有無が問われることや時効をめぐる問題等が検討課題として残されている。

　性暴力は，若い女性が被害に遭うというイメージをもたれやすいが，実際には，年齢や性別に関わらず起きている。見知らぬ他者からの被害だけでなく，家族や交際相手，学業・就労上の関係者といった身近な人からの性暴力は非常に多い。加害者の一方的な思慕や思い込みによるストーキングなど，愛情や憎悪にまつわる感情から生じる境界線侵害もある。被害者の身近な生活圏で起こり，とりわけ加害者が知り合いである場合は，権力や立場の違いが悪用された暴力であることから，被害者は逃げられず抵抗できない。

　性暴力はもっともトラウマとなりやすい体験の1つである（Kessler et al., 1995）。暴行を伴う強制性交（レイプ）は，被害者にとって殺されるかもしれないという殺人未遂にあたるほどの衝撃と恐怖（terror）をもたらし，PTSD症状が生じやすい。他方，親族や知り合いからの性的虐待は，加害者への信用や愛情を悪用した暴力であり，子どもにとっては戸惑いや裏切り（betrayal）といえる体験である。恐怖と裏切りは，どちらもトラウマとなる要素であり，発達性トラウマとして生涯にわたって影響が及ぶ場合も少なくない。

　幼い子どもや障害のある人への性暴力は，本人が被害であると気づけなかったり，加害者と体力や能力の差があるために抵抗できず，被害が長期化・多重化しやすい。子どもは，性的な行為の意味が理解できないうえ，抱っこや身体接触を伴う遊びを好む。また，入浴や排せつ，就寝時に大人の世話を受けるのが日常であり，好奇心も強く，遊んでくれた大人を信用する。障害のある人も，状況が理解できず，寂しさや孤独感につけこまれたりして性犯罪に遭いやすい。性暴力は，こうした被害者の特徴や脆弱性を悪用した行為といえる。

[5] 性暴力のグルーミングと二次被害

　刑法では，加害者の暴行や脅迫の有無をもって性犯罪行為とみなすが，性暴力であからさまな暴行や脅迫が用いられるとは限らない。むしろ，巧妙な手段によって被害者の抵抗を封じることのほうが一般的である。そのように被害者が逃げにくく，周囲に打ち明けにくい状況をつくるのが，脅迫とグルーミング（grooming；手なずけ）である。これらは，被害者に従順さを強いるためのさまざまなコントロールの手段といえる（表4-5）。

　脅迫としては，「殺すぞ」「いったら大変なことになる」など被害者の恐怖や不安を高める言葉や道具が使われる。DVやいじめといった暴力が生じていれば，加害者が視線を向けるだけでも被害者は恐怖を感じる。こうした脅しによる絶望や無力感から，被害者は身動きがとれなくなってしまう。

　また，「遊びや世話，愛情を装う」「段階的接触」「被害者の好意や罪悪感」を利用したグルーミングを行うことも多い。こうした行為そのものは，子どもと遊んだり，親身になってみせたりするもので，一見すると暴力の手段とは気づきにくい。だからこそ，被害者は警戒心を解き，加害者に関心を向け，逃げられない状況に近づいてしまう。性暴力の前段階で行われるグルーミングがすでにコントロールという暴力なのである。

　他方，被害者は，「自分が相手を信じたのがいけない」と自分を責めたり，性被害を受けたという事実が受け入れられず，「これは性暴力ではなく恋愛で，ちょっと強引な行為だっただけ」と被害を否認したりすることがある。性暴力によるトラウマ症状に悩まされながらも，被害のことを思い出したくない（思い出せない）という持続的回避によって，情報を探したり，ケアを受けたりすることができない人も少なくない。幼少期に受けた性暴力をあとから自覚したものの，数年前の出来事を訴えることも難しく，怒りの向けどころがないまま，やりきれない思いを抱えている人もいる。このような自責感や否認，持続的回避，解決法のみえない状況は，トラウマ症状を悪化させやすい。

　さらに，性暴力は，周囲の無理解や偏見によって傷つけられることも多い。「本当に嫌だったら抵抗したはず」と性暴力であることを認めてもらえないばかりか，「あとから騒ぎ立てることで，何か利益を得るつもりではないか」と被害者の訴えが捏造であるかのように扱われることもある。被害者のほうがトラップを仕掛けた加害者とみなされることもある。

表 4-5　性暴力における加害者の脅迫とグルーミング

脅迫
- 「殺すぞ」など生命の脅し。言葉や武器（刃物，それを思わせるもの）を利用する
- 「家族が大変なことになる」など大切にしているものを傷つける，奪うという
- 性暴力の際の写真や動画あるいは個人情報を持ち出し，それらを公開するという

遊びや世話，愛情を装う
- 被害者に「健全に」触れる機会を悪用する（指導，遊び，慰めのふりをして触る）
- 被害者も「楽しい」「心地よい」と感じる行為（幼児との遊びや抱っこなど）を伴う
- 「愛しているよ」「大切にしている証だよ」などの言葉で愛情を装う

段階的接触
- 被害者が「気のせいかな」と思う程度から徐々にエスカレートさせていく
- 何気ない会話やちょっとした行為から始め，被害者の油断や許容範囲につけこむ

被害者の好意や罪悪感
- 被害者の加害者に対する関心や愛情などの行為を利用する
- 被害者の寂しさや承認を求める気持ちなどのニーズを悪用する
- SNS を介して呼び出したり，飲酒をさせたりして，被害者に自責感をいだかせる
- 「誰にもいうな」と秘密を強要し，打ち明けることの罪悪感をもたせる

　こうした被害者を責める社会的言説は，被害者にとって性暴力を受けたうえに，さらに尊厳が傷つけられるという意味で，**二次被害（セカンドレイプ）**と呼ばれる。しばしば，被害者の服装や行動，態度に落ち度があるかのようにいわれるが，派手であろうとおとなしそうだとみられたとしても，いずれにしても被害者の落ち度として誹謗中傷がなされることから，そうした非難はまったく根拠のないものである。なにより服装や行動は個人の自由にほかならない。

　被害者非難（victim blaming）は，身近なところで受け入れがたい事実が起きていることを否認する防衛的な心理によるものといわれている。「本来，世の中は安全な場所で，犯罪は理由のある人に起こる出来事なのだ」という**公正世界信念**（Lerner & Montada, 1998）によって安全感を保とうとするもので，非現実的な犯罪イメージや誤った被害者像につながりやすい。

[6]　間接的被害者

　暴力というと「加害−被害」の当事者に目が向きやすいが，関係性における暴力においては，身近な人々にも暴力の影響が及ぶ。暴力を受けた人を直接的被害者とすると，被害者および加害者の家族等は**間接的被害者**とも捉えられる。

間接的被害者は，暴力を見聞きしたことによってトラウマの影響を受け，直接的被害者と同じようなトラウマ症状を示すことがある。暴力が起きたという事実を認めることに抵抗を感じ，問題を隠蔽したり，被害者に寄り添った支援ができなくなったりすることもある。

　きょうだい間の性暴力の事例から，間接的被害者である親の心理や行動について考えてみよう。

きょうだい間の性暴力と親の心情

　小学5年生の妹が養護教諭に妊娠について尋ねたのをきっかけに，中学生の兄からの性暴力が明らかとなった。妊娠や性感染症の罹患はなかったが，小学校から通告を受けた児童相談所は保護者のネグレクトと判断して両親を来所させた。

　妹の安全を確保するために，兄を一時保護しようとした児童相談所に対して，両親は強く反発し，「子どもが遊びでやったことで，おおごとにすべきではない」「兄には厳しくいってきかせる」と抵抗した。さらに，高校受験を理由に，「兄を家から出すわけにいかない」との一点張りで，児童相談所はやむなく，妹を一時保護した。妹には数年前から万引きや嘘をつくという行動がみられ，両親は今回のことも妹が招いたことだと捉えていた。

　児童相談所の職員は，きょうだいそれぞれへの支援や治療教育をすると同時に，母親の面談も続けた。夫の協力がなく1人で子育てをしてきた母親にとって，子どもたちの問題行動は子育ての失敗を突きつけられたように感じられており，兄の進学や成績にこだわるのも夫や親族を見返したい思いがあることが語られた。

　母親自身も子どもの頃に兄から性暴力を受けており，今回のできごとを知った直後は自分が娘を守れなかったことへのショックと責任を感じていた。しかし，小学校や児童相談所の職員が娘の身ばかり案じるのを聞いて，いいようのない腹立たしさや不満を感じたという。かつて自分が兄にされた行為や，誰からもケアされなかったことを思い出し，母親自身の混乱や怒りが抑えられなくなったのだ。

　家庭内で何らかの暴力が起こると，保護や離別等による生活の変化が余儀なくされ，被害者へのケアや派生的な問題の対処に追われるなど，間接的被害者にも大きな負担がかかる。事例のように，間接的被害者が過去の自分のトラウマを思い出すこともあるため，現実的な生活支援をしながら，家族全員の心情

を理解していく必要がある。この両親には，娘の「万引きや嘘」が兄からの性被害の影響である可能性について心理教育をすることで，母親自身のトラウマも整理され，子どもや夫との関わりを見直す機会にできるかもしれない。

　家庭における暴力はさまざまな問題が重複しているため，長期的な支援を要するが，支援者と家族の対立や分断に陥らないように，それぞれの立場の人々の心情やトラウマの影響について理解していくことが求められる。

4　対人暴力の連鎖を断つ

　犯罪・司法領域において，対人暴力はあらゆる犯罪や社会問題と関連する。広く捉えれば，災害や事故でも，その影響を悪化させるような人災の要素が含まれている。災害そのものは人知の及ぶところではないにせよ，被災や被害への補償や示談交渉，裁判の過程では，何らかの対人ストレスが生じる。受けられる支援の格差，復旧や補償における不平等，災害や事故を引き起こした遠因としての人的要因，流言や誹謗中傷による二次被害など，どんなトラウマも多かれ少なかれ対人葛藤や暴力を伴うものといえる。

　対人暴力は，心身への衝撃や苦痛というトラウマだけでなく，**喪失**（loss）をもたらすできごとでもある。暴力によって，人々や社会の安全な暮らしが損なわれ，安心が失われ，たとえ補償や弁償がなされたとしても被害を受けた事実は消えず，失ったものは取り戻せないからである。

　このような深刻な問題である反面，対人暴力は日常生活のなかでもよく起きており，見過ごされやすいものでもある。傷害事件として報じられるような暴力であれば，どんな理由があっても暴力は許されないと思えるかもしれないが，実際には，親しい関係性のなかで他者をコントロールしたり，社会の理不尽なやりとりを仕方がないと見過ごしてしまったりすることは，誰にでもあるのではないか。直接，暴力をふるわなくても，それを見逃して許容することは，暴力を正当化し，それに加担するものになりうる。

　2019年6月には，**児童福祉法と児童虐待の防止等に関する法律**が改正（2020年4月施行）され，親権者の**体罰**禁止が明記された。体罰は「身体に苦痛，不快感を与える罰」と定義され，しつけに際して体罰を用いることが禁じられた。

また，暴言なども子どもの心を傷つける行為とされ，体罰に代わるしつけの普及の必要性も強調された。この改正は，体罰をした親権者を罰することではなく，体罰によらない子育てを社会全体で推進することを目的としている。

　暴力に対する社会の認識や法律が変わりつつある今，対人暴力の連鎖を断つには，1人ひとりが暴力の特徴や影響について理解し，暴力に対する意識や態度を自覚する必要がある。そして，暴力を手放すためには，安全なつながりの体験が欠かせない。安全や安心を感じられる関係性のなかでこそ，人は自分の加害性や被害性を振り返り，暴力の影響から回復していくことができるのだ。

学習のための文献案内　BOOK GUIDE

藤岡淳子編（2008）．『関係性における暴力──その理解と回復への手立て』岩崎学術出版社
▷対人関係における暴力とは何か，そこからの回復をめざす対応策とその実践について，幅広い領域から紹介されている。

友田明美・杉山登志郎・谷池雅子編（2014）．『子どものPTSD──診断と治療』診断と治療社
▷DSM-5の診断基準がまとめられており，子どもへの虐待によるトラウマや愛着障害，成人のトラウマについて理解できる。

和久田学（2019）．『学校を変える──いじめの科学』日本評論社
▷国内外でのいじめに関する科学的知見に基づいて，いじめの特徴が具体的に説明され，その予防と介入方法が紹介されている。

春原由紀編（2011）．『子ども虐待としてのDV──母親と子どもへの心理臨床的援助のために』星和書店
▷DVを受けた母親と子どもへの臨床から，家族の関係性やDVの影響について具体的な事例で説明されている。

野坂祐子・浅野恭子（2016）．『My Step（マイステップ）──性被害を受けた子どもと支援者のための心理教育』誠信書房
▷性暴力の特徴と影響について説明されている。境界線の視点から暴力を捉えており，さまざまな暴力の理解とその援助に応用できる。

【野坂祐子】

第 **Ⅱ** 部

司法制度と心理師の役割

第5章 基本法と司法制度の概要

1 刑事司法（刑法，刑事訴訟法，少年法）の基礎理論・基本構造

[1] 刑 法

① 刑 罰 論

　他者の利益侵害のうち，刑罰を科すべき行為が，「犯罪」である。その目的は，「犯罪が起こったから刑を科す」（**応報**）と「犯罪が起こらないように刑を科す」（**犯罪の一般予防**）という点にある。ただ，刑罰が正当化されるには，「国民の規範意識」（非難）に根拠づけられることが必要である。国民が刑罰までは必要ないと考える行為をも処罰することはできない。刑法は，この犯罪の具体的な内容を明らかにしようとするものである（図5-1）。

　もっとも，刑罰は現代社会においては，被害者の報復感情を鎮静化する役割を事実上，果たしていることもまた否定できないだろう。

② 犯罪論の基本構造

　刑法は，「犯罪」を構成する要件を定めている（構成要件）。したがって，原則として，構成要件に該当する行為のみに刑罰を科すことになる（図5-2）。たとえば，刑法第199条（殺人罪）は，「人を殺した者は，死刑又は無期若しくは五年以上の懲役に処する」と定め，他人の枢要部を刃物で刺す行為（実行行為）をし，それに因って（因果関係），他人が死亡したこと（結果）を，認識・認容していたこと（故意）をもって，殺人罪の構成要件に該当することを定めている。そして，殺人罪が成立すれば，「死刑又は無期若しくは五年以上の懲役に処する」とし，犯人に科すべき刑罰の種類・範囲（法定刑）を定めている。もちろん，仮に殺人罪の構成要件に該当する行為を為しても，正当防衛が成立

図 5-1　刑罰と犯罪の関係

すれば違法性が阻却されるし，14歳未満の刑事未成年や心神喪失が認められれば責任が阻却されるため，殺人罪は成立しない。

[2] 刑事訴訟法

① 刑罰権の具体的実現

　刑事手続は，刑法などの刑罰法令を具体的事件に適用して，犯人に科す宣告刑を決めることを目的として設計された制度である。そして，その基本となるのが刑事訴訟法であるが，同法は，**個人の基本的人権の保障を全うしつつ**，**事案の真相を明らかにすることを目的とする**（1条）。つまり，(ⅰ)基本的な正義・公正の観念に従い，基本的権利・自由の侵害があってはならず，(ⅱ)できる限り正確な事実の認定に基づくことが要請されている。

② 刑事手続の基本構造

　刑事手続は，(1)捜査，(2)公訴提起（起訴），(3)公判前整理手続，(4)公判手続，(5)判決宣告という順番で進んでいく。

　まず，(1)捜査では，捜査機関（警察，検察）が，「犯罪があると思料するとき」，「犯人」と疑われる者を発見する手続過程と，犯罪事実や量刑に関する「証拠」を収集・保全する手続過程が複合している（刑事訴訟法第2編第1章捜査〔189条〜246条〕）。前者では，最も根源的な基本的人権の身体・行動の自由を制限する**逮捕・勾留**が，「強制の処分」として，厳格な期間に制御・統制されている。後者では，対象となる**供述証拠**と証拠物の収集・保全が図られる。

　証拠物（例；凶器，血痕の付着した着衣，尿や血液等の体液など）は，「強制の処分」としての捜索・押収によることもできるが（刑事訴訟法第218条から221

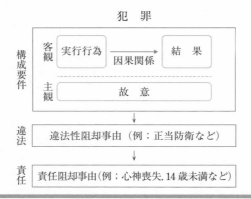

図 5-2　犯罪論の基本構造

条，222 条 1 項・3 項，99 条以下），供述証拠（例：目撃証言の供述調書，犯行直後の犯人・被害者の発言を聞いた友人の証言など）は，捜査機関による「取り調べ」で，対象者に問いを発して，これに任意で応答させることによって得られる。ただ，捜査段階で得られた供述証拠をそのまま犯罪事実や量刑を認定する基礎にすることは，原則としてできない（刑事訴訟法第 320 条 1 項）。

　次に，(2) 公訴提起（起訴）では，**国家訴追主義・起訴独占主義**がとられている。つまり，検察官のみが刑罰権の具体的な適用を目的として刑事裁判の開始を求めることができる（刑事訴訟法 247 条）。そして，検察官は，必ず起訴しなければならないというわけではない。「犯人の性格，年齢及び境遇，犯罪の軽重及び情状並びに犯罪後の情況により訴追を必要としないときは，公訴を提起しないことができる」（刑事訴訟法第 248 条；**起訴便宜主義**）。

　さらに，(4) 公判手続では，**当事者追行主義**を基本とする。日本の刑事裁判手続は，事実を認定して判決をする裁判所と検察官，被告人の当事者による証拠に基づく正確な事実認定に向けられた訴訟活動によって進んでいく。これは，裁判所の役割を公平・中立の判断者に限って，利害の対立する当事者たる検察官，被告人に自身にとって有利と思われる証拠を提出させ，これを照らし合わせることによって，よりいっそう正確な事案の真相が究明できるという考え方である（図 5-3；なお，公判手続における争点と証拠をあらかじめ整理して十分な事前準備ができてこそ，正確な事実の認定をめざした当事者追行主義の真価が発揮

裁判官

検察官

被告人　弁護人

図 5-3　公判手続

されることから，(3) 公判前整理手続が置かれている)。そのため，裁判所には不要な予断を抱かせないため，検察官は，起訴状には，裁判官に事件について予断を生じさせるおそれのある書類その他の物を添付してはならない（刑事訴訟法第 256 条 6 項；**起訴状一本主義**）。

　そして，刑罰という厳しい国家作用の発動を決するものであるから，正確で誤りのない事実認定を確保する要請から，刑事訴訟法 317 条では，「事実の認定は，証拠による」と定められている。ここでいう「事実」とは，犯罪事実とこれに対する刑罰の範囲・量に関する事実（量刑事実）を意味すると解釈されている。量刑事実には，「狭義の犯情（犯行の方法・態様，犯行の動機，犯行の結果，共犯関係など）」と「一般情状（犯人の年齢，性格，経歴および環境，犯罪後の態度・反省，更生可能性など）」に分けられる。量刑判断においては，一般的には，狭義の犯情が最も重視され，量刑の基本的な事情とされる。そこで決まる刑罰の範囲・量で軽重を定めるのに，犯人の年齢や性格，経歴および環境，反省や更生可能性などの一般情状が考慮される。

　次いで，刑事訴訟法第 318 条では，「証拠の証明力は，裁判官の自由な判断に委ねる」との定めが置かれている。同様に，裁判員法（裁判員の参加する刑事裁判に関する法律）第 62 条でも，「裁判員の関与する判断に関しては，証拠の証明力は，それぞれの裁判官及び裁判員の自由な判断に委ねる」（**自由心証主義**）との定めが置かれている。ただし，「自由な判断」といっても，事後的に検証可能な判断過程であることは前提とされており，事実認定者（裁判官，

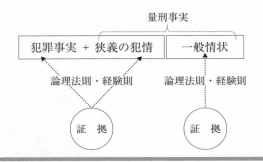

図5-4 証拠の検証

裁判員）によって，その知識・一般常識や経験を踏まえた「論理法則・経験則」に沿う合理的な判断がされなければならない。そして，その知識・一般常識や経験を補充するために専門家に鑑定が命じられたり（刑事訴訟法第165条以下），専門家証人の証言が採用されたりしている（図5-4）。

[3] 少年法

① 刑罰ではない保護処分

少年法第1条は，「**少年の健全な育成**を期し，非行のある少年に対して性格の矯正及び環境の調整に関する保護処分を行うとともに，少年の刑事事件について特別の措置を講ずることを目的とする」と定める。そして，「非行のある少年」とは，犯罪少年と触法少年，虞犯少年の3つをさしている（少年法1条，3条）。犯罪少年とは，罪を犯した14歳以上20歳未満の者，触法少年とは，14歳未満で刑罰法令に触れる行為をした者，虞犯少年とは，一定の事由があって将来犯罪または触法行為を行う虞のある20歳未満の者である。

少年法は，少年が行った非行に対する応報としての刑罰を科すものではなく，将来にわたって少年が非行を二度と行わないように改善教育することを目的とする。**少年の可塑性**のゆえに，刑罰ではなく改善教育によって健全な社会人として成長することを期待していることになる。

② 少年保護手続の基本構造

少年保護手続は，(1)発見過程，(2)送致過程，(3)受理過程，(4)調査過程，(5)審判過程という順番で進んでいく。

まず，(1)発見過程というのは，非行少年の存在が知れて，少年保護事件として家庭裁判所に送致されるまでの手続きである。犯罪少年の事件では，基本的には刑事訴訟法に則って捜査が行われる（少年法40条）。ただし，少年の情操を保護する観点から**逮捕・勾留に関する特則**がある。少年審判では**職権主義構造**がとられているため，成人の場合とは異なって，捜査段階で得られた供述証拠を含むすべての証拠が，そのまま非行事実と要保護性を認定する基礎とされる。犯罪の捜査中，対象者が14歳未満の触法少年であることが判明した場合には，直ちにその捜査を中止し，その後は犯罪予防活動の範囲内で発見および補導の活動を継続することになる。

　次に，(2)送致過程では，**全件送致主義**がとられている。司法警察員および検察官は，捜査を行った後，犯罪の嫌疑があるかぎりは事件を家庭裁判所に送致しなければならない（少年法41条，同42条1項）。成人の刑事事件における起訴猶予のような，捜査機関の判断で手続きを打ち切ることは認められない。それは，事件としては軽微であっても，そこに深い少年の犯罪性が現れているかもしれず，きちんと科学的に調査したうえで少年の健全育成のために必要な措置を決めるためである。また，成人の刑事事件では検察官が起訴することに決まっていることとは異なって，児童相談所長からの送致などによっても家庭裁判所での手続きが開始される。つまり，家庭裁判所に非行少年の存在が知らされる流れはさまざまである。また，(3)受理過程では，家庭裁判所は審判前に事件を調査することとされ，非行事実および要保護性の両面に関する事実を調べることになる。これに伴い，必要があれば観護措置の決定（少年法17条）がされ，家庭裁判所調査官に調査を命令する（**調査前置主義**；少年法8条）。(4)調査過程では，前述の通り，非行事実および要保護性の両面の事実を調べる。非行事実の存否に対する調査は，裁判官の法律的判断を伴うことから「法的調査」と呼称される。これに対し，少年が非行を克服して健全な成長発達を遂げるために必要な処遇・処分は何かを判断する要保護性に対する調査は，「社会調査」と呼称され，裁判官の命令によって家庭裁判所調査官が行う。家庭裁判所調査官は，社会調査を行った後，裁判官に対して，処遇意見を付した報告書を提出する（少年審判規則第13条，**少年調査票**）。これに，その他の少年の処遇上参考となる書類を編綴して，**少年調査記録（社会記録）**が作成される。この社会調査にあたっては，「なるべく，少年，保護者又は関係人の行状，経歴，

裁判官

家庭裁判所調査官

付添人

保護者　保護者

少年

学校関係者，顧用主など

図 5-5　少年保護手続

素質，環境等について，医学，心理学，教育学，社会学その他の専門的智識特に少年鑑別所の鑑別の結果を活用して，これを行うように努めなければならない」（少年法 9 条；**科学主義**）とされている。経験的な直感を根拠にするのではなく，実証的な経験科学による法則性・客観性が要請されている。また，その調査活動中には，少年に対する働きかけや信頼関係の構築も含まれるため，そこでの関わりが少年に変化・変容を与えることも期待される。

　さらに，(5) 審判過程では，供述証拠を含む捜査資料が一括して家庭裁判所に送付され（起訴状一本主義が適用されない），裁判官は，これら捜査資料のすべてを精査して一応の心証を形成して審判に臨む（図 5-5）。

2　*刑事訴訟法，少年法の概観，裁判員裁判・少年刑事事件手続*

［1］刑事訴訟法の概観
①　捜　査
　警察は，被疑者を逮捕したときには，48 時間以内に，被疑者を検察官に送致する手続きをしなければならない（**検察官送致**）。

　身柄送致を受けた検察官は，弁解の機会を被疑者に与え，留置の必要がないときは，ただちに被疑者を釈放しなければならない。留置を継続する必要があるときは，被疑者を受け取った時から 24 時間以内で，かつ，被疑者が身体の

拘束を受けた時から 72 時間以内に，裁判官に勾留を請求しなければならない。

　勾留の請求を受けた裁判官は，被疑者に対して被疑事件を告げ，これに関する陳述を聴く（刑事訴訟法第 61 条；**勾留質問**）。勾留期間は，検察官が「勾留の請求をした日」から 10 日間である（刑事訴訟法第 208 条）。さらに，検察官の請求により，裁判官が「やむを得ない事由があると認めるとき」は，10 日間の期間延長ができる（刑事訴訟法第 208 条 2 項，208 条の 2）。勾留を決定した裁判官の判断には，被疑者・弁護人から不服申立てができる（刑事訴訟法第 429 条 3 項；**準抗告**）。勾留された被疑者は，裁判官に対して勾留質問の開示を請求することができる（刑事訴訟法第 82 条 1 項；公開法廷の**勾留理由開示**）。

　② **公判前整理手続**

　裁判所は，検察官の提出する起訴状の謄本をただちに被告人に送達しなければならない（刑事訴訟法第 271 条）。裁判所は，「充実した公判の審理を継続的，計画的かつ迅速に行うため必要があると認めるとき」，検察官と被告人，弁護人の意見を聴いたうえで，事件を公判前整理手続に付すことができる（刑事訴訟法第 316 条の 2 第 1 項）。なお，裁判員裁判対象事件は，公判前整理手続に付すことが必要である（裁判員法第 49 条）。公判前整理手続では，(i)検察官による**証明予定事実**の明示，その証明に用いる**証拠取調請求**，**検察官請求証拠の開示**がされる，(ii)被告人側による検察官請求証拠の証明力を判断するために重要な**類型証拠開示請求**がされる，(iii)被告人側の**予定主張事実**の明示，その証明に用いる**証拠取調請求**，**主張関連証拠の開示**がされる。

　③ **公　判**

　公判期日における審理手続きは，「冒頭手続」により開始され，「証拠調べ手続」を経て，判決の宣告に至る。「冒頭手続」では，裁判長は，被告人として出廷している者と起訴状に記載されている被告人が同一人物であることを確認するための質問をする（刑事訴訟法規則第 196 条；**人定質問**）。人定質問の後，検察官が起訴状を**朗読**する（刑事訴訟法第 291 条；起訴状朗読）。起訴状朗読の後には，裁判長が被告人に対し，終始沈黙し，または個々の質問に対して陳述を拒むことができる旨，陳述をすれば自己に有利な証拠となることもあるが，不利益な証拠となることもある旨が告げられ（**黙秘権告知**），被告人と弁護人の双方に，被告事件について陳述する機会が与えられる（刑事訴訟法第 291 条 3 項；**罪状認否**）。

冒頭手続が終了すると,「証拠調べ手続」が開始する（刑事訴訟法第292条）。証拠調べに際し,検察官は,証拠により証明しようとする事実を口頭で明らかにしなければならない（刑事訴訟法第296条本文：**冒頭陳述**）。公判前整理手続に付された事件については,被告人または弁護人は,検察官の冒頭陳述の後には,必ず冒頭陳述をしなければならない（刑事訴訟法第316条の30）。

当事者の検察官,被告人または弁護人が証拠調べを請求することで（刑事訴訟法第298条1項),証人尋問（被害者,情状証人を含む）や公的・私的鑑定,証拠書類・証拠物の取り調べが実施される。最後に,否認事件の場合には検察官の立証に対する反論・弁解として,犯罪事実を認めている場合には被告人に有利な情状事実の顕出として,**被告人質問**が行われる。

なお,一定の犯罪の被害者等や被害者の法定代理人が,裁判所の許可を得て,「被害者参加人」として刑事裁判に参加し,公判期日に出席すると共に,証人尋問・被告人質問等で自ら発問することなどができる（**被害者参加制度**）。

[2] 少年法の概観

① 捜　査

前述の通り,被疑者が少年であっても刑事訴訟法が適用される以上,逮捕・勾留がされる。しかし,心身共に未熟な少年の情操を保護する観点から,検察官は,勾留に代えて観護措置の請求を行うことができる（少年法第43条1項）。この場合には,勾留とは異なり,刑事施設の拘置所またはこれに代用される警察の留置施設ではなく,少年鑑別所に収容されることになる。さらに,その期間は10日間とされ（少年法第44条3項),勾留と違って延長が認められない。原則は,**観護措置**である。

また,勾留請求は,「やむを得ない場合」にしかできず（少年法第43条3項),裁判官も「やむを得ない場合」にしか勾留の決定ができない（少年法48条1項）。勾留の場合であっても,拘禁場所を少年鑑別所とすることができる（少年法第48条2項）。

② 観 護 措 置

観護措置には,家庭裁判所調査官の観護（少年法第17条1項1号）と少年鑑別所送致（同2号）の2つがある。後者は,少年鑑別所に身柄を拘束して行う収容観護であるが,観護措置といえばこちらが通例である。そして,観護措置

として少年鑑別所に収容できる期間は原則として2週間であるが，原則として1回は更新できる（少年法第17条3項）。したがって，一般的には4週間が収容期間の限度で，3週間程度で審判期日が指定される。しかし，「死刑，懲役又は禁錮に当たる罪の事件でその非行事実の認定に関し証人尋問，鑑定若しくは検証を行うことを決定したもの又はこれを行つたものについて，少年を収容しなければ審判に著しい支障が生じるおそれがあると認めるに足りる相当の理由がある場合」（少年法第17条4項但書）に限っては，さらに2回の更新が認められる。つまり，最長8週間の観護措置が認められる。

③ 審判手続

審判期日の手続きは，(1)少年・保護者の人定質問，(2)供述を強いられることのないことの告知，(3)非行事実の告知と少年からの弁解の聴取，(4)非行事実の審理，(5)要保護性に関する事実の審理，(6)調査官・付添人からの処遇意見の聴取，(7)終局決定の告知という順番で進む。ただし，少年が非行事実を争わず，非行事実を認定するに十分な証拠がある場合には，簡単な事実経過を確認のうえ要保護性の審理に重点が置かれる。

成人の刑事事件手続とは異なり，少年審判は非公開である（少年法第22条2項；ただし，後述の被害者等による審判の傍聴制度がある）。少年審判の構造が職権主義であるのは，少年の資質と環境の問題を明らかにしたうえ，少年の改善更生のために最適な処分を決めることを目的としており，関係者が対立し合う手続きではないからである。審判のあり方としても，「審判は，懇切を旨として，和やかに行うとともに，非行のある少年に対し自己の非行について内省を促すものとしなければならない」（少年法第22条1項）とされている。

④ 終局処分

家庭裁判所の手続きは，家庭裁判所による終局処分の決定によって終結する。終局処分には，(1)審判不開始決定，(2)不処分決定，(3)児童福祉機関送致決定，(4)検察官送致決定，(5)保護処分決定がある。

まず，(1)審判不開始決定とは，審判を開始することなく事件を終結させる決定である（少年法第19条1項）。これに対し，(2)非行事実および要保護性が認められるとき，家庭裁判所は，審判開始の決定を行って審判手続に入る。審判の結果，保護処分に付することができず，または保護処分に付する必要がないと認めるときは，家庭裁判所は，不処分決定をする（少年法第23条2項）。

また，⑶家庭裁判所は，児童福祉法の規定による措置を相当と認めるときは，決定をもって，権限を有する都道府県知事または児童相談所長に事件を送致しなければならない（少年法第18条1項，23条1項）。一般的には，少年の犯罪性が顕著ではないが，環境面の要保護性がある少年に適しているといわれる。

　⑸保護処分決定は，家庭裁判所が行う終局処分の基本である。保護処分の種類には，㋐保護観察所の保護観察に付すること，㋑児童自立支援施設または児童養護施設に送致すること，㋒少年院に送致することの3つである。

　なお，⑷検察官送致決定については後述する。

　これに対し，終局処分の決定を一定期間留保する中間処分として，試験観察がある（少年法第25条）。試験観察は，調査官によるそれまでの調査からさらに情報を収集し，要保護性の判断をより確かなものとする機能のほか，心理的強制のもとで改善教育の効果をあげるという機能もある。

［3］裁判員裁判・少年刑事事件手続

① 裁判員裁判

　裁判員裁判は，2004年5月に「裁判員の参加する刑事裁判に関する法律」が制定・公布され，2009年5月21日から施行されている。その対象は，死刑，無期懲役・禁錮に当たる罪，および，故意の犯罪行為により被害者を死亡させた罪に係わる事件とされる（裁判員法第2条1項。例；傷害致死事件，殺人事件，強制性交等致死傷事件など）。

　その特徴としては，「一般国民にとってわかりやすい裁判」がめざされ，充実した公判準備と争点整理を踏まえ，公判廷で直接に証人などから口頭で供述を得る方法による審理が連日続けられる。公判前整理手続で，証人尋問や鑑定人尋問などの日時が決められる。

　裁判員裁判では，原則として，職業裁判官3人，裁判員6人で構成される合議体で審理がされる。裁判所では，審理期間その他の事情を考慮して必要と判断するときは，「補充裁判員」を選任することもある。

② 少年刑事事件手続

　家庭裁判所が少年保護事件を受理した後，成人と同様，地方裁判所の刑事裁判手続を受けさせる決定をすることがある（**検察官送致決定**；いわゆる**逆送**）。

まず，家庭裁判所は，調査の結果または審判の結果，手続きの対象とされていた者が20歳以上であることが判明したときには，決定をもって，事件を管轄地方裁判所に対応する検察庁の検察官に送致しなければならない（少年法第19条2項，23条3項）。

　また，家庭裁判所は，死刑・懲役または禁錮に当たる事件について，調査の結果または審判の結果，その罪責および情状に照らして刑事処分を相当と認めるときは，決定をもって，これを管轄地方裁判所に対応する検察庁の検察官に送致しなければならない（少年法第20条1項，23条1項）。さらに，家庭裁判所は，故意の犯罪行為により被害者を死亡させた罪の事件であって，その罪を犯すとき16歳以上の少年に係るものについては，検察官送致決定をしなければならないとされる（少年法第20条2項本文；**原則逆送**；ただし，家庭裁判所は，調査の結果，犯行の動機および態様，犯行後の情況，少年の性格，年齢，行状および環境その他の事情を考慮し，刑事処分以外の措置を相当と認めるときは，この限りではない）。前述のように，裁判員裁判の対象は，死刑・無期懲役・禁錮に当たる罪，および，故意の犯罪行為により被害者を死亡させた罪に係る事件とされているので（裁判員法第2条1項），原則逆送事件の大半が裁判員裁判で審理されることになる。

　これらに対し，家庭裁判所から検察官送致され，検察官によって公訴提起された少年の刑事事件を審理する地方裁判所が，少年の被告人を保護処分に付すのが相当であると認めたときは，事件を家庭裁判所に移送する決定をしなければならない（少年法第55条；いわゆる**55条移送**）。その結果，事件は，再び家庭裁判所で審理されることになる。

[4] 被害者の配慮・保護

① 刑事訴訟法

　犯罪被害者に対する配慮と保護を図るために，2000年に法律が改正され，被害者等による心情その他の意見の陳述手続が導入された（刑事訴訟法第292条の2；**被害者等による意見の陳述**）。注意点としては，前述の当事者追行主義の前提は変更されず，あくまでも被害者は訴訟の当事者ではないとされていることである（前述の被害者参加制度でも，被害者は訴訟の当事者とはされていない）。この申し出はあらかじめ検察官に対して行うものとされるが（同2項），被害

者の心理や不安に寄り添い，適宜かつ適切に，その意図を正確に伝えられるよう援助は必要であろう。この被害に関する心情その他の事件に関する意見は，量刑の基礎資料（被害感情・処罰感情）となる。公判期日での意見陳述に際する不安・緊張を緩和するため，**付添人**（心理カウンセラーや被害者支援団体の支援員など）・**遮蔽措置・ビデオリンク方式**の採用が認められる（刑事訴訟法第157条の2，同の3，同の4）。また，被害者特定事項（氏名および住所その他の当該事件の被害者を特定させることとなる事項）が，公開の法廷で明らかにならないよう，裁判所による秘匿決定（**被害者特定事項の秘匿措置**）の制度がある。

この他，刑事手続に付随する制度としては，(1)被害者等の公判手続の傍聴に対する配慮（犯罪被害者保護法第2条），(2)公判記録の閲覧・謄写（同法3条）などがある。

② 少 年 法

特に，少年審判は刑事裁判とは異なって非公開であることから，被害者が審判の内容を知ることができず，十分な情報を得ることができなかった。そこで，2000年に法律が改正され，(1)被害者等からの意見聴取（少年法9条の2），(2)被害者等に対する審判結果等の通知（少年法第31条の2），(3)被害者等に対する記録の閲覧・謄写の許可（少年法5条の2）の各制度が置かれた。しかし，これらのすべてについて，少年の健全育成の妨げにならないことが条件づけられている。たとえば，(3)では，家庭裁判所調査官による少年調査票，少年鑑別所による鑑別結果通知書という，社会記録は対象から除外されている。また，(2)では，少年およびその法定代理人の氏名および住居も対象には含まれるが，被害者等には守秘義務が課せられる。

さらに，2008年の法律改正では，(4)被害者等による審判期日の傍聴（少年法22条の4），(5)家庭裁判所が審判期日の審判状況を説明する（少年法22条の6），各制度が置かれた。

学習のための文献案内 BOOK GUIDE

長沼範良・田中開・寺崎嘉博（2017）.『刑事訴訟法』[第5版]（有斐閣アルマ）有斐閣
　▷刑事訴訟法の内容を必要十分な記述でコンパクトにまとめ上げている定番書。

川出敏裕（2015）.『少年法』有斐閣

　　▷刑事訴訟法学者による少年法の基本書。少年法の現状とそれを取り巻く問題の状況を伝えることをめざしている。

大塚裕史・十河太朗・塩谷毅・豊田兼彦（2019）.『基本刑法Ⅰ　総論』日本評論社

　　▷判例実務のエッセンスを平易に解説する刑法の基本書。

【笠原麻央】

第6章 捜 査

1 捜査に関わる心理学の基礎

　犯罪の捜査は犯罪を調べることを意味するが，警察が行う犯罪捜査の活動は
犯罪捜査規範に規定されている。警察の捜査は，多くの場合，犯罪（犯罪があ
ると思料されるときを含む）を認知したところから始まる。まずは，犯罪が起き
たことを証明するために必要な情報を収集し，犯人を特定し，その犯人が事件
を行ったことを証明するための情報を収集する。捜査心理学という学問領域を
創設した D. カンターは，捜査活動は，情報，推論，活動の 3 つが循環する過
程であるとし，この過程のすべてに心理学が貢献できるとしている（Canter &
Youngs, 2009）。捜査心理学は応用心理学の一分野であり，さまざまな心理学の
基礎知識を捜査活動に応用するために，幅広い心理学の知識が求められる。ま
た，心理師の業務も，直接観察できる対象者の評価から，収集できる情報に基
づいた対象者の間接的な評価，対象者に対応する警察官への助言などのコンサ
ルテーション，心理に関わる知見を警察活動に生かすための教育研修など幅広
い。本章では，捜査の循環の段階ごとに捜査に関わる心理学について概説する。

[1] 情報の段階

　捜査に関する情報を収集する段階では，被害者や目撃者に対する聴取面接
（「参考人取調べ」と呼ばれる），被疑者取調べ，ポリグラフ検査などが含まれる。
多くの場合，警察は犯罪被害者と接触する最初の公的機関となることから，被
害者支援はこのときから始まる。被害者支援については，第 11 章に詳述され
ている。参考人や被疑者に対する取調べについては，警察官が行う業務である

が，2012年に「捜査手法，取調べ高度化プログラム」が策定され，心理学的な知見に基づく取調べ技術を用いることが強く推奨されている。そのため，警察官に対する取調べの教育研修や，取調べに関する助言，取調べの評価などに心理師が関わる。これに対し，ポリグラフ検査は，警察の科学捜査研究所に所属する心理師らが直接行う業務である。

① 被害者や目撃者に対する聴取

被害者や目撃者がもつ情報は，事件の判断や犯人の捜索等の捜査活動を展開するために必要であり，被害者や目撃者がもつ情報をできるだけ多く，正確に聴取する必要がある。記憶は，**記銘**（**符号化**ともいう），**保持**，**想起**の段階に分けられるが，聴取者が関わることができるのは想起の段階であり，この段階でのエラーをできるだけ少なくすることが重要である。また，記憶の痕跡は原体験に時間的に近いほどより強い状態にあり，かつ体験後に触れる情報から影響を受ける（「事後情報効果」と呼ぶ）機会が原体験に時間的に近いほどより少ないために，できるだけ早い段階で聴取面接を設定することが望ましい。記憶を喚起することに失敗したり，誘導的な態度や質問を示したりすることで，被害者や目撃者がもつ記憶の内容を報告できないことが起こりうる。また，捜査のための面接で交わされるコミュニケーションの形式は，カウンセリング面接や日常の生活場面での対話とは異なっている。被面接者を会話の主体に置き続け，法律判断に有用な情報をできるだけ引き出すことを目的とした**情報収集アプローチ**（information gathering approach）に基づく面接が行われる。**司法面接**（forensic interview；欧米では裁判の証拠として認められる面接方法である）は，子どもの発達的特性を考慮して情報収集アプローチに基づく面接を実施するために開発されたものである。

被害者や目撃者から体験した記憶の内容を聴取する際には，**エピソード記憶**（episodic memory）に関する知識が不可欠である。エピソード記憶は，ある特定の出来事，事物，場所，人に関する情報が，出来事の起こった時間や場所に従ってまとまって記憶されている。情報源は個人的な経験であり，同じ出来事を体験しても，何に注意を向けていたか等によりエピソード記憶の内容は人により異なる。つまり，被面接者がどのような体験をしたかについては実際に聴いてみなければわからないのである。そのため，被面接者の話を傾聴し，被面接者の**被誘導性**（suggestibility；被暗示性とも訳される）や迎合性（compliance）

に配慮し，決して誘導をしないという姿勢が基本となる。

　被面接者が体験した事実に関する正確な情報をできるだけ多く聴取するための面接に，認知面接（cognitive interview）がある。認知面接については第7章に記述されているが，心のなかでイメージとして体験を思い出す時間をとってから，思い出したことをすべて話してもらうという手続きは重要である。面接では，思い出したイメージを相手に伝わるよう言葉にして話すという複雑な認知作業を妨害しないよう，静かで，他に注意を引くものがない環境で傾聴する。

② **被疑者に対する取調べ**

　被疑者に対する取調べにおいても，体験した事実を聴き取るという基本的な姿勢は同じである。しかしながら，被疑者が犯人であった場合には，事件のときに体験した出来事の記憶の情報だけでなく，事件を行うに至った背景的な要因や，事件を行うに至った思いといった主観的な情報についても聴取する必要がある。そのため，そうした主観的な情報を話してもよいと思う信頼関係をつくることが重要であり，**ラポール**の構築はより重要となる。取調べを経験した受刑者対象の調査では，取調べにおいて取調べ官が「いつもした」「よくした」が多かった項目の上位3つは，「あなたを1人の人間としてあつかった」（63.8%），「あなたの生い立ちなど内面の話を時間をかけてきいた」（53.1%），「あなたの話を時間をかけてきいた」（50.0%）である（Wachi et al., 2016）。取調べにおいて被疑者自身の言葉で事件についての**語り**（narrative）を得るための基本的な技術については，Web上でも公開されている「取調べ（基礎編）」を参照されたい（警察庁サイト「取調べ（基礎編）」，2020年5月アクセス）。

　(a)　**虚偽自白**──上述した基本の姿勢に基づいて，誘導することなく被疑者自身の言葉での語りを引き出す取調べを行えば，**虚偽自白**（false confession）を防ぐことができる。カシンとライツマン（Kassin & Wrightsman, 1985）は，虚偽自白を(1)自発型虚偽自白，(2)強制追従型虚偽自白，(3)強制内面化型虚偽自白の3つのタイプに分類している。(1)自発型虚偽自白は，供述を強いる圧力を受けていないにもかかわらず，無実の人が何らかの理由によって自発的に虚偽自白をするものであり，真の犯人をかばってとか，有名になりたいという病的な欲求から，などの理由が該当する。他の2つは取調べ官からの働きかけにより実際には行っていない犯罪の自白を引き出されるものであり，(2)強制追従型虚偽自白では，心理的な欲求（早く取調べ室から出て不安や緊張感から逃れ

たいなど）を満たすなど，何らかの利益を得られると思って自白する。(3) 強制内面化型虚偽自白では，自分がやっていないという明確な記憶がない場合などのときに，誘導的な取調べにより自分が行ってしまったと信じるようになるもので，暗示された情報をもとにして，偽りの記憶を報告することもある。

　(b)　取調べの手法と自白——科学警察研究所で行われた一連の研究では，取調べの前から自白しようと思っていなかった場合には，取調べ官が用いる取調べの手法が被疑者の自白に関係することが示されている。受刑者に対する調査の結果からも，人間関係重視のアプローチを中心とした手法を用いた場合に自白する傾向があり，公判でもその自白が維持される傾向があることが示されている（和智ほか，2016）。グッドジョンソン（Gudjonsson, 2003）によれば，法的制裁への恐れ，自己の評判への配慮，自分自身がした行為を認めたくないという気持ち，犯罪について家族や友人に知られたくないという気持ち，報復のおそれなどが**自白の抑制要因**である。こうした自白を抑制する要因があるなかで被疑者が**自白するメカニズム**を説明するものとして，(1) 精神分析モデル（内的な葛藤や罪悪感からの解放感を得るために自白する），(2) 意思決定モデル（複数の選択肢のそれぞれについて随伴する結果を考え，それぞれの生起確率を考慮した意思決定の結果，自白する），(3) リードモデル（被疑者の否認への不安を増大させ，絶望を感じさせ，自白した結果どうなるかという認識を軽くさせることによって，自白に至らせる），(4) 相互作用モデル（被疑者と事件の背景情報，事件の文脈的特徴，取調べ官の取調べ技術など，さまざまな要因が相互に影響を与えた結果，自白する）がある。

　(c)　供述鑑定——取調べが録音録画されるようになって以降，**自白の任意性**の評価や**供述の信憑性**についての心理学鑑定が行われるようになってきた。自白の任意性の評価は，取調べにおいて誘導的な態度や質問が示されていないか，問題となる情報は被面接者からの初出か，対象者に誘導されやすい属性があるか，それに対応する配慮がなされているのか等について検討することになるため，対象者の被誘導性について学ぶ必要がある。また，供述の信憑性については，欧米では，**供述妥当性分析**（statement validity analysis：SVA）のなかで用いられる**基準に基づく内容分析**（criteria based content analysis：CBCA）という手法や**リアリティモニタリング**（reality monitoring）などの手法が多くの研究で検討されているが，いずれも鑑定手法としては未確立である（Vrij, 2015）。また，

日本で提案されている手法についても心理学的な検証が不十分な状況にある。

③　ポリグラフ検査

　日本の捜査で用いられている**ポリグラフ検査**（polygraph test）は，嘘発見器ではなく，記憶の検査である。末梢神経系のうち随意統制が困難である自律神経系の反応を複数測定することによって，犯人しか知りえない事実に関する記憶の有無を推定しようとするものである。科学警察研究所に設置されている法科学研修所において，90日間の養成研修が行われており，その他習得した技術の維持向上のための各種研修が行われている。

　(a)　ポリグラフ検査の実際——記憶の検査として行われているポリグラフ検査は，**隠匿情報検査**（concealed information test：CIT），もしくは**有罪知識検査**（guilty knowledge test：GKT）と呼ばれ，都道府県警察の科学捜査研究所にいる心理師らによって鑑定・検査の1つとして実施される。測定する指標は，心拍数（heart rate：HR），皮膚コンダクタンス水準（skin conductance level：SCL），皮膚コンダクタンス反応（skin conductance response：SCR），規準化脈波容積（normalized pulse volume：NPV），呼吸などの自律神経系の反応である。隠匿情報検査は，アメリカなどで，技術を習得した警察官によって嘘を見抜くための捜査手法の1つとして用いられている**対照質問法**（control question technique：CQT）とは区別される。隠匿情報検査では，まず，ある事件を行った犯人であれば知っている情報（**裁決質問**項目となる）と，その情報とは類似しているが，その事件とは関係がないと考えられる情報（**非裁決質問**項目となる）を複数作成する。このとき，その事件について知らない人たちがみたときに，どれが裁決質問かがわからないように構成することが重要である。この手続きにより，事件に関係のない人にとってはどれが裁決質問かがわからないことから，裁決質問の項目に特異的に反応することはなくなり，**偽陽性**（false positive；この場合，事件のその情報について知らないのに知っていると誤って判定すること）と判定し，第一種の過誤（type Ⅰ error）を生じさせる可能性が低くなる。たとえば，殺害に使用された凶器が「ストッキング」であった場合には，「ネクタイ」「スカーフ」「タオル」「ベルト」など，この事件で行われた絞殺という方法で殺害が行われるときに道具として使用される項目で非裁決質問を構成する。たとえば図6-1に示すように，測定された裁決質問項目に対する反応が非裁決質問に対する反応とは異なる場合に，検査対象者は事件の情報（たとえば，凶器がス

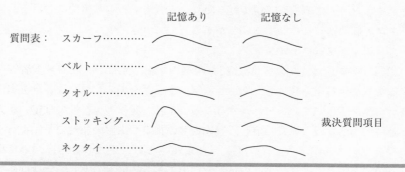

質問： この事件で使われた凶器は何ですか？

図6-1　裁決質問法による隠匿情報検査のイメージ図

トッキングであったこと）について知っていると推定し，裁決質問項目に対する反応と非裁決質問に対する反応に違いがない場合には，検査対象者はこの事件の情報について記憶はないと推定する。

　こうした質問表は，1回の検査時には4〜7程度作成され，用いられる。この手続きにより，事件について関係のない人がすべての質問表に偽陽性の判定を受けて，事件に関係していると判定する確率を小さくすることができる。小川ら（2013）は実験を行い，記憶あり群（小川論文における「記銘群」）では，非裁決質問項目を提示したときに比較して裁決質問項目を提示したときに，皮膚コンダクタンス水準や皮膚コンダクタンス反応が大きくなり，呼吸，心拍，規準化脈波容積が小さくなるが，記憶なし群ではそうした差はみられなかったことを示している。また，これら複数の生理指標に基づいた判定結果の感度は86％，特異度は95％であり，識別器として妥当であることを示している。

[2] 推論の段階

　推論の段階では，情報の段階で収集した情報に基づき，そこから意味のある情報を見出し，事件や犯人についての推論を行う。この段階で行われる推論は，カンターとヤング（Canter & Youngs, 2003）のいう **A→C方程式**（Aは Aspects of crime，Cは Characteristics of a criminal であり，どのように犯罪が行われたのかに関する情報から犯罪者の特徴を推定する方程式をさす）として示される。心理学の手法に基づいて，この方程式のモデリングを行い，そこから得られた情報で

捜査を支援しようとする。たとえば，警察に所属する心理師は，犯罪者プロファイリングによる捜査支援を行ったり，人質立てこもり事件における助言やリスク評価に携わったりすることがある。

① 犯罪者プロファイリング

犯罪者プロファイリングは，「犯行現場の状況，犯行の手段，被害者等に関する情報や資料を，統計データや心理学的手法等を用い，また情報分析支援システム等を活用して分析・評価することにより，犯行の連続性の推定，犯人の年齢層，生活様式，職業，前歴，居住地等の推定や次回の犯行の予測を行うものである」（令和元年版「警察白書」）と定義される。犯人の行動について得られる情報をもとに捜査に役立つ情報を創出するためのものとして，統計的な手法を基盤とした科学的な技術として発展してきている。犯罪者プロファイリングはそれだけで犯人を検挙するものではなく，他の捜査活動と絡めることによって犯人の検挙に貢献する。警察においては，情報分析を担当する警察官または心理師，もしくは彼らの協同によって，犯罪者プロファイリングは実施されている。科学警察研究所に設置されている法科学研修所において，50日間の養成研修が行われており，分析事例に関するケースカンファレンスを行う3日間の研修等，習得した技術の維持向上のための研修が行われている。

(a) 犯罪者プロファイリングの3つの分析——犯罪者プロファイリングには，事件の情報を整理し，犯罪者の行動を評価することによって，(1) **事件リンク分析**（crime linkage analysis），(2) **犯人像推定**（prediction of offender profile），(3) **地理的プロファイリング**（geographic profiling）の3つの分析を行う（渡邉，2006）。事件リンク分析では，犯罪者の行動の一貫性や変遷，特異性について評価することによって，ある地域で発生している複数の事件のどれとどれが同一犯によるものかを推定する。犯人像推定では，同一犯による事件における犯人の行動パターンを整理し，犯人の行動パターンと関連する犯人属性を推定したり，エスカレーションの可能性など今後の犯行形態のありかたについて推定したりする。地理的プロファイリングでは，犯人の行動パターンと地理的な選択傾向を評価し，発生場所やその周辺エリアの環境を評価することによって，拠点（base；代表的なものは居住地であるが，他に職場や実家，よく行く飲み屋など，よく活動する場所）を推定したり，今後の犯行エリアを予測したりする。

(b) 犯罪者プロファイリングの分析の方法——上記の3つの分析を行う際に

は，分析対象となる事件とそれに類似する過去の解決事件の情報を用いて，**事例分析**と**統計分析**を行う。類似する過去の解決事件は，似たようなことをする犯罪者は，どのような特徴をもち，どのように犯罪行動を行っているのかということを示すものである。統計分析では，記述統計から特徴を見出すほか，多変量解析により犯行中に示した行動のまとまりから**犯行テーマ**（offence theme；**犯行スタイル**ともいう）を見出したり，統計モデリングに基づいて犯行中の行動から犯人特徴を予測したりする。こうした統計的手法を基板としたうえで，類似事件から示唆されるステレオタイプを指摘するのではなく，分析事例に特化した情報を提示できるよう，犯人の意思決定と行動を評価する。犯罪者は 24 時間 365 日犯罪行為ばかりを繰り返しているのではなく，日常生活の多くの時間は遵法的な活動を行うなかで犯罪行為を行っている。そのため，犯罪行為を行う機会や場所は，犯罪者の日常生活で活動する場所と近いところに分布している。また，犯罪を達成するために必要とされる行動としてどのような行動を選択するかは，犯罪者自身がもつ能力や資源に大きく依存している。そのため，目的達成のために必要とされる行動が効率よく行われているか，合理的な意思決定がなされているか，という視点は，犯罪者のもつ能力や犯罪経験の豊富さを示唆するものとなる。

　(c)　相同仮説と一貫性仮説──犯罪者プロファイリングが根拠とする仮説に，相同仮説（homology hypothesis）と一貫性仮説（consistency hypothesis）がある。相同仮説とは，「類似した犯行を行う犯罪者たちは類似した特性をもつ」（Mokros & Alison, 2002）という仮説であり，類似した事件の分析結果を推定に用いる根拠となっている。ただ，犯人の特性として属性情報のみを扱うのではこの仮説を支持することは難しいことも指摘されている。一貫性仮説とは，「同じ犯人であれば，行動には一貫性がある」という仮説であり，時間的一貫性（時間が近接していれば同じ人の行動には一貫性がある）や通状況的一貫性（異なる場面でも同じ人の行動には一貫性がある）を仮定することで，同一犯による犯行の識別や犯人像の推定，犯行予測などの根拠となる。いずれの仮説においても，犯人の行動は状況要因や被害者との相互作用，失敗経験などの要因により変わりうることから，単純に支持されるものではないことが指摘されている。

　犯罪者プロファイリングの結果が法廷に持ち込まれる事例は欧米では認められるが，日本においては，法廷の証拠として用いられることは想定しておらず，

あくまで捜査支援のための一手法として行われている。

②　現場での活用：人質立てこもり事件

人質立てこもり事件や自殺志願者による閉じこもり事件への対応は警察官が行うものである。心理師は，**説得交渉**（negotiation）の技術についてトレーニングの一部を担当するほか，事件が進行中のときに，犯人や人質の心理状態の評価や，説得交渉の技術に関する助言を求められることがある。人質立てこもりは，警察に周囲を包囲されて逃げ場がなくなることから，犯人にとって逮捕リスクが高い事案である。実際の事件では，当初計画していなかったものの結果として立てこもることになったという事態も多く，犯人も**危機的な事態**にある。こうした事件の対応においては，コミュニケーションの技術に重きを置く説得交渉により，危機的な状況のなかで強い感情的な状態にある犯人を，問題解決の課題に取り組む合理的な状態に移行させ，そのうえで**合理的な問題解決アプローチ**による平和的な解決をめざそうとする。

（a）　犯人の行動を変化へと導く——FBI が提唱する説得交渉における**行動変化の階段モデル**（behavioral change stairway model）では，(1)**積極的聴取技術**，(2)**共感**，(3)ラポール構築，(4)影響力の行使，(5)行動変化の 5 段階をたどり平和的解決に至る（Vecchi et al., 2005）。積極的聴取技術（active listening skills；傾聴の技術ともいう）の段階では，取調べにおける情報収集のアプローチと同様に，オープン質問で会話を始め，相手を会話の主体とする。第 2 段階で共感的理解を示し，犯人と説得交渉官との間に良好な人間関係を形成し，第 3 段階でラポールの構築に至る。説得交渉官の言葉に耳を傾けるようになった犯人に対し，第 4 段階では影響力を行使し，犯人と一緒に非暴力的な解決策を見出し，第 5 段階の行動変化の段階でそれを実行する。

（b）　人質の特異な心理——人質の心理は，危機的事態における人間の心理と同様に，衝撃期の後に，恐怖や不安が増大し，その後に状況を受容するようになっていくという変化をたどるが，一度状況を受容する状態にあったとしても，犯人の言動によっては直ちに恐怖や不安が増大する状態に戻る。死のおそれがあるストレスの強い危機的な事態に適応し，何とか生き延びようとする心理的な防衛本能が無意識のうちにはたらくことにより，人質には特異な心理状態が生じうる。それは**ストックホルム症候群**（Stockholm syndrome）である。ストックホルム症候群は，人質が犯人に対して好意的な感情を抱く，人質が警察に対

して否定的な感情を抱く，犯人が人質に対して好意的な感情を抱く，のいずれか1つ以上に該当するものをさす。犯人が人質に好意的な感情を抱くことは，犯人から人質への加害行為を抑制する効果があるが，警察が人質からの協力を得にくくなるおそれが生じる。ストックホルム症候群は一部のケースでしか認められず，犯人と人質が長時間一緒にいること，犯人と人質が隔離されていないこと，犯人が人質を丁寧に扱っていることといった3つの要素が満たされる場合に生じうる（Fuselier, 1999）。

　(c)　負傷リスクのアセスメント——人質が負傷するリスクは，**ドメスティックバイオレンス**（DV）の延長で行われる人質立てこもり事件で高く，そのように犯人にとって人質こそが攻撃性を向けたい対象である場合には**形式的人質事案**（non-hostage incidents）と分類され，人質を交渉の道具として用いようとする**実質的人質事案**（hostage incidents）とは区別される（Regini, 2004）。人質立てこもり事案の多数は形式的人質事案である。いずれのタイプでもコミュニケーションを主体とする説得交渉が必要だが，形式的人質事案ではそれがより重視される。横田ら（2002）は，日本と南アフリカの人質立てこもり事件を分析し，国別の負傷リスクの違いを除けば，立てこもり時間，違法薬物の使用，銃器使用の3つの要因が人質の負傷リスクを高めることを示している。

[3] 活動の段階

　活動の段階では，具体的に展開するための捜査活動を支援するためのシステム開発などが含まれる。システム開発の鍵となる犯人の行動原理を見出し，犯人の行動パターンと関連する犯人属性を推定するモデルを構築し，それらを実際事件に応用したときに高い精度が得られるものを開発する。捜査を支援するためのシステムとしては，州をまたがる広域の事件のリンクを行うためのVICAP（Violent Criminal Apprehension Program；暴力犯罪者逮捕プログラム）やViCLAS（Violent Crime Linkage Analysis System；暴力犯罪事件リンク分析システム）などのシステムや，地理的プロファイリングによる居住地推定のためのRigel（リゲル；地理的プロファイリングシステム）やDragnet（ドラグネット〔捜査網〕；地理的プロファイリングシステム）などのシステム，犯罪予測のためのHunchlab（ハンチラボ；犯罪予測システム）やPredpol（プレドポル；予測ポリシング）などのシステムが欧米において開発され，実務で用いられている。

2 捜査機関の活動と心理師

　上述したように，捜査機関の活動の多くは警察官が行うものであるが，心理師が警察活動について学び，必要とされる心理学的な知見を提出することにより，警察官の活動をエビデンスに基づくものとすることに大きく貢献しうる。ただ，犯罪の加害や被害といった非常にセンシティブな情報を扱うがゆえに，警察職員として採用された心理師たちがこうした活動に取り組んでおり，警察職員としての職務倫理にしたがった行動をとることになる。本章で紹介した捜査に貢献する心理については，警察組織のなかにいる心理師のうち，科学警察研究所（警察庁の附属機関）や科学捜査研究所（都道府県警察の刑事部に設置された組織）に配置された者が担当することとなるだろう。警察組織にはほかに，少年警察の健全育成に関わる心理師（警察本部や少年センターなどに配属されている）のほか，被害者支援に関わる心理師（警察本部に配属されている），交通警察に関わる心理師（警察本部や交通安全センターに配属されている）などがいる。採用については，科学警察研究所や都道府県警察のサイトを参照されたい。

　少年警察の健全育成に関わる心理師としては，少年補導職員や少年相談専門職員がおかれている。少年相談専門職員については，カウンセリングや少年の非行や問題行動に関するより専門的な知識が必要とされる。心理師たちの主要な業務は，街頭補導，被害少年や要保護少年への対応，少年の非行や犯罪被害，虐待被害などの相談やカウンセリング，環境調整，広報啓発活動である。少年相談においては，主に，少年の保護者に対するカウンセリングを通して，保護者の少年に対する態度を変化させ，少年自身の変化につなげる働きかけを行っている。

　犯罪被害者相談の窓口においては，事件とするか否かにかかわらず，被害者からの電話や面接での相談を行っている。事件化することになれば，被害者には被害時の状況等について聴取を求めたり，被害現場での写真撮影等，立件するために必要な捜査書類の作成に協力を得たりすることになるため，捜査員以外の職員が，被害者への付添い，刑事手続の説明等，事件発生直後に被害者支援を行う指定被害者支援要員制度をおいている。重大な事案になると心理師もこれに関わることになる。

犯罪の被害に関する相談のうち，ドメスティックバイオレンスやストーカーなどの被害は，人身安全に関わる相談である。これら相談のなかには，直近に暴力事案に発展するリスクの高い事案が含まれている。そのため，相談として受ける多くの事案についてリスク評価を行い，そのリスクの高さに応じた対応をする必要がある。科学警察研究所の心理師は，現場の警察官が使用するための評価ツールを開発するために，相談事例を分析し，どのような行動や加害者，被害者の特徴からリスクを評価したらよいのかを検討している。

　交通警察においては，交通違反者に対する講習や，交通安全行動を促すための介入方法，飲酒運転を繰り返すなどの問題のある人への介入方法などについて検討し，それを実際に導入することにおいて，心理師が関わっている。

学習のための文献案内　BOOK GUIDE

仲真紀子編（2016）．『子どもへの司法面接──考え方・進め方とトレーニング』有斐閣

▷子どもに対する司法面接の1つである NICHD（National Institute of Child Health and Human Development；アメリカ国立小児保健発達研究所）の面接法を取り上げ，具体的な手続き等について概説したもの。

リドリー，A. M.・ギャバート，F.・ラルーイ，D. J. 編［渡邉和美監訳／和智妙子・久原恵理子訳］（2019）．『取調べにおける被誘導性──心理学的研究と司法への示唆』北大路書房

▷取調べ場面における対象者の被誘導性について，迎合や同調などの関連領域をふまえつつ先行研究をレビューし，犯罪心理学の最近の研究と司法への示唆を示すもの。

渡邉和美・高村茂・桐生正幸編（2006）．『犯罪者プロファイリング入門──行動科学と情報分析からの多様なアプローチ』北大路書房

▷犯罪者プロファイリングの理論と実務に関する知見を概説したもの。

ギヨンゴビ，P. A.・ヴレイ，A.・フェルシュクーレ，B. 編［荒川歩・石崎千景・菅原郁夫監訳］（2017）．『虚偽検出──嘘を見抜く心理学の最前線』北大路書房

▷ポリグラフ検査を含むさまざまな虚偽の検出方法に関する研究知見を概説したもの。

日本犯罪心理学会編（2016）．『犯罪心理学事典』丸善出版

▷日本犯罪心理学会の中心的な役割を果たしてきた矯正，家庭裁判所，更生保護，警察，大学の各研究領域において重要とされるトピックスを解説している。

越智啓太・藤田政博・渡邉和美編（2011）．『法と心理学の事典──犯罪・裁判・矯正』朝倉書店

▷司法制度や刑事・民事法の概要，犯罪心理学や捜査心理学の知見，公判プロセスの課題と争点，防犯，精神鑑定，矯正処遇のありようについて法学と心理学の観点から解説している。

【渡邉和美】

第7章 裁 判

1 裁判に関わる心理学の基礎

　以前と比べて，刑事事件の裁判のあり方はずいぶん変わった。もっともそれ
が顕著なのが裁判員裁判の導入である。裁判官，検察官，弁護人という法曹関
係者だけで進めてきたこれまでの裁判とは違って，裁判員裁判は国民のなかか
ら選ばれた一般人である裁判員が裁判官とともに事件を審理し判決に導くので
ある。そのため，専門的知識のない人にもわかりやすい裁判がなされることが
求められている。

　それに加えて，近年の裁判では，法律的な観点だけでなく，さまざまな科学
的な知見を取り入れ，それを裁判に活かそうとする動きが顕著である。そのな
かに，心理学から得られた知見を積極的に活用し，事実の解明や適正な真理の
追究がなされることが増えてきている。

　ここでは，心理学のなかでも実験心理学や認知心理学などを活用した目撃証
言や供述分析について取り上げ，さらに臨床心理学，発達心理学などの視点を
活かした犯罪心理鑑定（情状鑑定）について解説する。

[1] 目 撃 証 言

　裁判においては，犯罪にかかわる客観的な事実はもとより，被告人や被害者，
あるいは関係者の証言も重要な審理の対象とされ証拠とされる。それゆえ，そ
の証言が真実かどうかという信憑性が争われる場合などでは，現場にいた目撃
者の証言なども重要な根拠とされることもしばしばある。ただ，その**目撃証言**
がどこまで正確なものかも法廷で争われやすく，判決にも大きく影響する。

目撃者の記憶は，さまざまな要因と関係したなかで知覚されるといってもよい。たとえば，知覚をしたときの状況や条件等といった「出来事要因」が挙げられる。昼間にその出来事をみたのか，夜間にみたのかによって証言の信憑性が違うし，目撃者とその出来事との距離によっても当然に見え方が違う。また，あまりに恐怖心やショッキングな出来事に遭遇した場合，それによってその目撃者の情動に多大な影響を与え，注意が向けられる範囲が極めて狭められたりする（凶器注目効果はその顕著な例の1つである）。時には，解離状態となって記憶をなくしたり，1つひとつの物事がつながりにくく，現実感の伴わない供述内容となることさえある。また，「目撃者要因」といって，出来事を知覚する人によっても記憶のされ方は違う。この要因には目撃者の年齢や性別はもとより，その人がもっている知的能力や知識，経験にも左右され，個人的な価値観や偏見，先入観も証言時に影響する。さらに，そのときの目撃者の心理的状況，飲酒等の有無，睡眠の状態や視力などを含め，体調のようすも重要な要因となる。特に，子どもや高齢者が目撃者となった場合，その出来事をどのように記憶するのかということが大いに証言と関係してくるところであり，それらのさまざまな要因の吟味が必要となる。

　さらにいえば，記憶を保持する期間も目撃証言の際には考慮しなければならず，出来事から長期間経ってしまうと量的にも質的にも記憶の再生が低下するのはいうまでもない。そして，その目撃者の記憶の引き出し方によっても，記憶が汚染され真実とは違った記憶の再生がなされてしまう。それらの問題は次に取り上げる供述分析と密接に関係している。

[2] 供述分析

　供述をどのように分析するかの方法を最初に提示したのは，ドイツのウンディッチ（Undeutsch, 1989）である。彼は性被害にあった子どもの供述の信用性を，内容の独自性，明瞭性，迫真性，内容の一貫性，犯行の細部の描写の有無，等の観点から調べた。その後，ケーンケン（Köhnken, 1987, 2004）が19の基準にもとづく**内容分析**をまとめた。その基準には，供述の論理的な構造や情報の量についての一般的基準，証言が文脈のなかに正しく位置づけられているかという認知的内容についての基準，動機に関する基準，犯行の具体的な要素について語られているかという基準などがあり，それらの基準に照らし合わせ

表7-1 ロフタスとパーマーの動詞に対する速度評価

動　詞	平均速度評価（m/h）
ぺちゃんこになった（smashed）	40.8
激しくぶつかった（collided）	39.3
どしんとぶつかった（bumped）	38.1
ぶつかった（hit）	34.0
接触した（contacted）	31.8

（出典）Loftus & Palmer, 1974 より作成。

て分析していくのである。

　この**供述分析**が必要となるのは，刑事事件において，犯罪を行ってもいないのに犯罪をしたと偽って述べる虚偽自白があったり，面接する側から提示もしくは暗示された情報に誘導されてしまうという**被誘導性**の問題がしばしばみられたりするからである。そうなってしまうと**冤罪**を生み，大きな人権侵害につながってしまう。

　ところで，認知心理学の実験に自動車事故を目撃した被験者に対して実験者の質問の仕方を変えることで，被験者の供述内容が変わるという研究（Loftus & Palmer, 1974）がある。これはまず被験者に自動車事故の映像をみせ，その後に事故を起こしたときの車のスピードについて実験者が質問するものであった。ある被験者には「車がぺちゃんこになった（smashed）とき，どのくらいのスピードで走っていましたか？」と尋ね，別の被験者には「激しくぶつかった（collided）とき」「どしんとぶつかった（bumped）とき」「ぶつかった（hit）とき」「接触した（contacted）とき」と問いかけ方を変えた。すると，表7-1のように，「ぺちゃんこになったとき」の被験者の回答した車のスピードが一番速く，次に「激しくぶつかったとき」「どしんとぶつかったとき」「ぶつかったとき」「接触したとき」の順に推定速度が下がった。つまり，問いかけ1つで供述のあり方が変わってくるのであり，目撃後に誘導的な情報を与えることにより，供述する者はその間違った情報を知らぬ間に取り込み，不正確な報告をしてしまう傾向があることを示した。

[3] 認知面接

　近年はこのような心理学の知見が供述の信憑性に寄与することが多くなり，後々に問題にならぬように取調べ状況を録音録画して可視化する動きとなっている。また，警察等の捜査において，正確な目撃情報を引き出すことを目的とした面接手法である**認知面接**が取り入れられるようになってきている。

　認知面接はフィッシャーとガイゼルマン（Fisher & Geiselman, 1992）によって考案された目撃者からの正確な情報を引き出すことを目的とした捜査面接技法である。この面接法を実施することによって，目撃証言の誤答数を増加させずに正答数を増やし，同時に問いかけをする面接者の誘導にひっかからないようにするという有効性が示された。

　具体的には，(1) 目撃者に事件当時の状況をイメージさせながら語らせる「文脈復元」，(2) 目撃者に思いついたことを不完全，あるいは重要でないと思われることであってもすべて報告するように求める「悉皆報告」，(3) 目撃者に時系列とは逆向きに，最後の場面から報告を求める「順序変更」，(4) 目撃者の視点からではなく，犯人からの視点で出来事を描写させる「視点変更」の技法がある。その後，改訂された認知面接では，(1) 目撃者とのラポール形成と面接への理解の「導入」段階，(2) 目撃者の記憶構造を把握する「自由報告」段階，(3) 面接者が知りたいことを問いかけ，目撃者が思い出せない記憶を喚起する「記憶コードの探査」段階，(4) 正確な情報が得られたか，他に必要な情報はないかを確認する「振り返り」段階，(5) 他に思い出すことがあれば連絡をしてほしいと伝達して面接を終わる「終了」段階という面接の手順も示した。

2 　犯罪心理鑑定（情状鑑定）の目的と意義

[1] 精神鑑定と犯罪心理鑑定の違い

　精神鑑定は，刑法第 39 条にある被告人の**事理弁識能力**や**行動制御能力**を精神医学的な観点から見極めるものである。そして，裁判所が**心神喪失**，もしくは**心神耗弱**であると認定すると，刑事罰は問えなかったり減刑されたりする。**犯罪心理鑑定**（これまで**情状鑑定**という用語が一般的であったが，ここでは犯罪心理鑑定を用語として使用する）は精神鑑定とは違って，あくまでも心理学的にアプ

ローチをし，被告人のパーソナリティや家庭環境，成育史などが犯罪とどのように結びついたのかを明らかにするものである。その意味では，精神鑑定が犯行時点の精神状態のありようを「点」で捉えようとするのに対し，犯罪心理鑑定では，犯行に至るまでの被告人の生きざま等を「線」として理解しようとしているといえる。

　この犯罪心理鑑定が近年増えてきている背景には，2009年からスタートした**裁判員裁判**の影響がある。すでに述べたように，この裁判では専門的知識のない国民から選ばれた裁判員に事件の経緯や被告人の動機，犯行のメカニズムなどがわかりやすく提示されなければならない。このことが犯罪心理鑑定が活用されるようになった要因でもある。

　どのような事件が鑑定の対象となりやすいかはさまざまである。橋本（2016）は，殺人や傷害致死など社会的に注目を集めた重大な事件で，しかも動機がわかりにくいもの，犯行時に未成年者で，精神的な未熟さが犯行にどのぐらい影響を与えていたかを明らかにしたいもの，事件が複数の者で行われ，そこでの集団力動が犯行の理解に重要であると考えられるものを挙げている。なかでも，過去に虐待やいじめなどで過酷な環境が被告人の性格等の形成に重要な影響を与え，それが犯行に関係していると思われる事件であったり，性犯罪を繰り返し続けたり，**放火癖（パイロマニア）**や**窃盗癖（クレプトマニア）**などが疑われたりする事件も鑑定が求められやすい。

[2] 犯罪心理鑑定の臨床的意義

　犯罪心理鑑定のもっとも大きな目的は真実にアプローチし，被告人の犯行の動機やメカニズムを明らかにすることである。そうであるからこそ，裁判における適性な審理に役立ち，犯罪行為に一番ふさわしい量刑が決められるのである。逆にいえば，鑑定では事実を曲げた報告や証言は決して許されないし，独りよがりな鑑定手法で，科学性のないものであってはならない。

　このような犯罪心理鑑定は被告人にも大きな影響を与える。鑑定作業が被告人に対して，自らの事件やこれまでの生き方の振り返り作業となり，再出発の糸口となることもある。事件捜査中の取調べの面接とは違い，犯行の動機を鑑定人と一緒に理解しようとしたり，過去の出来事との関連を振り返って考えていくなかで，被告人自身にもこれまで気がつかなかった洞察を得たり，将来に

向けての更生の動機づけを高めたりすることもある。なかでも，家庭環境が複雑で，誰からも自分の話をじっくり聞いてもらったことがないという被告人にとっては，鑑定人との面接はこれまで経験したことがない受容体験となったりもする。このような一連の作業が今まで点でしかなかった過去，現在，未来を線でつなげていくことになり，更生に向かうきっかけとなるのである。

　なかでも，被告人が未成年であったり，あるいは発達障害やパーソナリティ障害など発達や人格に課題を有したりする場合，自分を客観的にみる能力に乏しく，しかもコミュニケーション能力が十分に機能していない。それゆえ，裁判を前にして不安を募らせたり，自分のことを理解してくれないと孤立感や不満を抱いたりしやすい。そんな状況のなかで，被告人が鑑定人とじっくり考えていく時間を共有することは被告人を冷静にさせ，将来の見通しを切り開くことにもなり，臨床的にも大きな意義がある。

3　裁判機関の活動と心理師

[1]　家庭裁判所と家庭裁判所調査官の役割

①　家庭裁判所

　家庭裁判所では，離婚や子の養育，成年後見などを扱う家事事件，非行のあった少年の処分を決定する少年事件を主に取り扱っている。家庭裁判所では，法律による枠組みでの解決を行うだけでなく，家族・少年1人ひとりの心理や人間関係，生活環境などを考慮した解決が求められる。そのため，家庭裁判所には，心理学等の行動科学の専門的な知見や技法を活用して，家庭内の紛争解決や非行少年の立ち直りに向けた調査活動を行う**家庭裁判所調査官**（以下，「調査官」という）が配置されている。

②　調査官の倫理

　後述するように調査では，少年等の心情や家庭といった内面的領域に立ち入り，個人や家族の高度なプライバシーにかかわる事柄を取り扱うことなどから，調査官には，裁判所職員としての高い倫理性，公共性等への要請に加えて，秘密保持の義務，中立公正性の保持および私的関係の排除について，より強く要請されている。

[2] 少年事件

ここでは少年事件の調査実務を中心に紹介する。

① 調査官の少年事件での活動

少年事件における調査官の主要な業務は，少年審判の審理に必要な調査を行うこと，少年審判への出席および試験観察がある。調査は，(1)少年審判および処遇に必要な事実を把握する客観的および主観的な事実の調査を行うこと，(2)得られた情報を評価分析し非行メカニズムの解明と再非行危険性の予測を行うこと，(3)調査結果を裁判官に報告することである。

調査対象としては，少年および保護者をはじめ，関係機関としての学校，少年鑑別所，保護観察所，児童相談所などが挙げられる。その調査方法としては，面接による調査が中心となるが，書面調査，電話調査，出張調査などを随時行っている。

さらに，被害の程度が大きい場合など，事案に応じて被害者に手紙を送り照会を行ったり，被害者本人の意向も踏まえ面接を行ったりしている。

調査では，記録を精査し調査仮説を形成したうえで，ポイントを絞りつつもさまざまな仮説を検証する姿勢で臨んでいる。面接場面では，まず，人定事項を確認したうえで，審判手続きの流れを説明するとともに，調査の目的である再非行を防止し，必要と考える処分を決めるために，非行に関連する事項を聴いていく旨を伝え，面接の枠組みを明確にしている。少年のなかには，心情を上手に言語化することが苦手なものも多く，臨床心理学などの面接技法や心理テストを活用している。また，面接時に話す内容だけではなく，親子同席場面と単独場面での表情の違いなど，非言語的な表現も含め，非行に関連する調査事項に結びつけながら情報を収集している。

② 生物－心理－社会（BPS）モデルを活用した多角的なアセスメント

調査では，**生物－心理－社会モデル**（bio-psycho-social model：以下「BPSモデル」という）を活用して多角的に非行の分析を行っている。そこでは，ミクロ・マクロの視点，生物・心理・社会の視点，非行促進・抑止要因の視点の3つの視点をもちながら，事実を収集し，非行行動に影響を与えた要因から，非行のメカニズムを解明し，再非行防止に向けて効果的な解決策を提示している。それぞれの概要を解説する。

(a) ミクロ分析——**ミクロ分析**とは，非行に至る経緯や非行行動を詳細に把

握し，非行に直接影響を与えた要因や各要因の関係を明らかにするものである。ここでは，それぞれの少年の個別性に沿った具体的な処遇指針を探るために，なぜこの少年が，この時期に，この非行を起こしたのかについて把握している。具体的には，行動分析学を参考に非行に直接関連する事情（その少年の内面に生じた陰性感情など），非行の直接の場面やきっかけ，非行の動機や目的，非行の態様，非行直後の行動やその結果を把握して，その行動随伴性（機能的な関係性）を明らかにしている。

　(b)　マクロ分析——**マクロ分析**とは，出来事のつながりを俯瞰する視点で少年の生活史上の重要なエピソードなどから，ミクロ分析で明らかになった要因の形成過程を分析するものである。

　(c)　生物－心理－社会の視点——ミクロ分析およびマクロ分析では，非行動を**生物学的要因**（知的能力や認知特性など），**心理学的要因**（思考，性格，価値観，心情等）および**社会学的要因**（家族関係，交友関係，学校・職業生活，地域環境など）の要因がどのように相互に作用し，問題が発生し，維持され悪化につながったかを検討している。

　(d)　非行促進要因——**非行促進要因**については，犯罪の主な危険因子として，ボンタとアンドリュース（Bonta & Andrews, 2017）が**セントラルエイト**と呼ぶ，非行・問題行動歴，反社会的な人格の特徴，反社会的な認知の特徴，不良交友，家族環境の問題，学業・職業の問題，余暇活動の持ち方の問題および薬物乱用の影響の 8 つが挙げられている。これらが該当しているか否かを意識して調査を行っている。

　(e)　非行抑止要因——**非行抑止要因**は，非行歴のないこと，非行に結びつきやすい人格の特徴や反社会的な認知や価値観がないこと，社会適応的な者と交際していること，指導力があり関係が良好な家庭環境であること，学校や職場で適応し成功体験が得られていること，薬物非行がないこと，健全な余暇の過ごし方を身に付けていることなどである。

　非行メカニズムを解明する過程では，非行に至る少年や環境の複合的な問題点や課題を把握することになるが，非行抑止要因や少年の強み，適応していた時期の少年の問題解決方法なども把握し，この両面をみて再非行に至る危険性の評価につなげている。

③　非行メカニズムのアセスメント事例

　上記の非行メカニズムの解明について，中学3年生の原付窃盗の事件を例に説明する。少年は，夜間に鍵付きの原付を盗み，後日友人らと乗り回していたところを検挙されたとする。調査の結果得られた情報を整理したものである。

　(a)　ミクロ分析——ミクロ分析として収集した事実は，(1)中学の授業についていけず登校意欲を失い，不良っぽい先輩が格好よいと感じた。夜間に出歩くようになり，母から注意されて，イライラしていた。数日前に先輩に原付に乗せてもらい，そのスピードに気持ちのよさを感じた。(2)夜間にコンビニに行く途中，鍵の付いたままの原付を見つけ，周囲は暗く人気はなかった。今なら盗んでもばれないだろう，鍵を付けたままのほうも悪いと考えた。(3)友人らに運転ができることを自慢したい，このまま盗んで運転しようと考えた。(4)友人に連絡して，近隣で乗り回し，嫌な気分が発散できた。(5)翌日も友人とバイクに乗っていたところを警察に検挙された，というものになる。

　(b)　マクロ分析——マクロ分析として収集した事実は，(1)小学生低学年では，授業中に立ち歩くなど，落ち着きがなく，しばしば担任教諭から注意を受けていた。(2)小学校高学年で父母が離婚し，1つ下の妹とともに母に引き取られた。妹は母と仲がよく，学業成績もよかった。中学に入り母は夜遅くまでの勤務になった。(3)少年は中学2年生の夏休みから，夜間に出歩くようになり昼夜逆転の生活になった。知り合った他校の先輩と親しくなり，母から注意を受けていた。(4)知能検査の結果では，IQは85～95，短期記憶や処理速度がやや低く，注意力や集中力にやや欠ける傾向がある，考えをすぐに行動にうつす傾向や，理解した内容を相手に伝える力が弱いことが示された，などとなる。

　(c)　非行抑止要因——非行抑止要因として挙げられるのは，(1)本件検挙後，少年は中学校の生徒指導教諭からの注意を受け反省文を提出し，宿題にもまじめに取り組み，休みがちだった部活動にも参加するようになった。少年は粗暴な振る舞いなどはなく，中学校の友人らとの関係は良好であり，クラス内では少年のこれまでの夜間徘徊を心配する友人らもいた。(2)母は本件に危機感を強くし，夜間の勤務を短縮した。少年と話し合い，少年の門限を午後7時に設定し，スマートフォンも2カ月間取り上げ，少年もそれを受け入れた。(3)連絡手段がなくなったことで，不良交友を断った。(4)少年の認知傾向として，ゆっくりと自分のペースで行えば理解する力は十分にある。(5)本件後に母が

被害者に謝罪している姿をみて，少年は申し訳なく感じたと述べ，先生も心配してくれていたことがわかり生活を立て直すきっかけとなった，などとなる。

④ **少年事件調査での教育的措置**

調査官は，非行メカニズムの評価や分析を踏まえ，適切な処遇を選択するために，少年や保護者に対して教育的な働きかけを行い，それに対する反応を踏まえ，今後の変化の可能性を見極めている。この教育的な働きかけを行うことが少年審判手続の大きな特徴である。

少年自身も，どのように改善してよいかわからず困っていることもあるため，非行は許されないとの厳しさとともに，少年の更生への可能性を常に考えながら，少年・保護者と協働して，少年の特性や状況に合った解決策を考える姿勢で調査を行っている。

教育的措置の主な目的は，少年の反省や非行への認識を深めさせること，自己理解を深めさせること，問題解決能力を高めること，その変化の可能性を見極めることである。実施形態としては，調査面接中に行う個別的な教育的措置と，体験型教育的措置がある。

(a) **個別的な教育的措置**——**個別的な教育的措置**では，まず，少年や保護者と非行メカニズム理解を共有し，非行後の行動変化や，非行抑止に向けた少年や保護者の更生に向けた動きを確認する。上記の例では，調査官は少年との面接時，非行時の前後の流れを，ビデオで再現できるようにイメージしながら，わからない点を少年に質問し，少年が振り返る機会とした。その過程で少年自身も何が自分の非行につながっているのか理解が進み，保護者にも客観的な経過と少年の主観的な心情を共有することで，事実の調査がそのまま再非行に向けた教育的な働きかけにもなっていることも多い。

そのうえで，調査時点で改善が十分にされていない，かつ本件への影響が大きい事項について，教育的な働きかけを行う。たとえば，本件の直接的なきっかけとなった場面や状況に近づかないようにする行動改善や，陰性感情が背景にある場合にはそれへの対処方法を，少年や保護者とともに考えている。

この原付窃盗事件での教育的措置のポイントとしては，ミクロ分析の非行に直接影響を与えた状況やきっかけなどから，不良交友の改善，生活態度（余暇の過ごし方），学校適応の3点を中心にした対応を行った。さらに，「被害者も悪い，ばれなければよい」との反社会的な考え方を修正することや，本件で得

られた嫌な気分の発散や優越感などを，適応した代替する活動で得られるよう援助した。また，母や中学校の教諭に少年の特性を伝え，指導方法を助言した。母には本件への危機感や指導力があり，少年もそれに従う関係性を支持するとともに，ディヤングとバーグ（De Jong & Berg, 2013）のソリューション・フォーカストアプローチを参考に，問題行動を行っていない日常的な「例外」の行動や言動に気づいて，より注目することで，叱責よりも良好なコミュニケーションを増やすよう働きかけた。また，スケーリングクエスチョンにより，0か100かではなく，少しずつの改善を評価する方向に保護者に働きかけた。

(b) **体験型の教育的措置**──**体験型教育的措置**では，福祉施設での対人援助活動，地域清掃活動，万引き被害や無免許運転の危険性を学ぶ講習などがある。対人援助活動や清掃活動では，弱い立場にある人への共感性や，社会とのつながりを意識させ，社会参加を促すことなどを狙いとしている。また，万引き被害を考える講習では，講師としてコンビニエンスストアやスーパーマーケットなどの販売責任者の方を招き，経済的な損失に加え，精神的な苦痛を受けた話などを具体的に語ってもらい，被害者の立場になって考えさせている。

上記の例では，無免許運転の危険性を学ぶ講習に参加させた。少年の受講態度も良好であり，反省文にも責任の大きさを学んだ旨と本件の被害者の精神的な苦痛に言及されていた。

⑤ **裁判官への報告**

以上のように，非行メカニズムを解明し，教育的措置の実施結果を踏まえ，少年の再非行危険性を評価した結果を，少年調査票として調査官の意見を記載している。そこでは，具体的な処遇指針や指導上の留意事項などを記載し，審判での裁判官や処遇機関による指導に資する内容としている。

⑥ **試 験 観 察**

試験観察は，最終的な処分を留保し，相当期間（3カ月から4カ月程度），家庭裁判所調査官が助言や指導を行いながら少年の行動や生活を観察し，適切な処分につなげるための制度である。期間中，前述の教育的措置を講じながら少年の更生に向けた行動改善を観察し，再非行危険性をより慎重に見極めていく。

その試験観察の一形態として，民間の篤志家などに少年を一定期間預け，指導を受けながら観察する**補導委託制度**がある。自宅や地域から離れ，少年事件に理解があり熱心に少年と関わる受託者の指導を受けることで，家族関係を見

直したり，不良交友を断ち切ったりするきっかけをつかみ，更生につながることが期待でき活用されている。

[3] 家事事件での調査官

① 家事事件での調査官の役割

　家庭裁判所調査官は，家事調停，家事審判，人事訴訟（離婚裁判など）の各手続きのなかで，調査や調整を行う。家事調停では，当事者間での合意のあっせんが難しい場合などに，当事者と面接し，それぞれの気持ちを受け止めながら客観的な事実を確認して整理し，その結果をもとに調停の進め方について，裁判官に意見を提出する。なかでも，両親が親権を争っていたり，面会交流がスムーズにできていなかったりする子どもと面接し，子の監護状況や子の意向を聴取して，子の福祉を優先した解決のあり方について，働きかけるなどの調整活動をしている。

② 親ガイダンス

　近年，家庭裁判所では，子をもつ父母間の紛争に関して，父母に対して，紛争が子に与える影響，紛争下にある子の心理，子への接し方などへの知識付与や助言を行う**親ガイダンス**が行われるようになっている。紛争によって気持ちの余裕をなくしていることの多い父母が，子の福祉に配慮することを考えるきっかけになることが期待されている。

学習のための文献案内　**BOOK GUIDE**

橋本和明編（2016），『犯罪心理鑑定の技術』，金剛出版

　▷犯罪心理鑑定の具体的な方法や技術，臨床的意義が論じられている。ここには犯罪心理鑑定だけでなく，民事鑑定や供述分析も取り上げられている。

橋本和明（2020），『司法矯正・犯罪心理学特論──司法・犯罪分野に関する理論と支援の展開』放送大学教育振興会

　▷犯罪心理学全般について論じられ，なかでも司法分野における非行や犯罪の支援，発達障害や虐待との関連，面接の技術，事実への接近法などについて取り上げられている。

原田隆之（2015），『入門犯罪心理学』（ちくま新書）筑摩書房

　▷エビデンスに基づき，犯罪促進要因・抑止要因や，それに対応する再非行防

止のための処遇のターゲットを知る，より実務に即した犯罪心理学の入門書。

ディヤング，P.・バーグ，I. K.［桐田弘江・住谷祐子・玉真慎子訳］(2016).
　『解決のための面接技法──ソリューション・フォーカストアプローチの手引き』［第4版］金剛出版
　▷面接の逐語を多く掲載し，少年や保護者のもっている内的資源を短期間に効果的に引き出すための解決構築アプローチを学ぶことができる。

【第1・2節：橋本和明，第3節：前川弘行】

第8章 矯正施設の処遇（施設内処遇）

1 矯正に関わる心理学の基礎

[1] 矯正施設と心理師

　広義の**処遇**（treatment；利用者・対象者に対して，その機関特有の業務を展開することを）を行う施設は数多いが，刑事政策や司法・犯罪心理学領域において「施設内処遇」といえば，それは主に，**矯正施設**における被収容者に対する扱い全般，業務の遂行をさす。この章では，矯正施設における処遇について説明する。

　ところで，矯正施設とは何か。図8-1をみてほしい。これは，法務省矯正局管下の矯正施設を表したものである。矯正施設には，**刑事施設，少年鑑別所，少年院，婦人補導院**があり，いずれも日本においては国立の施設である。そしていずれも，裁判所の決定により，強制力を行使して犯罪や非行のある（とされる）成人および未成年を収容する施設である。逆にいえば，矯正施設には，本人の意思や任意による入所というのはありえない。

　国の強制力によって拘禁されるわけなので，矯正施設における処遇は，さまざまな法令により，厳しく規定されている。表8-1は，各矯正施設に関わりの深い法規の一部を挙げたものである（第5章参照）。

　矯正施設には刑事政策上のさまざまな役割があるが，そのなかには，再犯防止のため，被収容者に教育・治療的介入を行い，彼らの変化を促すという役割がある。これこそが心理学的介入が最も期待される部分であり，心理師（矯正施設では，**心理技官〔法務技官〕**という）が積極的に関与している部分である。

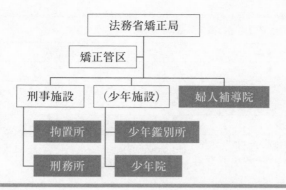

図8-1　矯正施設

（注）　1　白抜きにしたものが，矯正施設である。

　　　　2　矯正管区とは，矯正局の所掌事務を分掌し，矯正施設の適切な管理運営を行うために設置された地方支分部局である。全国に8カ所ある。

　　　　3　刑務所には，少年刑務所を含む。

　　　　4　少年鑑別所と少年院は，原則として20歳未満を対象としている。この2つを「少年施設」と呼ぶことが多いが正式な名称ではないため，括弧書きしている。

［2］ 施設内処遇における基礎知識

　自由を奪われ，親しい人間関係からも強制的に引き離されるという事態は，人生上，極めて特殊な状況である。心理師は，この特殊性を十分認識したうえで，施設内処遇に当たらなければならない。

①　拘禁状況におけるストレス

　移動の自由を奪われ，使える物も制限され，社会から隔離される体験は，人の心身に大きなストレスをもたらす。遅かれ早かれ，また多かれ少なかれ，収容された者には**拘禁反応**と呼ばれるものが起こりうる。表8-2は代表的な拘禁反応をまとめたものだが，なかには観察可能なものもあれば，個人内で生起しているにとどまり，他者からは容易に知りえないものもある。また，閉鎖空間での他者との集団生活も別のストレス源となる。矯正施設では，常に他者の目を気にして衝突や疎外が起こらないよう気を遣って生活しなければならない。

　心理師には，こうした状況にある人の心理状態について早期に理解し，必要な介入を行ったり，あるいは提言したりする役割がある。たとえば少年鑑別所は，警察等に逮捕・保護されてから比較的日の浅い少年たちが収容される。状況への理解不足あるいはこれから待ち受ける**審判**（成人でいう場合の裁判）から，

表 8-1　矯正施設での処遇に関する基本的法規

法規名	概略
刑事施設	
刑法	どのような行為が犯罪で，犯罪をした人にどのような刑罰が科されるか定めた法律
刑事訴訟法	刑事手続について定めた法律
刑事収容施設及び被収容者等の処遇に関する法律（刑収法）	刑事施設の管理運営とそこに収容される者等の処遇に関する事項を定めている。
刑事施設及び被収容者の処遇に関する規則	刑収法の実際をさらに具体的に定めた省令
少年鑑別所および少年院	
少年法	非行のある少年に対して，刑罰ではなく，保護的かつ教育的な処分を行うことについて定めた法律
少年審判規則	審判手続について定めた裁判所規則
少年院法，および少年院法施行規則	少年院の適正な管理運営，在院者の人権尊重，矯正教育，健全育成に資する処遇について定めた法律および省令
少年鑑別所法，および少年鑑別所法処遇規則	少年鑑別所の適正な管理運営，鑑別の実施，在所者の人権尊重，個々の状況に応じた観護処遇，そして地域援助の実施について定めた法律および省令
婦人補導院	
婦人補導院法	同施設の設置目的，処遇の実施について定めた法律

（注）　1　本表は，主要な法規を列挙したもので，網羅的な表ではない。たとえば，少年保護事件は，少年法に拠りながらも，その背景には刑法および刑事訴訟法がある。
　　　　2　いずれも「電子政府の総合窓口（e-Gov）」のウェブサイト等で文面をダウンロード可能である。

少年たちは緊張と不安を高めやすい。少年鑑別所の法務技官は，対話や非言語的な交流手段（描画や箱庭等）を通して，彼らが自分の不安を表現し，置かれた現状を正しく認識し，自分にできることとできないことを整理し，安心して少年鑑別所での生活を送り，審判の準備を進められるように関わる。

　他方，社会にいた当時，あまりに不安定で過酷な環境にいた人のなかには，矯正施設に入ることでかえってほっとする人もいる。こうした場合は，施設を

表 8-2　拘禁反応の例

- 不安，恐怖
- 抑うつ，著しい落胆，絶望
- 統制困難な怒り，混乱，葛藤
- 離人症状，その他のストレス反応
- 錯乱，幻覚，妄想に類する言動
- 動悸，発汗，過覚醒などの生理的反応
- 高揚感

（出典）奥村，2007，2016 より作成。

出るまでの間に，彼らのトラウマ体験による各種の症状を緩和したり，これまでの生活を落ち着いて振り返ったりするための関わりが特に必要になる。

② 拘禁状況に発生しやすい心理と人間関係

矯正施設に収容された人は，大幅に自律性を奪われた生活を強いられる。この状況で不満や危機感を抱いた人は，処遇者側に対して拒否的，反抗的になるだろう。あるいは，不安を軽減させよう，低下した自己信頼感を補償しようと，逆に処遇者に迎合したり，依存傾向を強めたり，あるいは自分を担当する職員を過度に理想化したりするかもしれない。いずれも，人間の本来の自由な選択や自発性を犠牲にしているので，自分を見つめ，自分を変えて社会適応へ向かう動きから遠ざかる結果を招きかねない。

処遇者側のほうも，こうした関係のなかで自分の本来の役割の遂行から知らず知らず離れてしまう危険性がある。たとえば，相手の態度を，正義への反発であるなどととらえて頭から否定したくなるかもしれない。また，対象者から頼られ，理想化されることで何らかの自己愛が満たされる経験に惹かれると，自分が共依存的な関係に入っていることに気づきにくくなってしまうこともあるかもしれない。

2 矯正施設の活動と心理師

[1] 刑 事 施 設

刑事施設のうち，心理師が多く働くのは刑務所である。というのは，拘置所

が，主に被告人（有罪か無罪かの判決が出る前の人たちで，国による矯正的な介入の対象外）を多く収容しているのに対し，刑務所では，有罪判決により**受刑者**となった人の社会復帰に向けて，改善更生をめざした処遇を行うからである。刑務所における心理師の仕事には，主として，①アセスメント，②変化への介入，③社会復帰への支援という3種類がある。

①　受刑者のアセスメント

再犯防止という明確な効果を狙って処遇を展開するには，まず相手を正しく詳しく知ることが第一歩となる。アセスメントなき介入はしばしば効果がなく，時に有害ですらあるというのは，心理援助職に等しく与えられている警告である。刑務所においても，新たに受刑者となった人の健康状態や犯歴等はもちろんのこと，どのような能力と性格の持ち主で，どのような家族をもち，どのような人生を生きてきた人で，今どのような葛藤や不安，焦りや悩みを抱いているのか，いかなる将来像を描いているのか，なぜ犯罪に至ったのかといったことを正しく知ることが必要となる。そして，その人の犯罪性を査定し，受刑期間中に狙う内的な変化を同定する。刑務所では，**刑執行開始時調査**というプロセスのなかで，アセスメントと処遇目標の設定が行われる。

受刑生活が続くなかでも，受刑者の心情把握や変化は，定期的にチェックされることになっている。これを**再調査**と呼び，あらかじめ決められた期間ごとに行う定期再調査と，それ以外で行う臨時再調査がある。前者は簡易な形で実施されることも多いが，いずれも受刑者の変化を見守りつつ，残る課題について処遇の根幹を担う**刑務官**や**法務教官**へと情報を引き継ぐことになる。

②　変化への介入（矯正処遇）

矯正処遇には，懲役刑に課される**刑務作業**，改善指導，教科教育の3種類がある。このうち，心理師が多くかかわるのは，改善指導である。表8-3のように，改善指導には，**特別改善指導**と**一般改善指導**がある。前者は，個々の受刑者がもつ犯罪性や問題のタイプにより受講する心理教育的プログラムである。それらには，指導要領やテキスト，受刑者自身に記入してもらうワークブック等が整備されており，多くは数カ月をかけてグループワークで行われる。

性犯罪再犯防止指導を例にとって説明しよう。性犯罪受刑者のうち，一定の条件を満たした者は，再犯するリスクをアセスメントされた後，リスクレベルに相当した密度のプログラムに編入される。性犯罪再犯防止指導は，**認知行動**

表 8-3 刑事施設の改善指導（プログラム）

特別改善指導
- 薬物依存離脱指導
- 暴力団離脱指導
- 性犯罪再犯防止指導
- 被害者の視点を取り入れた教育
- 交通安全指導
- 就労支援指導

一般改善指導
- アルコール依存回復プログラム
- 暴力防止プログラム
- 行動適正化指導
- 社会復帰支援プログラム
- その他の指導

(注)　「その他の指導」には被害者感情理解指導，
自己啓発指導，自己改善目標達成指導，体育，
行事，対人関係円滑化指導などのものが含まれ
る。

療法をベースにしたプログラムで，法務教官や心理技官，さらには刑務官や**処遇カウンセラー**も参画して実施される。たとえばリスクレベルが最も高い者用の「高密度」プログラムでは，半年を超える期間，数十回ものセッションをこなすことになる。

　施設内処遇の場合には，受刑者が勝手にキャンセルすることは認められないので，社会内での場合よりも，**ドロップアウト**は少ない。自分の問題行動を客観的にとらえる機会がなかった受刑者は，この「強制力」に後押しされて新鮮な体験をすることになる。また，グループが凝集性を持ちはじめてからの受刑者同士のやりとりは，個々の受刑者が自己洞察を深めたり，他者への共感性を高めたりするにあたり，大きな効果を発揮することがある。

　一般改善指導は多岐にわたる。受刑者の内面や行動に変化を促す治療・教育的な働きかけのうち，特別改善指導以外のものすべてをさすが，心理教育的プログラムとして体系化されているものもある（表8-3参照）。最近では，各種の指導を受講するための素地づくりとして**行動適正化指導**も整えられつつある。

③　社会復帰への支援

受刑者は，刑期がくれば刑務所から出なければならない。さまざまな事情で自力での社会復帰が難しい場合には，**福祉専門官**や就労支援スタッフ，また矯正就労支援情報センター（コレワーク）等の援助を受けて住居や就職先を見つけることになる。2018年の統計では，受刑者のうち精神障害を有する者は約16.1％で，そのうち知的障害の診断（疑い含む）は11％あまりであった（法務省，2019）。法務総合研究所（2014）の調査では，調査対象となった受刑者の約2.4％が知的障害（疑い含む）をもっていたが，そのうち療育手帳を所持していたのは，27.6％にとどまっていた。これらの人が福祉機関や医療機関につながるために，心理師は，そうした受刑者たちに心情把握の面接をしたり，知能検査等の心理検査を実施したりする。高齢受刑者の場合，認知機能の検査等が必要となることもある。

[2]　少年のための矯正施設
①　少年鑑別所

少年鑑別所は，(1)非行のある少年の**鑑別**を行うこと，(2)**観護の措置**という家庭裁判所の決定によって入所した少年を収容し，健全育成を期する観護処遇を行うこと，(3)非行や犯罪の防止に関する援助を地域社会のなかで行う（**地域援助**）ことの3点を目的に設置されている。このうち(3)は，施設内処遇ではないので本章の目的からは外れるが，いずれにおいても，心理学のほか，医学，社会学，教育学等の専門性を有した職員が業務を担っている。少年鑑別所は各都道府県におおむね1つ（支所含む）あり，心理技官は，心理面接や心理検査を通して少年たちの心理学的査定，非行の分析，処遇指針について考え，それらをまとめた文書（**鑑別結果通知書**）を家庭裁判所等の鑑別依頼元に提出する。

このとおり少年鑑別所は，いわゆる教育・治療を主たる目的とした施設ではない。しかし，目の前の少年を知り，その特性や生活・生育環境を正確に知るという鑑別のプロセスは，情報発信元としての少年たち自身にも記憶の掘り起こしや内省を促し，目の前の大人との真剣な交流を継続できるよう励まし，一定の信頼関係を構築するという経験を提供し，また，将来を展望する機会をつくることになる。さらに，心情不安定になった少年がいれば，彼らが安心して少年鑑別所で過ごせるよう，また来る審判日を自律的に迎えられるような援助

も行う。さらに，審判の結果少年院送致になった場合には，数多くの少年院の
なかからどの少年院の教育がその少年のニーズに合った処遇を展開できるかに
ついての鑑別も行う。なお，鑑別というアセスメントについては，第13章に
詳しく論じられている。

②　少　年　院

　少年院は，少年審判の結果，少年院送致決定となった少年たちを収容し，彼
らの人格的成長や犯罪傾向の改善を期して**矯正教育**と社会復帰への支援を行う
施設である。年齢や心身の状況，犯罪傾向等の条件により，第1種，第2種，
第3種という3種類があるほか，刑の執行を受ける者を収容する第4種少年院
もある。それぞれ規模や処遇の内容には特色があるものの，全国で統一された
矯正教育課程（表8-4）が定められている。

　少年院で行う矯正教育は罰ではない。そのため，標準的な教育期間は決まっ
ていても，実際に在院期間は入院時には決まっておらず，その後の在院者の成
長や社会復帰にあたっての環境調整の経過により変わってくることがある。

　少年院には厳しい規律や指導があるが，同時に自主自立の精神を推奨する教
育的環境がある。在院者となった少年たちは，このなかでできることを増やし，
非行以外に関心を向けることを覚える。また，指導する法務教官や在院者同士
の関わりのなかで，自分の非行，傍若無人だったあるいは自暴自棄だった生活，
険悪だった親子関係，不良仲間内での虚栄心等をゆっくり振り返る。この生活
のなかで，薄皮を何枚も重ねるようにして，人格的に強くなっていく。なかで
も，在院者の個々の問題性によって選定される**特定生活指導**では，刑事施設の
特別改善指導のように指導要領やワークブック等が整備されており，在院者は
グループワークや個別指導を通して，それぞれの非行の背景にある自らの問題
について考え，新しい生き方を習得していく。特定生活指導には，(1)**被害者の
視点を取り入れた教育**，(2)**薬物非行防止指導**，(3)**性非行防止指導**，(4)**暴力防止指
導**，(5)**家族関係指導**，(6)**交友関係指導**がある。この他にも，マインドフルネス
や動機づけ面接法，動物介在的な処遇等が導入されており，虐待やさまざまな
被害体験をもつ在院者にはその**トラウマ**に配慮した関わりが展開されている。

　このため，心理学の専門的知識や技術は，少年院のなかでますます求められ
るようになっている。現在は，全国のほとんどの少年院に心理技官が配置され
ていて，法務教官とともにさまざまな処遇に参入している。このほか，職業指

表 8-4　少年院の矯正教育課程

教育課程の種類と 教育期間	種類	対象者と重点的教育内容
短期義務教育課程 （6 カ月以内）	第1種	義務教育未終了で，早期改善の見込みがある者（原則 14 歳以上）。中学校の学習指導要領に準拠した短期間の集中した教科指導
義務教育課程 I （2 年以内）	第1種	義務教育未終了で，12 歳に達する日以降の最初の 3 月 31 日までの間にある者。小学校の学習指導要領に準拠した教科指導
義務教育課程 II （2 年以内）	第1種	義務教育未終了で，12 歳に達する日以降の最初の 3 月 31 日を経過した者。中学校の学習指導要領に準拠した教科指導
短期社会適応課程 （6 カ月以内）	第1種	義務教育を終了し，早期改善の見込みがある者。出院後の生活設計を具体化させる短期集中的な指導
社会適応課程 I （2 年以内）	第1種	義務教育を終了し，就労，修学，生活環境の調整等社会適応上の問題があり，他の課程に該当しない者。社会適応を円滑に進めるための指導
社会適応課程 II （2 年以内）	第1種	義務教育を終了し，反社会的な価値観・行動傾向，自己統制力の低さ，認知の偏り等の事情を改善する必要がある者。自己統制力と健全な価値観，堅実に生活する習慣を身に付けるための指導
社会適応課程 III （2 年以内）	第1種	日本人と異なる処遇上の配慮を要する者。日本の文化，生活習慣等への理解を深め，健全な社会人として意識や態度を養うための指導
社会適応課程 IV （2 年以内）	第2種	特に再非行防止に焦点を当てた指導，心身の訓練を必要とする者。健全な価値観を養い，堅実に生活する習慣を身に付けるための指導
社会適応課程 V （2 年以内）	第2種	日本人と異なる処遇上の配慮を要する者。日本の文化，生活習慣等への理解を深め，健全な社会人として必要な意識や態度を養うための指導
支援教育課程 I （2 年以内）	第1種	知的障害またはその疑いを有し，処遇上の配慮を要する者。社会生活に必要となる基本的な生活習慣・生活技術を身に付けるための指導
支援教育課程 II （2 年以内）	第1種	情緒障害もしくは発達障害またはこれらの疑いがある者およびこれに準じた者で処遇上の配慮を要する者。障害等その特性に応じた，社会生活に適応する生活態度・対人関係を身に付けるための指導
支援教育課程 III （2 年以内）	第1種	義務教育を終了し，知的能力の制約，対人関係の持ち方の稚拙さ，非社会的な行動傾向等に応じた配慮を要する者。対人関係技能を養い，適応的に生活する習慣を身に付けるための指導
支援教育課程 IV （2 年以内）	第2種	知的障害またはその疑いを有し，処遇上の配慮を要する者。社会生活に必要となる基本的な生活習慣・生活技術を身に付けるための指導
支援教育課程 V （2 年以内）	第2種	情緒障害もしくは発達障害またはこれらの疑いのある者およびこれに準じた者で処遇上の配慮を要する者。障害等その特性に応じた，社会生活に適応する生活態度・対人関係を身に付けるための指導
医療措置課程 （2 年以内）	第3種	身体疾患，身体障害，精神疾患，精神障害を有する者。疾患・障害の状況に応じた指導
受刑在院者課程	第4種	受刑在院者で個別的事情を特に考慮した指導

（注）　1　「矯正教育に関する訓令」の別表 1 を簡略化して示したもの
　　　　2　教育期間は標準的なものであり，実際には個々の在院者の事情により異なる。また，受刑在院者課程では，標準的教育期間はなく，刑期のなかで処遇される。
　　　　3　対象者と教育の内容が同一であっても，犯罪的傾向が進んでいるか（第 2 種少年院）そうではないか（第 1 種少年院）により，指導の実態は異なる。

導，教科指導，体育指導や特別活動指導のほか，社会復帰にあたっては，就労支援，修学支援，また帰住地がない在院者には，帰住先の確保も含め支援が展開されている。

[3] 婦人補導院

婦人補導院は国内に1つだけ，東京都に設置されている。**売春防止法**により補導処分となった満20歳以上の女性を収容し，更生のための補導を行う。時代の流れとともに収容数は減少しており，数年に1名の入所がある程度である。

[4] 倫理的な視点

施設内処遇は，その特徴が強みでもあるが，同時に制約にもなりうる。ここに，倫理の問題が存在する。

① 犯罪や犯罪者に対する私たちの思い

「犯罪」の「犯」という漢字は，人ではなく犬（動物）が枠を破って飛び出すことを表した字だそうである。人間は，太古から犯罪者に対して否定的な見解をもち，嫌い，軽蔑の念をもち，時に憎んできた。社会が安全であるのは，そうした私たちの感覚が，法律を支持しているからだと考えることもできる。

ましてや矯正施設に収容される人たちは，概して軽微とはいえない違法行為に至り，身柄拘束の必要性が公的に認められた人たちである。彼らの犯した罪は残酷で，非難にあたるものであることも少なくない。こうした人たちに心理的支援を行うにあたり心理師側の犯罪に対する認知や価値観は，どのような干渉変数になるだろうか。ロジャース（Rogers, 1961）がいうような，**無条件の肯定的関心や共感的理解**といったものが時に難しいと感じる場合もあるかもしれない。そうした自分を認識し，迷っている状態であれば，既に**純粋性**も体現されていないだろう。

また，拘禁する側，処遇をする側に立つ心理師は，物理的に閉じ込められ，職員の指示を受ける立場にある被収容者に対して，ある意味で力を持つ立場にいる。この事情が，対象者への関わりにネガティブに結びつくと，人間性への深い尊重という心理師が最も大事にすべき態度が侵食されかねない。

② 目の前の加害者の後ろに被害者の存在がある

非行少年や受刑者が矯正施設で心理師と出会うのは，被害者がいるからだと

いえる。彼らが再び法を犯して他者（の身体，財産，心）を傷つけないこと，つまり未来の被害者を減らすこと，それをもって安全な社会をつくることが，心理師の責任になる。

　矯正施設の心理的援助は，実際にはそこにはいない被害者の姿を脳裏に置きながら，実際にそこにいる被収容者のニーズを，人間の幸福，社会正義のあり方にも照らしつつ見据えて進んでいくべきである。たとえば，刑務所の受刑者が，出所後の就職について悩み，家族から愛想をつかされることを恐れて不安がっていたとする。この人の話を共感的に聴くだけの関わりは，刑罰のなかにある心理的援助として，果たして正しいか。被害者の存在を意識して目の前の加害者援助の本質について考えることは，極めて倫理的な課題である。

③　他職種連携のなかでの心理師の役割

　矯正施設における心理的援助は，単独では効果を絶対に発揮できない。それは，他の多くの職種との連携があってはじめて有効になりうる。矯正施設という構造そのものが，心理的健康にさまざまな影響を及ぼしうる点については，本章1節[2]で説明したが，こうしたものに効果的に対応するのもまた矯正施設の処遇者なのである。保安的な配慮が行き届いているからこそ，心理師は暴力的な受刑者や非行少年とも丸腰で面接室に入り，彼らの心を理解する営みを継続できる。医療スタッフや教育スタッフとの情報共有や処遇の分担が，心理師の対象者理解の幅を広げ，具体的な介入を可能にする。その他，刑務官，福祉専門官，外部協力者等も含めたチームによる処遇が大前提となる。

④　施設内処遇は施設内だけのものか

　施設内処遇の担い手は，原則として施設内でしか処遇しない。受刑者であれ非行少年であれ，施設を出てしまえば，支援関係はそこで終結である。在所者，在院者としての身分がなくなった者に対しては，施設という「境界線」を越えて支援を継続することは許されないからである。その代わり，施設内処遇で何が行われたのか，何は達成できなかったのかを，次の処遇の担い手のみならず，処遇を受けた受刑者や非行少年自身にもきちんと伝え，理解してもらう責任が矯正施設にはあるといえる。

　2014年の**少年院法**と**少年鑑別所法**に係る法改正や2016年の**再犯の防止等の推進に関する法律**の施行，その他の社会情勢の変化により，施設内処遇には新たな動きが出てきている。少年院法では，出院した元在院者が望めば，かつての

指導者が助言できる旨を明記しているほか，少年鑑別所では，地域援助という新たな業務がアウトリーチへの道を拓きつつある。今後，地方自治体単位で**再犯防止推進計画**が実行され，**一時執行猶予**による社会内処遇が本格化していくことを考えると，施設内と外のシームレス化が，少なくとも両者をつなぐ橋をより強固にしていく動きが，政策においても民間努力においても，進んでいくことが予測される。

[5] 課題と展望

　矯正施設の処遇は時代とともに変化し，心理師の活躍領域も増大してきているが，今後の課題は，以下のようにまとめられるだろう。

　受刑者の高齢化は歯止めがかからず，また，精神障害を有する非行少年の率も増加している。つまり，施設内の犯罪者処遇は，福祉的サービス，医療の領域に近接する部分が次第に大きくなっている。各種の関係機関との連携が極めて重要だが，実効性に富んだ本物の連携が実現するには，法の整備などの隘路もあり，率直にいって今少し時間がかかるだろう。

　今や日本は，国際都市をいくつも有しており，外国籍の人たちが矯正施設に入ることも以前ほど珍しくなくなった。言葉や文化の異なる国の矯正施設で暮らすということは，彼らにとってひときわ大きな心的負担である。処遇する側にとっても，言葉の壁によって心情把握すらままならない。ましてや，長期間にわたって教育的・治療的プログラムを実施するといったことは難しい。大規模な刑務所には，国際対策室という通訳・翻訳を担当する部署も設置されているが，全国的にみれば，職員数も体制もまだ十分なレベルとは言いがたい。

　エビデンスに基づく政策立案の動きは，今後さらに加速していくと見込まれる。施設内処遇におけるさまざまなプログラムや指導についての**効果検証**にも，多くの力が注がれることになるだろう。たとえば，刑務所や少年院の体系化されたプログラムは本当に再犯防止に実効性を発揮しているのか，発揮しているのであればより効果的にしていくにはどう改良すべきか，ないのであれば何が無効なのか。これらを客観的な視点から厳しく精査していくことが必要である。心理師は，心理学の専門的知識を生かしてこの領域にも活躍できる余地がある。

学習のための文献案内　BOOK GUIDE

広田照幸・古賀正義・伊藤茂樹編（2012）．『現在日本の少年院教育——質的調査を通して』名古屋大学出版会
▷実際の矯正教育の現場に入り，処遇の実態を膨大な質的データを用いて多方面から分析した論文集。

法務省矯正局編（2014）．『新しい少年院法と少年鑑別所法』矯正協会
▷2015年に施行された，少年矯正施設に関する2つの法律についてわかりやすく解説している。

門本泉・嶋田洋徳編（2017）．『性犯罪者への治療的・教育的アプローチ』金剛出版
▷刑事施設での性犯罪再犯防止指導の実践から得られた知を，処遇の第一線で働く矯正職員たちがまとめた1冊。

野村俊明・奥村雄介編（2007）．『非行と犯罪の精神科臨床——矯正施設の実践から』星和書店
▷刑事施設や少年施設における精神科医師たちの実践から得られた知見が集められている。

寮美千子編（2011）．『空が青いから白を選んだのです——奈良少年刑務所詩集』（新潮文庫）新潮社
▷少年刑務所の一般改善指導から生まれた受刑者の詩集。専門書ではないが，施設内処遇のイメージを広げることができる。文庫本なので電車内で立ちながら読める。

【門本泉】

第9章 更生保護と心理学

社会内処遇を中心として

1 更生保護に関わる心理学

[1] 保護観察官に求められる専門性

　日本における社会内処遇の実施にあたっては，心理学を含む人間行動科学の知識が重要なものであると位置づけられている。更生保護の基本法である更生保護法第31条は，更生保護に従事する専門職である**保護観察官**について規定したものである。同条第1項において，保護観察官を，仮釈放等の審理を司る**地方更生保護委員会**と社会内処遇を司る**保護観察所**に置くとしたうえで，同条第2項において，「保護観察官は，医学，心理学，教育学，社会学その他の更生保護に関する専門的知識に基づき，保護観察，調査，生活環境の調整その他犯罪をした者及び非行のある少年の更生保護並びに犯罪の予防に関する事務に従事する」と規定されている。

　ここでいう「医学，心理学，教育学，社会学」は，人間行動科学の代表的な領域を例示するものであり，保護観察処遇を展開するにあたり，必要不可欠なものとしている。これらの専門的知識のうち心理学は，保護観察対象者や，彼らに深く関わる家族等の関係者の問題性について，心理学の知識を基礎として把握，理解して見立てを行うほか，心理学を基盤とした専門的処遇プログラムを効果的に実施するために重要なものとされている。

[2] 公認心理師の養成等について

　2017年に施行された公認心理師法は，日本で初めて心理職の国家資格を定めたものである。心の健康に関する心理支援の専門職として汎用性のある資格

であることから，保健医療分野，福祉分野，教育分野，産業・労働分野等でその活躍が想定されているところであるが，さまざまな問題を抱える犯罪者や非行少年等を対象とする更生保護分野へも職域の拡大が期待されている。

　そのため，公認心理師の受験資格を得るにあたって必要な実習を行う施設として，地方更生保護委員会と保護観察所が定められている。実習は，保護観察所が所管する**医療観察制度**を含む更生保護制度全般を扱うこととされている。

2　心理学の知見を活かす保護観察所の諸業務

　保護観察所において，心理学の知見を活かす業務は，心理に関する支援を要する者についてのアセスメント，助言・指導等，その関係者への支援等多岐にわたっている。

[1] アセスメント

　犯罪・非行をした者に対し，効果的な指導監督や補導援護を実施するためには，その性格，年齢，経歴，心身の状況，家庭環境，交友関係等を十分に考慮して，その者に最もふさわしい方法により行う必要がある。

　保護観察所においては，保護観察対象者に対して再犯防止のためのより効果的な指導・支援を行うためのアセスメントツール（Case Formulation in Probation/Parole：CFP）を開発し，2018 年度から試行している。これは，保護観察対象者との面接や裁判関係資料等から広く情報収集し，再犯・再非行誘発要因（問題性）と改善更生促進要因（強み）を網羅的に検討したうえで，再犯リスク評価を行い，犯罪に至るプロセスおよび犯罪に至らないプロセスを分析し，適切な処遇選択に資することを目的とするものである（図 9-1）。

[2] 指導・助言等
① 類型別処遇

　保護観察対象者の問題性はさまざまであり，その犯罪・非行の態様等によって類型化して把握し，その類型ごとに共通する問題性等に焦点をあてた処遇により，保護観察の実効性を高めることを目的として類型別処遇がある。

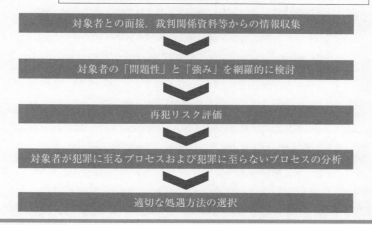

CFP の特長　理論的・実証的根拠に基づき，再犯・再非行誘発要因と改善更生促進要因と，その背景要因・相互作用を分析し，保護観察処遇の焦点と留意事項を明らかにするもの

対象者との面接，裁判関係資料等からの情報収集

対象者の「問題性」と「強み」を網羅的に検討

再犯リスク評価

対象者が犯罪に至るプロセスおよび犯罪に至らないプロセスの分析

適切な処遇方法の選択

図 9-1　CFP の手順
（出典）　法務省，2019 より作成。

　類型には，「シンナー等乱用」「覚せい剤事犯」「問題飲酒」「暴力団関係」「暴走族」「性犯罪等」「精神障害等」「高齢」「無職等」「家庭内暴力（小類型として，「児童虐待」「配偶者暴力」）「ギャンブル等依存」がある。近年，減少傾向にある類型としては「シンナー等乱用」「暴走族」があり，他方，該当者が多い類型として「覚せい剤事犯」「無職等」がある。

②　**専門的処遇プログラム**

　特定の犯罪的傾向を有する保護観察対象者に対しては，指導監督の一環として，その傾向を改善するために，心理学等の専門的知識に基づき，認知行動療法を理論的基盤とした専門的処遇プログラムが開発され，体系化された手順による処遇が実施されている。

　これは，法務大臣によって定められ，2019 年末の時点で，**性犯罪者処遇プログラム**，**薬物再乱用防止プログラム**，**暴力防止プログラム**，**飲酒運転防止プログラム**の 4 種であり，これらの処遇を受けることは**特別遵守事項**として義務づけて実施されている。したがって，正当な理由なく欠席，遅刻した場合には遵守事項違反と認定され，仮釈放や執行猶予の取消しという不良措置が検討される。

```
コア・プログラム
【方式】 おおむね2週間に1課程ずつ，全5課程の履修が標
       準である。
【内容】 以下の5課程の履修を通じ，性犯罪に関する自己の
       問題点を理解させ，自己をコントロールできる力を
       つけさせ，問題行動を回避できるようにさせる。
            セッションA　性犯罪のプロセス
            セッションB　認知の歪み
            セッションC　自己管理と対人関係スキル
            セッションD　被害者への共感
            セッションE　再発防止計画
```

図 9-2　性犯罪者処遇プログラム
（出典）　法務省，2019 より作成。

　性犯罪者処遇プログラムは，性犯罪に至るプロセスや性犯罪に結びつくおそれのある認知の偏りなど自己の問題点を理解させ，再び性犯罪をしないようにするための具体的な方法を習得させようとするものであり，「コア・プログラム」を中核として，刑事施設でプログラムを受講していない者に対する「導入プログラム」，生活実態把握と指導を行う「指導強化プログラム」および「家族プログラム」を内容としている（図9-2）。

　薬物再乱用防止プログラムは，依存性薬物（規制薬物，指定薬物，危険ドラッグ）の使用を反復する傾向を有する者に対し，依存性薬物の悪影響と依存性を認識させ，乱用に至った自己の問題性について理解させるとともに，再び乱用しないようにするための具体的な方法を実践させるものである。「コア・プログラム」，コア・プログラムの内容を定着・応用・実践させるための「ステップアップ・プログラム」があり，簡易薬物検出検査と併せて実施する（図9-3）。

　暴力防止プログラムは，身体に対する有形力の行使により，他人の生命または身体の安全を害する犯罪を反復する傾向のある者に対し，怒りや暴力につながりやすい考え方の変容や暴力の防止に必要な知識の習得を促し，同種の再犯をしないための具体的な方法を習得させようとするものである（表9-1）。

　なお，児童虐待が深刻な社会問題となるなか，保護観察所においては，児童虐待により保護観察となった者の再犯防止を図るため，専門的処遇の1つである暴力防止プログラムの内容を一部改変した暴力防止プログラム児童虐待防止

教育課程　ワークブック等に基づき，保護観察所において，個人または集団処遇により学習
　　　　　（保護観察官が実施）

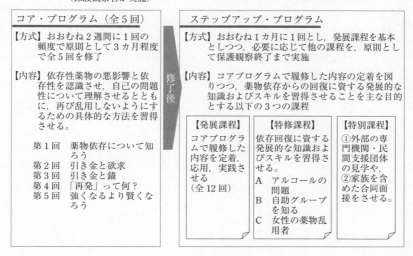

コア・プログラム（全5回）

【方式】おおむね2週間に1回の
　　　頻度で原則として3カ月程度
　　　で全5回を修了

【内容】依存性薬物の悪影響と依
　　　存性について理解させるととも
　　　に，再び乱用しないようにす
　　　るための具体的な方法を習得
　　　させる。

　　第1回　薬物依存について知
　　　　　　ろう
　　第2回　引き金と欲求
　　第3回　引き金と錨
　　第4回　「再発」って何？
　　第5回　強くなるより賢くな
　　　　　　ろう

修了後

ステップアップ・プログラム

【方式】おおむね1カ月に1回とし，発展課程を基本
　　　としつつ，必要に応じて他の課程を，原則として
　　　保護観察終了まで実施

【内容】コアプログラムで履修した内容の定着を図
　　　りつつ，薬物依存からの回復に資する発展的な
　　　知識およびスキルを習得させることを主な目的
　　　とする以下の3つの課程

【発展課程】
コアプログラ
ムで履修した
内容を定着，
応用，実践さ
せる
（全12回）

【特修課程】
依存回復に資する
発展的な知識およ
びスキルを習得さ
せる。
A　アルコールの
　　問題
B　自助グループ
　　を知る
C　女性の薬物乱
　　用者

【特別課程】
①外部の専
門機関・民
間支援団体
の見学や，
②家族を含
めた合同面
接をさせる。

簡易薬物検出検査

○教育課程とあわせて，尿検査，唾液検査または外部の検査機関を活用し
　た検査により実施。
○陰性の検査結果を検出することを目標に断薬意思の強化を図る。

図9-3　薬物再乱用防止プログラム
（出典）　法務省，2019より作成。

版を作成し，2019年10月から試行的に実施している。

　これは，養育態度の振り返り，子どもとの適切な関わり，子どもの発達につ
いての知識の習得を促し，子どもに対して本当にしたかったことへの気づきや，
子どもに対して気持ちが伝わりやすい言動等についてロールプレイ等を通じて
体験的に習得させることなどを付加したものである。

　飲酒運転防止プログラムは，飲酒運転を反復する傾向のある者に対し，アル
コールが心身や自動車の運転に与える影響を認識させ，飲酒運転に結びつく自
己の問題性について理解させ，再び飲酒運転をしないようにするための具体的
な方法を習得させようとするものである（表9-2）。

③　問題性に応じたさまざまな処遇

　保護観察所においては，体系化された手順による専門的処遇プログラム以外

表 9-1　保護観察所における暴力防止プログラム

課　程	学 習 内 容
導入	暴力防止プログラムの受講にあたって
	プログラムの目的および概要について説明し，事件や当時の生活を振り返らせ，受講の動機づけを高める。
1	暴力をふるうということ
	行動のコントロールによって暴力をやめられること，暴力の被害者のこと，暴力の責任などを学ばせる。
2	暴力につながりやすい考え方や問題
	暴力に陥りやすい考え方があることを理解させ，暴力につながりにくい考え方への変化を促す。
3	私にとっての危険信号
	暴力を振るいそうな場面，身体の状況などを把握させ，危機場面での具体的な対処方法を習得させる。
4	暴力をふるわないための取り組み
	良好な対人関係のために必要な話し方や態度，ストレスへの取り組み等，普段からできる取り組みを習得させる。
5	二度と暴力をふるわないために
	対処方法を整理し，二度と暴力を振るわないための具体的な再発防止計画を立てさせる。

（出典）　法務省，2019 より作成。

の幅広い手法によって処遇が行われている。

　(a)　就労支援——犯罪や非行をした人の社会復帰には就労による生活基盤の安定が重要であるため，法務省は厚生労働省と連携し，総合的就労支援対策を実施している。保護観察所と公共職業安定所が連携し，職業訓練，事業所見学，職場体験講習など就職可能性を高める支援を実施するほか，トライアル雇用制度（試みに雇用する事業主に奨励金を支給する）や身元保証制度（被雇用者が事業主に損害を与えた場合に見舞金を支給する）等さまざまな施策を実施している。

　(b)　社会貢献活動——保護観察対象者のなかには，他者から叱責や非難されることはあっても，褒められる経験，達成感や成功体験が乏しい者が少なくない。こうした者に対し，社会の一員としての意識の涵養や規範意識の向上を図

表9-2　保護観察所における飲酒運転防止プログラム

課　程	学　習　内　容
導入	オリエンテーション
	プログラムの目的および概要を説明したうえでアセスメントを実施し，処遇につながる情報を入手する。
1	飲酒運転の影響について考える
	飲酒運転の結果を振り返らせ，飲酒運転を繰り返さないことへの動機づけをする。
2	アルコールが運転や心身に及ぼす影響について学ぶ
	アルコールが運転や心身に及ぼす影響について学ばせ，自分とアルコールとの関係について振り返らせる。
3	アルコールのもたらす悪影響について学ぶ
	アルコールやアルコール依存症について理解を深めさせ，一般的な問題解決手段についての知識を習得させる。
4	飲酒運転につながる危険な状況を知る
	飲酒運転の引き金となることがらを特定し，その引き金に出会った場合および出会わないための対処方法を考えさせる。
5	飲酒運転をしないための対処方法を考える
	飲酒運転をしないための再発防止計画を作成し，これから実行していくことへの動機を高めさせる。

（出典）　法務省，2019 より作成。

ることを目的に，社会貢献活動を実施している。

　社会経験を積み，コミュニケーション能力の向上により社会性が向上することや，達成感を得たり感謝されたりする体験により社会性が向上すること，社会的孤立の改善により心理的に安定すること，しょく罪の意識の高まりにより，規範意識が強化されることなどの処遇効果を期している。

　(c)　しょく罪指導プログラム──保護観察所においては，被害者を死亡させまたはその身体に重大な障害を負わせた事件により保護観察に付された者等に，**しょく罪指導プログラム**を活用した保護観察を実施している。この内容は，「自己の犯罪行為を振り返らせ，犯した罪の重さを認識させること」「被害者等の実情を理解させること」「被害者の立場で物事を考えさせ，また，被害者等に

対して，謝罪，被害弁償等の責任があることを自覚させること」「具体的な
しょく罪計画を策定させること」であり，保護観察の実施過程で助言指導して
いくこととされている。

④　自立更生促進センター

　自立更生促進センターは，親族や民間の更生保護施設では受け入れが困難な
刑務所出所者や少年院仮退院者等を対象に，保護観察所に併設した宿泊施設に
宿泊させながら，保護観察官による濃密な指導監督等を行うものであり，全国
に４施設がある。

　このうち，犯罪傾向等の問題性に応じた重点的・専門的な処遇を行う狭義の
自立更生促進センターが福島市および北九州市に，主として農業の職業訓練を
実施する就業支援センターが，北海道の沼田町および茨城県ひたちなか市に設
置されている。

　それぞれのセンターは，入所者の指導監督にあたるほか，独自の処遇プログ
ラム開発という役割も担っている。たとえば，福島センターにおける再犯防止
プログラム，北九州センターにおける薬物依存回復訓練，沼田センターにおけ
る自立支援プログラムや自炊支援プログラム，茨城センターにおける就農支援
プラン等がある。

[3]　家族等に関わる施策

　保護観察の実施や，刑務所・少年院に収容中の者の生活環境調整にあたって
は，本人への働きかけに加え，保護者や家族等の協力を得ることが枢要である。

①　引受人会・家族会・家族教室

　保護観察の実施等にあたっての個別事案への働きかけや助言・指導に加え，
保護観察所においては，引受人会，家族会，家族教室といったさまざまな名称
で，集団への働きかけを行っている。子どもとのコミュニケーションの取り方
等を学ぶ親業，依存症の家族との接し方を学ぶ講義やグループワーク等を実施
している。とりわけ，グループワークは，社会で孤立しがちな家族にとって，
悩みや不安を共有し，自信をつける意義も大きい。

②　保護者に対する措置

　とりわけ，少年に対しては，保護者に対する働きかけが重要である。保護観
察所では，必要に応じ，保護観察中の少年の保護者に対し，その少年の監護に

関する責任を自覚させ，その改善更生に資するため，指導，助言等を行うことができる。たとえば，保護者に対し，少年の生活実態の把握と監護，少年の改善指導を妨げていると認められる保護者の行状の改善，監護意欲や能力を向上させるための講習会等への参加を指導・助言する。

[4] 被害者等に関わる施策

① 意見等聴取制度

意見等聴取制度は，被害者等（被害者本人，法定代理人，遺族等）が，刑事施設からの仮釈放・少年院からの仮退院の審理を行う地方更生保護委員会に対し，仮釈放等に関する意見や被害に関する心情等を述べることができる制度である。聴取した意見等は，仮釈放や仮退院の判断にあたって考慮されるほか，仮釈放等を許可する場合に保護観察対象者が守るべき事項として定められる特別遵守事項の設定にも考慮される。

② 心情等伝達制度

心情等伝達制度は，被害者等が，保護観察所を介して，保護観察中の加害者に対し，被害に関する心情，被害者の置かれている状況，加害者の生活や行動に関する意見等を伝達できる制度である。述べられた心情等は，加害者の保護観察を行っている保護観察官が面接をして伝達する。

これらは，いずれも，被害者等の申し出と希望によって行われるものであるが，その過程においては，被害者等の不安の軽減に努めること，心情に配慮した傾聴等，きめ細かい対応が求められる。

3 民間団体との連携

社会のなかで展開される更生保護は，地域社会のさまざまな民間団体等と幅広く連携している。その担い手として代表的なものとして下記がある。

[1] 保護司

「保護観察における指導監督及び補導援護は，保護観察対象者の特性，とるべき措置の内容その他の事情を勘案し，保護観察官又は**保護司**をして行わせるも

の」とされている（更生保護法第61条）。

　保護司は，社会的信望，職務の遂行に必要な熱意および時間的余裕，生活の安定，健康で活動力を有するといった条件を具備する民間人から法務大臣が委嘱する（保護司法第3条第1項）。通常，保護観察所に配置されている専門職である保護観察官との協働態勢によって保護観察処遇にあたっている。

[2] 更生保護女性会

　更生保護女性会は，地域の犯罪予防活動と犯罪をした人や非行のある少年の更生保護支援活動を行う女性のボランティア団体である。刑務所や少年院への慰問，保護観察所が実施する社会貢献活動への協力，更生保護施設への寄付，子育て支援のためのミニ集会等それぞれの地域社会のニーズに沿った多彩な活動を展開している。

[3] BBS会

　BBS会（Big Brothers and Sisters Movement）は，非行少年の改善更生を助けようとする青年の団体である。主として，保護観察所からの依頼により，少年のよき話し相手，相談相手となって支援活動を行う「ともだち活動」や，少年たちとBBS会員がグループになってスポーツやレクレーションなどを行う「グループワーク」，保護観察所が実施する社会貢献活動への協力など幅広い活動を行っている。

[4] 協力雇用主

　協力雇用主は，犯罪歴や非行歴がある人たちの改善更生を助けるために，その前歴等を承知で雇用を応援する民間の協力事業者である。

　犯罪や非行をした人たちの雇用をいっそう促進していくために，厚生労働省と法務省は共同で就労支援事業を行っており，前歴承知のうえで刑務所出所者等を雇用する事業者に奨励金を支給する就労奨励金制度や，雇用された出所者等が雇用主に対して業務上の損害を与えた場合に見舞金を支給する身元保証システム等の整備を図っている。

[5] 更生保護施設

更生保護施設は，法務大臣の認可を受けて，保護観察中の者や刑務所を満期出所した者等で，住居や身寄りがなく，生活に窮する人などを宿泊させ，食事の給付，就労支援，相談・助言等を行う民間の施設である。

更生保護施設に入所する者には，犯罪の問題のみならず，金銭管理や時間管理，就労継続や円滑な対人関係に問題を有する者や，薬物やアルコールへの依存がある者なども多い。そのため，更生保護施設は，生活基盤の提供のみにとどまらず，対人関係の訓練であるSST（ソーシャル・スキル・トレーニング；社会生活技能訓練）等を含むさまざまな専門的な働きかけを行うなどしている。

また，とりわけ，薬物処遇重点実施更生保護施設では，薬物専門職員（精神保健福祉士，臨床心理士，保健師，看護師等）が配置され，認知行動療法を理論的基盤とする回復プログラムの実施，ダルク（第16章参照）スタッフ等によるグループミーティングとの調整，薬物処遇と並行して行う就労支援，適切な退所後の住居確保に向けた支援，施設退所後の薬物依存症の回復に向けた保健医療福祉サービスの確保を行っている。

なお，更生保護施設も公認心理師志望の実習生の受け入れ施設とされている。

[6] 自立準備ホーム

自立準備ホームは，行き場のない刑務所出所者等の受け入れのため，保護観察所に登録された更生保護施設以外のNPO法人や社会福祉法人等の民間事業者の宿泊場所である。保護観察所が宿泊場所や食事の供与，自立のための支援を委託するものであるが，生活困窮者，薬物依存症者，障害を有する人等さまざまな分野における支援のノウハウを有する事業者の登録によって，出所者等の特性に応じた支援の確保につながっている。

[7] 地域生活定着支援センター

地域生活定着支援センターは，厚生労働省の地域生活定着促進事業により，高齢または障害を有するため，福祉的支援を必要とする矯正施設出所者等を福祉サービスにつなげるために全国に整備されている。法務省は，高齢（おおむね65歳以上）または障害を抱える矯正施設収容者のうち，釈放後の住居がなく，福祉サービスを受けることが必要と認められるものを選定し，収容中から同セ

ンターと協力して生活環境の調整を行う**特別調整**を実施している。

学習のための文献案内	BOOK GUIDE

法務総合研究所（2019）.『犯罪白書――平成の刑事政策』[令和元年版] 国立印刷局
　▷1960 年以降，毎年，それぞれの時代における犯罪情勢と犯罪者処遇の実情を総合的に編纂して発刊されている統計書。

法務省（2019）.『再犯防止推進白書』
　▷再犯の防止等の推進に関する法律に基づき，再犯防止の取り組みに関する国会への年次報告として 2018 年から発刊されている。

松本勝編（2019）.『更生保護入門』[第 5 版] 成文堂
　▷更生保護制度全般について平易に解説した入門書。実務家も含め，更生保護に造詣の深い編著者によるもので，学生等初学者のみならず，隣接領域の専門職にとっても参考となる。

森丈弓（2017）.『犯罪心理学――再犯防止とリスクアセスメントの科学』ナカニシヤ出版
　▷犯罪心理学に関し，理論や研究にとどまらず，統計分析の具体的な手法まで解説し，エビデンスに基づいた施策の重要性と再犯防止に資するリスクアセスメントの手法を学べる 1 冊。

【大塲玲子】

第10章 医療観察法制度

1 医療観察制度の概要

[1] 医療観察制度開始までの経緯

　「心神喪失等の状態で重大な他害行為を行った者の医療及び観察等に関する法律」（以下，医療観察法）制定の最初の契機となったのは，1999年の精神保健福祉法改正時における「重大な犯罪を犯した精神障害者の処遇のあり方については，幅広い観点から検討を早急に進めること」とした国会における附帯決議であった。これは自傷他害を防止するための保護者の監督義務を削除したことに関連して付けられたものである。これに応じて2001年に法務省・厚生労働省の合同検討会が発足した数カ月後，池田小学校事件（大阪教育大学附属池田小学校に男が侵入して無差別に児童8人を殺害し，15人の児童や教師に重軽傷を負わせた事件）が起こった。犯人に措置入院歴があったことが2つ目の契機となり，政府は事件を起こした精神障害者のうち，再び事件を起こすおそれのある者を対象とした強制入院制度を法案として提出した。再び事件を起こすかどうかを確実に予測する方法は存在しないことなどから，法案は保安処分制度であるとの批判等がなされたが，国会議員による法案修正がなされるなど，検討が重ねられ，最終的に3回の国会審議を経て，2003年7月に医療観察法（心神喪失等の状態で重大な他害行為を行った者の医療及び観察等に関する法律）として公布され，2005年7月15日より施行された。

[2] 医療観察制度の目的

　医療観察制度は，精神障害のために通常の刑罰を科すことができない状態で

重大な他害行為を行った者に対して，国の責任において手厚い専門的な医療を行い，適切で継続的な医療を確保するための仕組みを設けた制度である。保安目的ではなく，対象者の「病状の改善」により「同様の行為の再発の防止」を図ることで「社会復帰を促進する」ことを目的としている（法務省，2006）。

[3] 医療観察法の対象者

　医療観察法の対象となるのは，心神喪失または心神耗弱の状態で重大な他害行為をした者である。**心神喪失**とは，精神障害により物事の是非善悪を判断し，その判断に従って行動する能力が失われている状態をさす。**心神耗弱**とは，精神障害により前述の能力が著しく低い状態をさす。**重大な他害行為**とは，殺人，放火，強盗，強制性交等，強制わいせつ（これらの未遂を含む），傷害（軽微なものを除く）の6種である。刑事責任をとれない状態でなされた行為であるため，犯罪行為とは呼ばずに**他害行為**と呼ぶ。重大な他害行為のうち，医療観察法の処遇につながった行為を**対象行為**と呼ぶ。

[4] 当初審判から処遇の決定までの流れ

①　対象行為から審判まで

　医療観察法が適用されるのは，「重大な他害行為」を行い，警察から検察庁に送致された者のうち，(1)心神喪失または心神耗弱が認められて不起訴処分になった者，(2)心神喪失を理由に無罪の裁判が確定した者，(3)心神喪失等を理由として刑が減軽されて執行猶予判例の裁判が確定するなど実際に刑に服することとならなかった者，である。これらの者について，検察官は地方裁判所に対して，医療観察法制度による処遇の要否や内容について決定するよう，申立てを行う（図10-1）。

　申立てを受けた地方裁判所は，裁判官1名と**精神保健審判員**（精神科医）1名から成る**合議体**を構成する。裁判所は鑑定入院命令により，対象者を指定する**鑑定入院医療機関**に入院させる。鑑定医が医療観察法鑑定を最長3カ月以内に実施し，鑑定書を提出する。また，裁判所の嘱託を受けた保護観察所が**生活環境の調査**（対象者の住居や家族，地域の精神保健福祉サービスの状況などの調査）を行って地方裁判所に調査結果報告書を提出する。審判では合議体が，鑑定と生活環境の調査の結果をもとに，**精神保健参与員**（精神保健福祉の専門家）の意

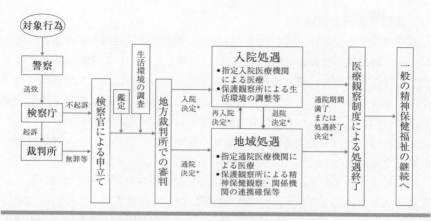

図 10-1　医療観察制度における処遇の流れ
(注)　*は地方裁判所における審判による決定。

見を参考にして，対象者に医療観察法の医療が必要かどうか，必要な場合にどのような種類か決定する。審判の決定は，「入院による医療」（いわゆる入院処遇），「入院によらない医療」（いわゆる通院処遇），「不処遇」「却下」に分かれる。

②　医療観察法による医療の3要件

　医療観察法による医療の要否判断の基準とされるのが，(1)疾病性，(2)治療反応性，(3)社会復帰要因，の3要件である。

(1)　**疾病性**：対象者が対象行為を行った際の心神喪失または心神耗弱の状態の原因となった精神障害と同様の精神障害を有していること。

(2)　**治療反応性**：そのような精神障害を改善（病状の増悪の抑制を含む）するために，医療観察法による医療を行うことが必要であること，すなわち，その精神障害が治療可能性のあるものであること。

(3)　**社会復帰要因**：医療観察法による医療を受けさせなければ，その精神障害のために社会復帰の妨げとなる同様の行為を行う具体的・現実的な可能性があること。

この3要件が満たされるときに，医療観察法による医療が必要とみなされる。

[5] 保護観察所の役割

　医療観察法制度の特徴の1つは，対象者の医療観察法処遇の最初から最後まで，保護観察所の**社会復帰調整官**が一貫して関与してリハビリテーションの調整を行うことである。退院後の社会復帰を促進するためには，医療機関だけでなく，精神保健福祉センター，保健所といった精神保健福祉関係の多機関が関わる必要がある。そのため，社会復帰調整官は，入院中から対象者に関わり，退院後の帰住地の関係機関と連携しながら生活環境の調整を行い，地域社会への移行を支援する。

　地域社会における処遇の具体的内容は，社会復帰調整官が関係機関および対象者本人と協議して作成する**処遇実施計画**に沿って提供される。社会復帰調整官は対象者の生活状況や通院状況を見守り（**精神保健観察**），随時，**ケア会議**を開催して関係機関が情報や方針を共有することにより，継続的な医療とケアが確保されるように努めている。医療観察法の入院から通院へといった処遇の移行期には精神疾患の再発や問題行動が比較的起こりやすく，支援ニーズが高まるため，対象者と関係構築が既にできている社会復帰調整官が処遇の各段階を通じて継続して担当することの意味は大きい。

　保護観察所では，対象行為の被害者に対して，対象者が医療観察法で処遇されているかなど，限定的ではあるが一定の情報を提供することも行っている。

[6] 指定医療機関による医療

① 指定入院医療機関

　指定入院医療機関は厚生労働省が指定した国公立等の病院である。2020年4月1日現在，全国に33病院（833床）が指定されている。指定入院医療機関では，手厚い人員配置のもと，各対象者に対して**多職種チーム**（multidisciplinary team：MDT）が治療計画を作成したうえで，専門的な司法精神科医療を提供している。多職種チームは典型的には，医師，看護師，精神保健福祉士，臨床心理技術者，作業療法士から構成される。

　入院中の治療は，急性期，回復期，社会復帰期に分かれ，各期の治療目標を達成することによって次の期に進むことができる。法文上，入院期間の上限の定めはない。治療期間の目安は，急性期（目標12週以内），回復期（目標36週以内），社会復帰期（目標12週以内）で合計1年半であるが，実際には個々の

対象者の病状等によって入院期間には幅がある。

　入院が続くことの是非については，半年に一度，入院継続確認の申立てがなされ，地方裁判所の決定が本人に通知される。退院準備ができたと判断された場合には，地方裁判所に退院の申立てがなされ，審判において退院が決定すれば，退院となる。指定入院医療機関で医療観察法処遇を受けた対象者の大多数は，入院処遇から医療観察法の通院処遇に移行する。

　入院に不服の場合，2週間以内であれば対象者，その保護者または付添人から地方裁判所に抗告をすることができる。また，入院中のいかなる時期であっても医療観察法による医療終了の申立てを地方裁判所に提出することができる。一般精神科と同様，入院中の処遇改善請求をすることも可能である。

　入院中は定期的に **CPA 会議**が開催され，保護観察所，指定入院医療機関のMDT，退院後の帰住予定地の機関（精神保健福祉センター，保健所，福祉事務所等）が，対象者の希望も聴きながら，連携して退院に向けた調整を行う。CPAは care programme approach の略語であり，イギリスの地域精神医療のケースマネジメントアプローチの名称である。医療観察法医療は，イギリスの司法精神医療を参考にして制度設計されたことの名残が名称に現れている。

② **指定通院医療機関**

　指定通院医療機関には，一定水準の医療が提供できる病院や診療所が，民間も含めて厚生労働省に指定されている。2020 年 4 月 1 日現在，全国の 563 の病院と 74 の診療所が指定されている。指定通院医療機関には，当初審判で通院処遇の決定を受けた者，あるいは指定入院医療機関における入院処遇を受けた後に通院処遇決定を受けた者が通う。

　指定通院医療機関における医療も MDT によって行われる。また，社会復帰調整官が招集するケア会議では，指定通院医療機関，保健所，グループホーム，訪問看護ステーションなどの関係機関が対象者本人の希望を聴きながら，連携して処遇内容の調整を行う。

　通院処遇の期間は原則 3 年間であるが，裁判所の決定に基づき，これより短い期間で終了することもある。また，3 年経過時点で引き続き本制度による医療の必要が認められる場合は，裁判所の決定に基づき，2 年を超えない範囲で延長されることがある。このように，入院処遇と異なり，通院処遇の期間には上限が定められている。

通院治療のステージは，原則3年間の通院医療の期間を前期（6カ月），中期（18カ月），後期（12カ月）に分けており，これを目安として治療が進められる。前期には，援助職と対象者の信頼関係の構築が重視され，外来通院や服薬など必要な医療や福祉サービスの利用を軌道に乗せることが1つの目標になる。ケア会議も当初は頻回に行い，徐々に間隔があいていく。指定入院医療機関から退院した対象者では，入院中の想定とは異なり，処遇実施計画の見直しが必要になることもある。中期は，社会活動にも安定的に参加したり，活動範囲を広げたりする時期になる。生活の変化が病状に影響を与えることもあるため，再発の注意サインのモニタリングや，必要な相談を対象者ができるように支援する。後期は，一般精神医療への移行を準備する時期である。対象者が必要な医療を自主的・安定的に利用して，社会参加できるように引き続き援助する。一定期間，継続的な通院治療が確保され，病状の再発がないか，あるいは休息入院等を上手に利用できるなど病状管理ができており，生活や病状に影響する金銭管理等の大きな問題がなく，支援体制が確立していれば，医療観察法の処遇終了が検討される。

　通院処遇中に精神症状が悪化した場合，精神保健福祉法に基づく入院になることがある。その場合は，医療観察法の通院処遇と，精神保健福祉法の入院が併行する（つまり，精神保健福祉法入院中も通院処遇期間のカウントはとまらない）。ただし，通院処遇中に精神症状が悪化し，「同様の行為」（＝重大な他害行為）を行うおそれが高まった場合には，裁判所の決定に基づき，医療観察法指定入院医療機関に再入院になることがある。

[7] 医療観察法対象者の予後

　2005年の制度開始以来，医療観察法の対象者は，男女比ではおよそ4：1，主診断では，統合失調症圏の者が約8割を占めている。対象行為では，殺人（未遂含む），傷害，放火（未遂含む）で約9割を占めている（菊池ほか，2011）。

　医療観察法が施行されてから15年が経過しようとしているが，指定入院医療機関退院後の対象者526名の転帰・予後についての調査によれば，「重大な」再他害行為率は1年以内で0.4%，3年以内で2.0%であった。法制度の違いによる対象者プロフィールの違いがあるために単純比較はできないが，諸外国の保安病院退院者と比べても，再他害行為率は低かった（永田ほか，2016）。

通院開始時から通院処遇の終了までの対象者の変化について調べた研究では，病状改善だけでなく，相談技能の向上や，家族関係の改善が観察された。服薬等の狭い意味での精神科治療による病状管理だけではない，多職種，多機関連携による介入が功を奏しているともいえる（菊池ほか，2019）。

2 医療観察法制度と心理師の役割

[1] 人員配置

医療観察法制度の医療に関わる心理師については，ガイドラインの文言上，「臨床心理技術者」と表記されているため，便宜的に以下でも臨床心理技術者の呼称を使用する。

医療観察法に関わる医療機関のうち，指定入院医療機関と指定通院医療機関については，臨床心理技術者の配置が施設基準に明記されている。指定入院医療機関では臨床心理技術者，作業療法士，精神保健福祉士の合計数が定まっており，33床の病棟であれば2〜3名の臨床心理技術者の配置がある。指定通院医療機関の人員配置基準は，「作業療法士，精神保健福祉士又は臨床心理技術者が1名以上配置されていること」とされており，臨床心理技術者の配置は実際にはされていることのほうが多いものの，必須とはされていない。

[2] 医療観察法制度における心理師の役割

医療観察法の鑑定入院医療機関，指定入院医療機関，指定通院医療機関のいずれにおいても臨床心理技術者が活躍している。鑑定入院医療機関では鑑定助手としての役割が大きく，指定入院医療機関では司法精神科心理師としての介入を長期に担い，指定通院医療機関の臨床心理技術者では一般精神科内における心理支援を中心にするなど，勤務場所によって主な役割にも違いがある。以下では，司法と医療の重複領域に位置する医療観察法医療で働く臨床心理技術者ならではの役割を，いくつかのキーワードに沿って解説する。

① MDTの一員としての役割

治療はMDTで協働しつつ，対象者本人と話し合いながら進める。たとえば以下のような場面である。

- 指定入院医療機関に入院すると，最初の数週間は，各職種の専門性に基づくアセスメントが行われる。臨床心理技術者であれば，鑑定段階で実施されていないが治療に重要と思われる心理検査を追加したりする。その後の MDT 会議で各職種の見立てを持ち寄り，取り組むべき課題を明らかにして，対象者の考えも聴きながら，当面の治療計画をたてる。職種によって，問題の見立て方が異なるだけでなく，対象者がみせる面も異なる場合があり，集約することで統合的な見立てを実現する可能性が高くなる。

- 治療的介入も MDT による役割分担によって効果を上げることができる。たとえば対象者の怒りのマネジメントに課題があれば，医師は処方内容を調整し，臨床心理技術者とは認知行動療法（アンガーマネジメント）に取り組み，実生活内で認知行動療法で学んだ対処戦略を実施するサポートを看護師が行い，暴力への引き金となる親との関係調整などを主に精神保健福祉士が担い，身体的側面から情動をマネジメントする方法（リラクセーション等）に作業療法士と取り組む，というのはその一例である。

- 臨床心理技術者は，対人関係や心理的反応を見立てる専門性が高いため，対象者と MDT との間に起こる葛藤などについて，何が起こっているかの仮説を提示する役割を果たすことができる。たとえば，特定の職種に攻撃的になる対象者には，パターンを見立て，MDT として介入することが，治療的となる。

② アセスメント

医療観察法におけるアセスメントにおいて一般精神科と比べて特徴的なのは，リスクアセスメントであろう。医療観察法制度内では，入院処遇から通院処遇の終了まで，**共通評価項目**（厚生労働省，2020）による評価が行われており，その項目の一部がリスク予測に使用されている。医療観察法対象者の再他害行為率は極めて低いため，共通評価項目で高リスクとみなされたからといって，必ずしも他害行為に至るわけではない。むしろ，共通評価項目によって系統的なアセスメントをすることで，対象者群のなかで相対的にリスクの高い者を明らかにして，リスク・ニード・反応性原則（第12章参照）に従って介入密度を高めに調整する目安としたり，再他害行為に至るシナリオを作成して介入計画をたてたりするために役立てられている。「共通評価項目」の項目のうち，内省，共感性，病識に関する項目において臨床心理技術者の評価が重視される傾向が

ある。

　医療観察法の対象者は，種々の課題（例；精神病，虐待歴，金銭的問題，薬物問題，暴力傾向，ソーシャルサポート欠如，認知機能の低下等々）を同時に抱えていることも多く，単一の症状や問題に対して開発された「○○療法」のみの介入では変化が難しい。複雑事例に対して場当たり的ではない系統的な介入をするためには，ケースフォーミュレーションが有用であり，臨床心理技術者の果たす役割が大きい（鈴木・田口，2019）。

③　心理的介入プログラム

　「入院処遇ガイドライン」には，指定入院医療機関に入院している期間の各期の医師，看護師，精神保健福祉士，作業療法士，臨床心理技術者の役割が明示されている。表10-1に臨床心理技術者の業務の概要を抜粋した。臨床心理技術者は，MDTの一員として治療共同体ミーティングの司会や外出・外泊の付き添い等も行いつつ，心理の専門家として査定や集団療法や個人療法にあたっている。

　指定入院医療機関では，手厚い人員配置ならではの多様な心理的介入プログラムが行われている。実施者は臨床心理技術者に限らず，集団療法は多職種が関わって実施されることが多い。SSTや疾病教育といった，一般精神科プログラムだけでなく，司法精神科に特徴的なプログラムとして，たとえば対象行為の内省を促すプログラム（例；今村ほか，2010），幻覚・妄想の認知行動療法（例；菊池・美濃，2010），他害防止のための認知スキルプログラム（例；菊池ほか，2010），物質使用障害プログラム（例；今村ほか，2012），地域生活のなかでよい状態を維持するためのクライシス・プラン（例；野村ほか，2014），等々がある。なお，幻覚・妄想の認知行動療法や物質使用障害プログラム，クライシス・プランは，一般精神科においても普及しつつあり，司法精神科に特有とまではいえなくなってきたが，2005年の医療観察法制度施行当時は，全国の医療観察法病棟以外の一般精神科では，あまり提供されていなかった。

　心理的介入プログラムは，全指定入院医療機関に共通なわけではなく，機関ごとに独自に開発や実施されているものも多い。心理師の役割の1つは，既存の介入プログラムを実施するだけではなく，対象者のニーズに応じて，必要があればプログラムを新たに開発することである。

　医療観察法制度においては，公認心理師の国家資格化が実現する前から，臨

表 10-1　医療観察法指定入院医療機関における臨床心理技術者の業務の概要

急性期	治療目標	● 初期評価と初期の治療計画の作成 ● 病的体験・精神状態の改善 ● 身体的回復と精神的安定 ● 入院対象者との信頼関係の構築 ● 治療への動機づけの確認 ● その他
	心理業務の概要	● 病歴・家族歴・生育歴等の情報収集 ● 人格形成に関する情報収集 ● 心理検査による症状評価 ● 支持的精神療法（信頼関係を確立するための試みを含む） ● 問題行動の背景分析 ● 治療計画作成のための神経心理学的検査 ● 認知行動療法への導入のための心理教育 ● 家族への心理教育
回復期	治療目標	● 日常生活能力の回復 ● 病識の獲得と自己コントロール能力の獲得 ● 評価に基づき計画された多職種チームによる多様な治療 ● 病状の安定による外出の実施 ● その他
	心理業務の概要	● 人格形成に関するさらなる情報収集・知能検査 ● 不安，抑うつ，衝動性のアセスメント ● 自尊心，自己効力感のアセスメント ● 再構成的精神療法（客観的な自己分析を通じて自己の再構築を促す治療） ● 認知行動療法を通した感情の制御と対処法の獲得支援 ● 認知行動療法を通した病識の深化と疾病の自己管理能力の獲得支援 ● 病識尺度を使用した評価 ● 家族への心理教育
社会復帰期	治療目標	● 社会生活能力（服薬管理，金銭管理等）の回復と安定 ● 社会復帰の計画に沿ったケアの実施 ● 継続的な病状の安定による外泊の実施 ● その他
	心理業務の概要	● 再教育精神療法による，入院対象者自身の再発の危険サインを理解し対処法を修得する ● 役割遂行能力の獲得支援 ● 自尊心，自己効力感のアセスメント ● 感情の制御や対処法の多様化を促すための認知行動療法 ● 病識の深化や疾病の自己管理能力の増進を促すための認知行動療法 ● 病識尺度を使用した評価 ● 再構成的精神療法（社会のなかで自分らしく生きるための力を養う） ● 支持的精神療法（被害者に対する共感性を養う試みを含む） ● 退院準備に向けた心理検査の実施 ● 家族の対象者受け入れ機能の強化

（出典）　入院処遇ガイドライン，2020 年 4 月より作成。

床心理技術者は専門的医療の重要な職種の1つとして認識されてきた。医療観察法医療は，国の責任で行う非自発的な医療である。制度の趣旨は，「社会復帰の促進」にあるとはいえ，職務において臨床心理技術者は，本人の利益を重視してリカバリーを支援する援助職であると同時に，再他害リスクも含めた評価を行って非自発医療の継続に影響を与える職種でもある。司法精神科に内在するこの二重性を自覚した上で，心理専門職としての職責を果たしていくことが求められる。

学習のための文献案内　BOOK GUIDE

法務省「医療観察制度Q&A」 http://www.moj.go.jp/hogo1/soumu/hogo_hogo11-01.html（2020年7月アクセス）
▷医療観察法制度開始当初に，広く一般に制度を理解してもらうために作成されたブックレットの内容。制度の目的や対象，手続きなどについて簡潔に平易な言葉で説明されている。

春日武彦（2020）.『援助者必携　はじめての精神科』[第3版] 医学書院
▷精神科医の実践的著作。はじめて精神障害をもつ対象者に関わる際の不安をやわらげ，現実的な対応の方向性を示してくれる。

生島浩編（2017）.『触法精神障害者の地域生活支援──その実践と課題』金剛出版
▷医療観察法の対象とならずとも，法に触れた障害者たちは社会生活に定着できず，再犯に至ることも多い。本書は出所者の地域生活支援に関わる実務家・研究者が刑事司法と福祉・精神医療の連携をめざした取り組みを詳述している。

石垣琢麿・菊池安希子・松本和紀・古村健編（2019）.『事例で学ぶ統合失調症のための認知行動療法』星和書店
▷医療観察法対象者の約8割が統合失調症圏ということもあり，指定入院医療機関では認知行動療法が広く提供されてきた。本書では，統合失調症の認知行動療法の実際について知ることができる。掲載事例14例のうち，6例が触法精神障害者である。

浦河べてるの家（2005）.『べてるの家の「当事者研究」』（シリーズ　ケアをひらく）医学書院
▷精神障害をもつ本人たちから「当事者研究」として，その症状や生きざまが

語られる。精神障害を新たな視点からみて，またその回復と支援についても重要な視点を提供してくれる取り組みであり，一部の医療観察法指定入院医療機関においても取り入れられている。

【菊池安希子】

第11章 被害者支援

　私たちは自分の大切な人が被害に遭うことを望まない。それなのに，被害や
トラウマ体験に遭った話を聴いた者は死や性に関する価値観や自身のもつ先入
観が突如浮き彫りとなり，取り返しのつかない言葉かけや態度をとってしまい，
大事な人を傷つけていることがある。**被害者支援**は，このような被害者への**二
次被害**を最小限とし，自律性を尊重した関係性のなかで支援そのものが**エンパ
ワメント**となり，被害者が奪われた人生を再び取り戻すことが目標となる。

　よって，被害（トラウマ）の性質や影響を理解し（第4章参照），支援者自身
のトラウマへの価値観や態度を定期的に見直しながら被害者の語りをそのまま
捉え，身体も心も危険な状態を長引かせない介入（安全の確保）に必要な支援
を組み立てるには，関連機関との連携や照会も必要となる（小西，1996）。

　本章では，被害者支援に関わる機関の特徴を理解するために被害者支援制度
の概要を述べ，基本的な心理的支援に触れた後で，被害者および支援者にとっ
ても安全で安心な支援を行うために必要な職業倫理について述べる。

1　被害者支援制度の概要

[1] 犯罪被害者等基本法と犯罪被害者等基本計画

　日本で最初の被害者対策支援プログラムは警視庁が1996年に制定した「被
害者対策要綱」であり，現在は2004年12月に制定された**犯罪被害者等基本法**
（以下「基本法」；警察庁サイト「犯罪被害者等基本法」，2020年2月アクセス）に基
づいて犯罪被害者の支援施策および制度を行っている。

　第1条では，犯罪被害者等の権利利益の保護を図り，犯罪被害者等のための

施策に府省庁横断的に取り組み，総合的かつ計画的に推進することを宣言し，第2条において，犯罪被害者等（以下被害者）とは「犯罪及びこれに準ずる心身に有害な影響を及ぼす行為」により，「害を被った者及びその家族又は遺族」と定めている。

　総合的かつ長期的に被害者に役立つ具体的な施策は，基本法に則った**犯罪被害者等基本計画**（以下「基本計画」；警察庁サイト「犯罪被害者等基本計画」，2020年2月アクセス）により策定されている。これは5年ごとに見直され，現在は第3次犯罪被害者等基本計画（2020年度末まで）が施行されており，後述する被害者参加制度や性暴力被害者のためのワンストップセンターが設置されるなどの新たな被害者支援制度が拡充した。

　さらに，基本法は支援制度を拡充させただけでなく，第6条にて，安全で安心な社会をつくるために，国民に被害者を理解した対応をし，二次被害を与えず，被害者の保護や支援を積極的に行う必要があることを共通理解として深める取り組みを促進したことも大きな成果であろう。

[2] 刑事司法手続における被害者支援

　警察や検察庁等の刑事司法機関では，被害直後から必要となるさまざまな刑事手続きに関する心理的負担を和らげるため，専門職員を配置し，対策をとっている。表11-1と表11-2は主な被害者支援体制の概要をまとめたものである（警視庁サイト「主な犯罪被害者等支援体制の概要」，2020年3月アクセス）。

　警察や検察では，従来から被害者の不安やプライバシーに配慮して事件の事情聴取を行い，刑事司法手続や相談機関の連絡先，支援制度などをわかりやすく説明した被害者向けのパンフレット（法務省サイト「犯罪被害者の方々へ」，2020年2月アクセス）を用意し，情報提供を行っている。警察には，捜査状況等を知らせる被害者連絡制度があり，検察には，捜査の状況，裁判の期日，裁判の結果等を被害者に通知する被害者等通知制度がある。

　裁判所では，被害者が裁判で証言する場合，衝立を設ける，別室に設置したビデオカメラを利用する（ビデオリンク方式）などの措置や公判手続きの優先的傍聴と公判記録の閲覧等により必要な資料の情報が以前に比べて提供されるようになった。また懲役や罰金などの刑事処分を審理した裁判所は，損害賠償請求についての審理を行う制度も実施している（例；裁判所サイト「刑事手続き

表 11-1　主な犯罪被害者等支援体制の概要

機関・団体名	支援業務内容
警察	・（犯罪被害者連絡制度）情報提供等 ・安全の確保，相談・カウンセリング，カウンセリング費用の公費負担制度 ・捜査過程における被害者の負担軽減（施設の整備・改善，指定被害者支援要員による支援）等 ・（性犯罪に関する支援）性犯罪捜査官の設置，女性警察官による捜査活動（事情聴取や証拠採取），捜査に関する連絡，病院の付き添いや被害にかかる初診料，緊急避妊費用等の経費負担（初診料，診断書料，性感染症等の検査費用，人工妊娠中絶費用等を含む）やカウンセリングによる精神的負担の軽減
検察庁（被害者支援員）	・（被害者等通知制度）被害者等に対する事件の処理結果，刑事裁判の結果，加害者の受刑中の処遇状況などに関する情報の提供 ・被害者ホットライン（全国）：被害相談や事件に関する問い合わせ ・（被害者支援員）被害者のさまざまな相談への対応，法廷への案内・付き添い，事件記録の閲覧，証拠品の返還などの各種手続の手助け ・被害者の精神面，生活面，経済面等の支援を行っている関係機関や団体等を紹介などの支援活動
犯罪被害者等早期援助団体	・犯罪被害者等の支援に関する団体の広報誌やパンフレット等の作成，配布 ・被害者に対する相談への対応カウンセリングの実施 ・犯罪被害者等給付金の申請から給付までの手続きの概要の説明 ・病院や警察署等への付き添い等 ・物品の貸与または供与，役務の提供その他の方法による犯罪被害者の援助
矯正管区，矯正施設および矯正研修所	・少年鑑別所：被害者等からの少年院送致処分を受けた加害者の処遇状況等の通知を希望する旨の申し出を受け付け ・少年院：申し出に係る加害者の少年院における処遇状況等を被害者等に対して通知する。犯罪被害者等の意見を踏まえた適切な加害者処遇を実施する。 ・矯正管区：少年院送致処分を受けた加害者に係る被害者等通知制度についての質問に対する説明等
地方更生保護委員会	・ストーカー事犯者，性犯罪者等に対し，事案に応じて，被害者への接近を禁止する等の特別の遵守事項を設定 ・加害者の矯正施設からの仮釈放・仮退院審理における被害者等の意見等の聴取
保護観察所（被害者担当官）	・ストーカー事案者，性犯罪者等に対し，事案に応じて，被害者への接近を禁止する等の特別の遵守事項を設定 ・（被害者等通知制度）加害者の保護観察中の処遇状況等に関する通知 ・医療観察制度における加害者の処遇の状況等に関する情報提供，保護観察中の加害者に対する犯罪被害者等の心情等の伝達 ・犯罪被害者等に対する相談・支援
教育相談所・教育センター	・犯罪被害者等である児童生徒を含むケアを必要としている児童生徒等への相談業務
児童相談所	・相談，調査，診断，判定，援助，決定，在宅指導，児童福祉施設入所措置，里親委託等，一時保護等
精神保健福祉センター	・犯罪被害者を含む心のケアが必要な方々に精神保健福祉に関する相談支援を行う
要保護児童対策地域協議会	・要保護児童等に関する情報の交換や支援内容の協議
保健所	・犯罪被害者等支援に係る諸機関・団体等との連携・協力 ・犯罪被害者等支援に係る諸機関・団体等の犯罪被害者支援のための諸制度に関する案内書，申込書等の常備および提供
性犯罪・性暴力被害者のためのワンストップ支援センター	・被害直後から総合的な支援（産婦人科医療，相談・カウンセリング等の心理的支援，捜査関連の支援，法的支援等）を１カ所で提供し，被害者の心身の負担の軽減，その健康の回復を図る。 　警察への届出の促進，被害の潜在化防止を目的とする

（出典）　警視庁サイト「主な犯罪被害者等支援体制の概要」より作成（2020年3月アクセス）。

表 11-2　配偶者からの暴力被害に対する主な支援体制

機関・団体名	支援業務内容
配偶者暴力相談支援センター	● 相談，または相談機関の紹介，カウンセリング，被害者および同伴者の緊急時における安全の確保および一時保護 ● 被害者の自立のための情報提供その他の援助，保護命令制度の利用についての情報提供その他の援助 ● 被害者を居住させ保護する施設の利用についての情報提供その他の援助
婦人相談所	● 配偶者からの暴力被害者等の電話・面接相談，医学的・心理学的指導，一時保護，自立支援
婦人保護施設	● 都道府県婦人相談所を通して入所した配偶者からの暴力被害者等に対し，生活支援，自立に向けての支援
母子生活支援施設	● 入所した母子の保護，生活支援，子育て支援，自立に向けての支援

（出典）　警視庁サイト「主な犯罪被害者等支援体制の概要」より作成（2020 年 3 月アクセス）。

における犯罪被害者のための制度」，2020 年 6 月アクセス）。

　基本法の制定により，刑事手続きの重要な各段階において被害者の要望・意見が関係各機関に伝わり，その決定に反映されうるために，被害者が参加の機会を拡充するための制度が整備された。**被害者参加制度**は，一定の被害者が，裁判所の決定により，公判期日に出席し，裁判で被告人や検察官に質問を行うなど，刑事裁判に直接参加することができる（第 5 章参照）。

　さらに，被害者が被害についての気持ちや事件についての意見を法廷で述べることが認められ（**意見陳述制度**），この意見は量刑上の一資料となる。改正少年法により，少年審判においても被害者の意見陳述を認めている。被害者の遺族も不起訴になった事件の処分の当否の審査を申し立てることができるようになった。また，加害者の処分結果や加害者の報復を心配する被害者の要望に応じて，刑務所・少年院での状況，釈放時期に関する情報が被害者に通知されることとなった。いずれの制度においても被害者の心情は複雑・多様であるため被害者等からの申し出を受けてから対応することになっている。

　民間被害者支援団体は，被害者に必要な支援を途切れなく行うために全都道府県に設立され，警察や関係機関と連携を図りながら被害の早期軽減に努め，精神的被害の回復などを行っている。警察への届出の有無にかかわらず相談に応じて各種支援を行い，支援団体在籍の心理専門職や連携機関の専門家（医療機関，臨床心理士会・スクールカウンセラー等）がカウンセリングを実施し，主

な団体は公益社団法人全国被害者支援ネットワークに加盟している。そのうち，都道府県公安委員会から「犯罪被害者等早期援助団体」の指定を受けた支援団体（公益社団法人被害者支援センター等）は，当人の同意を得たうえで，警察から被害者の氏名や住所，事件概要等の情報提供を受け，必要な支援を早期に行うことができる。

[3] 損害回復・経済的支援

　1980年に**犯罪被害者等給付金支給法**（犯罪被害者等給付金の支給等による犯罪被害者等の支援に関する法律）が制定され，殺人などの故意の犯罪行為により不慮の死を遂げた被害者または重傷病もしくは障害という重大な被害を受けた被害者は国から一時金として支給される**犯罪被害給付制度**（遺族給付金，重傷病給付金及び障害給付金）を利用できるようになった。

　被害者は犯罪直後に治療費等も含めさまざまな経済的負担が生じるため，犯罪被害給付制度も改正され（施行は2018年4月1日から），仮給付金の額の制限を見直し，給付金相当額の3分の1を上限としていたところ，給付金相当額を支給可能とした。重傷病給付金の給付期間は犯罪行為による負傷または疾病が生じた日から起算して「1年」が「3年」に延長された。幼い遺児への遺族給付金も見直され，その年齢および人数に応じて遺族給付金が引き上げられた。

　また，親族間犯罪に係る減額・不給事由も見直され，(1)事件時に親族関係が事実上破綻していたと認められた親族関係，(2)事件時に18歳未満の者と加害者が親族関係，(3)三親等を超える親族関係については当該親族関係を理由とした制限を行わないと改正された。さらに，同居の兄弟姉妹の場合は全額不支給であったが，別居の兄弟姉妹と同じく3分の2を減じた額が支給されるようになった。

[4] 精神的・身体的回復・防止への取り組み

　基本法第14条において，被害者が心理的外傷その他犯罪等により心身に受けた影響から回復するための「保険医療サービス及び福祉サービスの提供」に係る必要な施策を講ずることを求めている。「心的外傷後ストレス障害（以下PTSD）の診断及び治療に係る医療保険適用の範囲の拡大」「重度のPTSD等重度ストレス反応の治療のための高度な専門家の養成および体制整備」「犯罪被

害者等に関する専門的知識・技能を有する臨床心理士の養成等」「少年被害者に対する学校におけるカウンセリング体制の充実等」「性暴力被害者のための医療体制の整備に資する施策の検討及び実施」などの施策を講じることをしている（警察庁サイト「犯罪被害者等基本計画」，2020年2月アクセス）。

　教育機関では，犯罪被害を受けた子どもを含む児童のカウンセリング体制を充実させるためにスクールカウンセラー等の適切な配置と教育相談所，児童相談所，警察，医療機関等の関連機関との適切な連携に取り組んでいる。

　性犯罪被害者の主な相談先は，警察，性犯罪・性暴力被害者のためのワンストップ支援センター，民間被害者支援団体となる。警察では，女性警察官による捜査活動，緊急避妊費用等の医療費の経費負担やカウンセリングによる精神的負担の軽減をし，ワンストップ支援センターは，「被害直後からの総合的な支援を可能な限り一か所で提供することにより」，被害者の心身の負担軽減，健康回復，警察への届出促進，被害の潜在化防止を目的に活動するために全都道府県に設置された。特に性暴力は相談をためらう場合が多く，1人で抱えこみやすい。まずはその迷いや不安などの気持ちを性犯罪被害者相談電話（全国共通番号 #8103）やワンストップ支援センターで相談することを勧めるとよい。

　家庭内での親や配偶者，子どもからの暴力や学校内でのいじめや暴力も刑罰法令に違反する行為であれば「基本法」に基づいた支援制度を利用できる。犯罪に該当しない場合でも，「配偶者からの暴力の防止及び被害者保護等に関する法律」（以下 **DV防止法**）は，法律上事実上を問わず，実質的に夫婦関係にある，あるいは夫婦関係にあった者の間の暴力行為を配偶者からの暴力とし，暴力を受けた者が被害者となる。配偶者からの暴力の防止，被害者の保護，被害発生防止の措置，被害者への接近禁止命令，自立支援などがある。同居していない交際相手からの暴力行為は，刑法や「ストーカー行為等の規制等に関する法律」の対象となり，公的機関や民間の支援団体が介入する心理社会支援が整えられている。

2　被害者支援を行う心理師の役割

　家族や顔見知りから被害を受けた場合は，長期化する傾向があり，家族が加

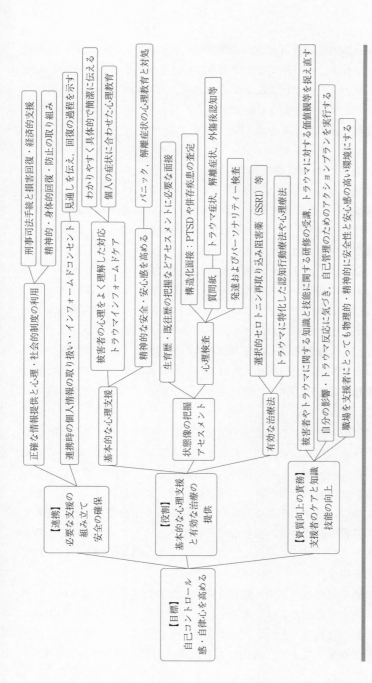

図11-1 被害者支援を行う公認心理師の役割と倫理

害者の場合は 66.1％の犯罪被害者等が相談していない（警視庁，2018）。被害者は心を開くことに非常に用心深くなっており，助けを求めようと思ってもらうためには，支援者がトラウマ反応に気づく力（第 17 章参照）を備え，予期せぬ開示にも対応できるように準備を整えておくことも必須となる。被害者支援に関わる際に必要な実務の全体像を図 11-1 にまとめた。

[1] 守秘義務と連携における情報開示

　教育現場で突然生徒から被害の話を開示され，「誰にもいわないで」と懇願されたら，**守秘義務**と個人情報をどのように扱えばいいか考えあぐねるだろう。公的な司法刑事機関の間で行われる連携は，法律や規則・通達などに明記された法的義務・職務が優先され，情報開示に関するルールは比較的わかりやすい。しかし，一般的なカウンセリングにおける守秘義務と報告義務の関係は原則的に本人の承諾なく情報提供をしてはならない（一般社団法人東京公認心理師協会サイト「倫理綱領，2020 年 2 月アクセス）。さらに，事件や暴力に関する**情報開示**の扱いは対象者が子どもか大人かによって法的根拠が異なる。たとえば，児童虐待は，守秘義務より通告義務が優先され本人の同意がなくとも情報提供しなければならず（児童虐待防止法 6 条），配偶者からの身体的暴力を目撃した場合の通報は努力義務（DV 防止法 6 条）であるが，心理師が本人の同意なく通報しても秘密漏洩罪（刑法 134 条）には該当しない。

　また，自傷他害のおそれがある場合の情報開示もリスクアセスメント等の臨床判断を要し，守秘と開示の葛藤が生じる 1 つである。たとえば，被害者の状態が解離症状等により自殺の危険や精神的な混乱が著しく事故に遭う危険等の身の安全を守ることが困難と判断される場合は，被害者の意思によらず，心理師の臨床判断に基づいた介入を求められることもある。命を守ることに関しては，第三者への情報提供は本人の同意なく情報提供してもよいとされているものの，緊急避難の必要性が低い場合に，本人の同意なく情報提供すれば，被害者との信頼関係を損なう。

　このような事態を防ぐためには，秘密を開示した被害者の立場に立ち，情報を開示した後に被害者がどのような生活をしていくのかと未来に思いを巡らせ，さまざまな角度から被害者にとって役立つ支援を検討する。それを被害者に伝え，情報開示後の展開や見通し，被害者の回復のために必要な手段（周囲のサ

ポートや連携など）を伝え，被害者と一緒に対応を考えるプロセスを通じて本人の承諾を得ていくことが基本的な対応となろう。

また，危機介入時には目の前の対応に追われて，記録まで手が回らず後回しにしてしまうこともある。どんなに多忙であったとしても，専門家として心理師が行った臨床判断や倫理判断は「自分はこのように考え判断し対応した」と日時も含めて必ず記録に残しておくとよい。

[2] 急性期の対応

被害直後は危機的反応が身体と心に同時に生じており，集中力は低下し，混乱していることが多い。**解離症状**等による自殺企図や事故などの再被害に遭うリスクを防止するために解離の心理教育（岡野，2012；吉田ほか「動画で見る解離の対処法」，2020，2020年6月アクセス）を行い，被害者に身体の安全と心の安心感を取り戻すことを優先する。この時期は，話の内容を理解しているようにみえたとしても，家に帰ると会話の内容を忘れていることもよくある。話をするときは，穏やかな声でゆっくりと，理解しているか確認しながらわかりやすい言葉で話すことを心掛ける。

また，書類の確認や優先順位をつけるなど現実的なサポートも役立つ。手続きなどが複雑で重要な情報を伝える必要がある場合は，印刷物を渡すと後で見直すことができる。このようなやり取りの際にも，被害者が能動的にコントロール感覚を少しずつ取り戻していけるように，具体的でわかりやすい説明をし，被害者が自分で判断し，決定しやすくなるようなサポートを心がけるとよい。急性期介入の代表的なものとしてアメリカ国立子どもトラウマティックストレス・ネットワークと同国立PTSDセンターの開発した**サイコロジカルファーストエイド**があり，参考にするとよい。

[3] 被害者の話を聴き，状態像をアセスメントする

話は，被害者のペースに合わせて聴く。決して，被害の話を根掘り葉掘り聴いて混乱させたり，被害者の対応を批判したり，被害内容を軽視するなどと臆断せずに，目の前の被害者をよく観察し，**対話**を心がけ状態像を把握していく。

二次被害を最小限にとどめトラウマ体験や**生育歴**を聴きながら，回避や解離症状により「語られない被害者の状態」も観察しながら把握する。大切なこと

は被害者が語ったことをそのまま聴くことである。たとえば，被害者の暮らしぶりを具体的にイメージしながら聴くと，少し腑に落ちないなあと思う文脈がいくつかある。そこに回避や解離症状が表れていることもよくあるのだが，支援者はつい文脈を読み，いつの間にか「被害者が語っていない部分」を埋めて理解してしまうことがある。

　特に，解離症状は，被害者本人だけでなく，周囲の人や医師でも判断を誤らせることがあるほど把握しがたい症状である（岡野，2012）。この症状によって，自分の状態がわからずに表現に困ったり，何事もなかったかのようにふるまったり，問題行動だけが表面化したりすると，周囲に誤解を与える。すると，アセスメントは不正確になり，重篤な症状は見逃され，被害者は「自分がおかしいのかもしれない」と不安を強め，よりいっそう自分の状態を話さなくなるだろう。相手を理解しようとする姿勢は基本だが，もどかしくても焦らずに，被害者の文脈で話をつないで把握する。

　また，質問紙は被害者が自身の状態を把握するのにも役立つため，**IES-R**（改訂出来事インパクト尺度日本語版；Asukai et al, 2002）や **DES**（Dissociative Experienes Scale；解離体験尺度；田辺，1994）等はどの臨床分野でも使用するとよい。裁判のための意見書を作成するために使用する心理検査に特に決まりはないが，構造化面接法である **CAPS**（Clinician-Administered PTSD Scale；PTSD臨床診断面接尺度；飛鳥井ほか，2003）やパーソナリティ検査等を組み合わせて，包括的に被害者の全体像を把握する。

[4] 心理教育──被害者が自分の症状を支援者と一緒に理解するプロセス

　心理教育は被害者が自分の症状を自覚するために行う。自分の状態を知ることは心理療法へのモチベーションを高め，今自分に何が起きているのか，今後どのようになるのかという見通しをもつことができる。被害により，思い描いた未来が突然閉ざされ，自己コントロール感を奪われた人が自分を癒していくためには，回復の道筋を知り，症状に対処していくことは欠かせない。

　これは，1人ひとりの症状に合わせて，インテーク面接，アセスメント，心理療法施行中と，どの段階においても，被害者との対話中に目の前で症状を表出したときや述べたときに，**正常化**（normalization）や**妥当化**（validation）を繰り返し，被害者が「自分に起きていることは被害の後には自然な反応なのだ」

と安心して自覚していくプロセスである。

　たとえば，被害者も頭では「スーパーは安全な場所である」と理解していても，スーパーに行き被害を思い出すきっかけに触れると，被害者の身体には実際に恐怖反応が起きる。これは当然の反応であるが，他人，ましてや以前の自分は容易にできていたことがトラウマ記憶によりできなくなると「自分は無力で何もできない」「やはり世の中は怖くて危険だ」と**外傷後認知**を強め，トラウマ反応を長引かせてしまう（Foa et al, 2007）。特に外傷後認知は多くの被害者が自ら語ることが少なく，根強く残る症状であり，心理教育が必要となる。

　よって対話のなかで，被害のことを思い出すと身体反応や解離症状が生じ，思ったように動けなくなることは，自分には原因がない反応であることをやり取りする。そして，自分の状態を自覚して，**グラウンディング**等（第15章参照）を用いて，徐々に症状に対処できるようサポートしていく（吉田，2008）。

　同時に，被害者家族も突然のことに戸惑いながら被害者を支えているため周囲の人への心理教育も欠かせない。安全な環境にいて被害以前のような安心できる生活を過ごすことで，基本的には時間の経過とともに症状はよくなることを伝える。ただし，この時間の感覚は周囲の人が思っているよりも時間がかかることや，被害者本人の時間と，家族の時間，支援者の時間に対する感覚は異なることを理解してもらう。たとえば，母親が1時間でできることに，被害者は3日必要かもしれず，「家で休む」ことを設定した場合には，被害者がきちんと休めるように親に心理教育し，対処法を話し合うことも必要となる。

[5] 被害者の状態像に応じて適切な支援をする

　心理師はどの臨床領域で被害者の相談を受けても，初期は共通した支援を行うことが多い。まずは，被害者の話を聴き，必要な支援を組み立てること，次に，今起きていることや見通しを伝えること，そして急性期の心理教育や解離やパニック症状への対処法のトレーニングを行い，精神的な安全・安心感を高めることである。このように，被害者支援は個人の特性や精神科既往歴等のPTSDのリスク要因も考慮して被害者の心理状態を包括的に把握し，まずは被害に焦点を当てた介入をする（NOVA, 2010）。これも心掛けておかないと，被害者がトラウマを回避するように心理師もトラウマを扱わず，他の要因を先に扱い，被害者に合っていない心理的支援を提供し続けてしまうことになる。そ

うなれば，被害者のトラウマ症状は慢性化し続け，結果として被害者に不利益を与えることになりかねない。

　急性期は，安全を優先した急性ストレス反応への介入，安心を高める心理教育や周囲のサポート，必要に応じて薬物療法を行うことで時間の経過とともに回復する人もいる。しかし，被害の話をするだけで併存疾患が強く表出する場合（自殺の危険性，重度の解離障害による事故に遭う可能性が非常に高いなど）は，併存疾患の安定を優先し，落ち着いてから各被害者にあった心理療法を行う。

　解離症状を呈し，自己防衛手段である回避を使って生活をやりすごしている被害者は心理社会的支援につながること自体が難しい場合も多い。被害からすでに時間が経過しPTSD症状が慢性化している場合は，治療効果が実証されている治療法を実施するのが望ましい。たとえば，軽度のPTSDでは，PTSDに有効性が認められている選択的セロトニン再取り込み阻害薬（SSRI）等の薬物療法（Hoskins et al, 2015）とカウンセリングを併用し，重度のPTSDでは，SSRIと治療効果のあるトラウマに特化した心理療法を実施する。代表的な療法は，日本でも2016年から医療保険適用が許可された**持続エクスポージャー法**（PE法；prolonged exposure therapy；Foa et al., 2007）であり，子どもには**トラウマフォーカスト認知行動療法**（TF-CBT；trauma-focused cognitive behavioral therapy；Cohen et al., 2006）がよく用いられている。そのほかにも効果のある認知行動療法が実施されている。

　専門的な心理療法を依頼する場合は，その心理療法の適用や限界等も説明しておくとよい。トラウマに特化した治療は効果があり，被害者も当然期待を高めるが，決して誰にでもどの状態にでも効く万能な治療法ではないからである。また，PTSD症状が軽減され，治療が終結する者もいれば，被害者本人の現実的な適応や発達上の問題等による人間関係の課題がみえやすくなってくる場合もある。心理師としては，PTSDを軽減した後，つまり被害者が自律した自分の人生を取り戻したときに，今後どのように生きていくのかを一緒に考える支援も同じくらい重要であることを忘れないでほしい。

表11-3 被害者支援分野に則した職業倫理の7原則と遵守するための対策

第1原則：被害者をさらに傷つけない，傷つけるようなおそれのあることをしない
被害者が安全な状態であるかリスクアセスメント（再被害のリスク，解離症状による事故や自傷他害等の命の危険等の把握）をし，物理的にも精神的にも安全で安心して過ごすための介入をする。
支援者や組織が受けているトラウマの影響を自覚し，被害者心理を理解した対応を心掛け，二次被害を防ぐ。被害者を見捨てない。

第2原則：教育・訓練で習得した専門的な行動の範囲内で，被害者の健康と福祉に寄与する
治療効果が裏づけされている治療法を用いる。自分の所属している組織の枠組みで安全に対応できる範囲を自覚し，自身の知識やスキルが基準不足，または限界を超えた場合は早めに専門機関に紹介する。不足しているスキルは訓練し，向上させる。

第3原則：被害者を利己的に利用しない
被害の影響で被害者は依存的になりやすく，支援者は無力感や罪責感から救済精神が触発されやすくなるため，支援者は客観性を失わないようにする。常識的な範囲を超えた金銭，物品等を受けることは避け，節度をもった関係を維持し，多重関係を避ける。
他の選択肢があるにもかかわらず特定の機関だけに紹介するなどの利益誘導は避ける。利用者が利益を受けていないことが明白であるときは，関係を終結させること。

第4原則：被害者1人ひとりを人間（大切な存在）として尊重する
支援者の立場は非常に強く，被害者がどれだけの不安をもって相談にくるのか忘れがちであるため，安心して話してもらう関係をつくる。同じような種類の被害で共通している症状だとしても，1人ひとりには個性があり，捉え方も異なるので，違いを見落とさないこと。勝手な決めつけやこの話は本当にあったのか？ など臆断せず，被害者の話を信じる姿勢をもつ。

第5原則：秘密を守る
いずれの場合も本人の承諾を得ることが前提である。ただし，明確で差し迫った生命の危険があったり，児童虐待が疑われたりする場合，専門家同士のケース検討などの場合は情報開示が必要となり適切な取り扱いが必要となる。法的根拠の知識と臨床判断を下すために必要な臨床経験を積む。

第6原則：インフォームドコンセントを得，相手の自己決定権を尊重する
被害者はトラウマの影響で集中力の持続が難しい場合が多い。被害者が判断しやすいように，具体的で簡潔なわかりやすい説明を心がけ，被害者が拒否することは強制せず，本人が合意することのみ行う。
後で見直すことができるように書面にし，同意書を作成し明確に記録しておく。面接の記録など情報の扱いも明確に記しておく。

第7原則：すべての人を公平に扱い，社会的な正義と公平・平等の精神を具現する
支援者自身のもつトラウマや被害に対する偏見に気づき，差別や嫌がらせを行わない。性や死などの人間の根源に触れる価値観を見直す。経済的理由等により支援を拒否してはならない。個人の意思を尊重し，1人ひとりにあったアセスメントや支援を組み立て，対応する。社会的な問題の介入も行う。

被害者支援を行う心理師が職業倫理を遵守するために取るべき対策
被害者に関する法律や心理・社会制度の知識を習得し，実践に生かす。トラウマ臨床の研修を受ける。
トラウマに対する態度を見直し，捉えなおす。価値観を見直す。
トラウマの影響および反応に気づき，自己管理のためのアクションプランを実行し自分自身のエネルギーを充電する。
1人で抱え込まず，一緒に考え支え合う仲間やネットワーク・支援者が安心して支援を提供できる職場（サンクチュアリ）をつくる。

（出典）　金沢，2006 より作成。

3　二次被害の防止と資質向上の責務

　トラウマが支援者のメンタルヘルスに与える影響は，**二次的外傷性ストレス**（Stamm, 1999）等の概念で提唱されており，法律や支援制度ができても変わらない課題の１つである。たしかに私たちはトラウマの影響を受けるが，トラウマ反応は適切な対処をすれば回復できるということも心に留めてほしい。被害者が「被害は現実に起こった」という事実を受け入れるところから精神的な回復の試みが始まるように，心理師も自分に生じた反応を自覚し，対処することで傷つきは回復へと向かい，経験は積み重なっていく。

[1]　トラウマに対する態度の見直しと自己管理をする

　心理師は日頃からスーパービジョンを受け，自身の状態や価値観を見直す作業をしているが，トラウマに対する自分自身の態度や価値観を見直す機会を得ないまま被害者支援を行うことになった人もいるだろう。トラウマの話は恐怖や怒り等の強烈で生々しい感情が付随しており，話を聴いた支援者は感情的動揺が生じ，エネルギーが消耗しやすい。さらに，トラウマの話は人間の根源的な性や死，潜在する暴力性等に触れるため，トラウマへの態度や自身の生き方等の価値観への直面を余儀なくされる。

　被害者に安心して傷を癒やす時間を提供するためには，トラウマ臨床の教育・訓練を受け，心理師自身に生じた強い感情をマネジメントすること，そして，一貫して気持ちに寄り添って，過酷な感情労働に耐える力と健康を保つために**職業倫理**（金沢, 2006）を定期的に見直すことも不可欠であろう。表 11-3は，被害者支援分野に則した職業倫理と遵守するための対策を筆者が職業倫理の７原則（金沢, 2006）に則してまとめたものである。

　被害者・支援者双方にとって安心で安全な支援を継続して行うために，まず，支援者が身体的・精神的な健康を維持するための自己管理をし，加えて被害の話を聴くだけでも役に立っていることを自覚し，自分自身のわずかな成長にも目を向け，ぜひ自分を褒める習慣をもってほしい。

[2] 安全で安心な職場づくり

　自己研鑽や自己管理をしていても，今まで培ってきた知識や経験が役に立たないほどの強烈なダメージを受け，無力だと感じることもある。壁にぶつかったときに周囲に助けを求めることができない状況ほど苦しいことはない。孤立した支援者が不安や恐怖等のエネルギーを1人で溜め続ければどんどん熱を帯び，最終的に爆発させ被害者との関係性を壊しかねない。そうなると支援者は「すみません」と謝るしかなくなり，思考停止状態に陥る可能性が高くなる。

　トラウマは個人のみならず所属する組織にも影響を与える。支援者に組織への不信感を与え，安全感を失わせ，そして孤立させていく。このような状態を改善する健全な組織づくり（Bloom, 1997；詳細は第17章参照）も重要な課題である。日頃から風通しのよいコミュニケーションを取り，リスクの高い行動や壁にぶつかったときに個人の行動を理由も聞かずに叱責するのではなく，組織やシステムに問題はないのかと支援者間で対話をし，どのように乗り越えるのかを一緒に考えるプロセスがトラウマに対応できる強い組織を築いていく（Substance Abuse and Mental Health Services Administration, 2014；吉田ほか，2019）。そして，組織の目標や個人の倫理観や対処法を支援者間で共有し，周囲から受け止めてもらうことがトラウマに対応する支援者の不安や迷いを希望に変える一助になるのだと考えている。

　最後に，本章では紹介しきれなかったが，被害者支援には支援時に生じる共感満足や職務満足等の肯定的な面もある。それは実際に支援に携わってから味わってもらうことにして，まずは，被害者と関わり一回一回の面接を大切に，着実に実感を伴う経験を積み重ね，地道に基本的な臨床力を習得してほしい。

学習のための文献案内　*BOOK GUIDE*

小西聖子（2006）．『犯罪被害者の心の傷』[増補新版] 白水社
　▷被害者支援の基本や被害者および支援者の心情がわかりやすく，初学者が被害者の話を聴き，役立つ支援を考えるのに適している。

小西聖子編（2008）．『犯罪被害者のメンタルヘルス』誠信書房
　▷犯罪被害者支援に関する基礎知識，メンタルヘルス領域における治療と対応の実践，司法との関わりについて全体的にまとめている。

前田正治・金吉晴編（2012）．『PTSD の伝え方──トラウマ臨床と心理教育』誠信書房

▷さまざまな臨床現場で行われているトラウマに関連した心理教育が具体的に記載されており，具体的なやり取りがイメージしやすい。

高取由弥子編（2019）．『子ども・親・男女の法律実務──DV，児童虐待，ハーグ，無戸籍，ストーカー，リベンジポルノ，女性・子どもの犯罪被害，ひとり親家庭などの法的支援』日本加除出版

▷支援を組み立てる際に参考になる，必要な法根拠や支援制度を事例や申立書等の見本例を用いて具体的でわかりやすく解説している。

メイザー，C. L.・デバイ，K. E.［野坂祐子・浅野恭子訳］（2015）．『あなたに伝えたいこと──性的虐待・性被害からの回復のために』誠信書房

▷性被害の経験をもつ著者が同じく性被害を受けた子どもたちに向けて書いた本であり，孤立感，混乱，自信喪失からの回復に役立つ。

【吉田博美】

第 **III** 部

犯罪・非行の心理臨床

第12章 司法・犯罪の心理臨床の基礎

1 再犯防止施策と心理師の責務

[1] 再犯防止推進法の基本施策と心理師の役割

　2016年12月に「再犯の防止等の推進に関する法律」（以後「再犯防止推進法」と略称する）が，公布・施行され（法務省サイト「再犯の防止等の推進に関する法律の施行について」，2020年6月アクセス），「犯罪をした者等の円滑な社会復帰を促進すること等による再犯の防止等が犯罪対策において重要であることに鑑み，（中略），再犯の防止等に関する施策を総合的かつ計画的に推進（第1条）」することが求められるようになった（第18章参照）。

　基本的施策のなかでは，「社会における職業・住居の確保等」については，主として行政と社会福祉専門職によって熱心に推進されつつある。心理職が関わる施策としては，主に，「特性に応じた指導及び支援等（第11条）」「非行少年等に対する支援（第13条）」「社会内における適切な指導及び支援（第21条）」，そして「情報の共有，検証，調査研究の推進等（第20条）」であろう。より具体的に述べると，施設内・社会内において，非行や犯罪行動を行う者のアセスメントを行い，臨床心理の知見やスキルを用いて，再犯防止のための指導・支援を実施し，その効果を実証的に評価する，といったあたりが求められているといってよい。こうした責務を担っているのは，法務省や家庭裁判所，児童相談所，警察署といった公的機関に勤務する心理職が中心となっているので，公的機関に属して職務を実行することが多いと思われる。とはいえ，各機関でも公認心理師や臨床心理士などの資格を有する者が，外部から協力する機会も増えている。

表 12-1　司法・犯罪領域における本人の福利と社会の安全

本人のウェルビーイング　　　　　　　　　　　　　　　　　　　　　　社会の安全

	（児童）福祉	少年司法	司法・犯罪抑止政策
対応機関	児童相談所 児童自立支援施設 地方行政機関	家庭裁判所 法務省 （少年鑑別所・少年院保護観察所）	裁判所 法務省 （拘置所・刑務所保護観察所）
主な法律	児童福祉法	少年法	刑法
専門家	児童福祉職 児童心理職	少年司法職 （心理・法律）	法律職・行政職
目標	本人の福利	本人の福利と社会の安全	社会の安全
犯行行動理解	環境の問題 本人の課題	本人の課題 環境の問題	本人の責任
介入の目的	環境改善とケア	矯正教育	適正手続きと処罰
焦点	個人のニーズ	個人の権利とニーズ	個人の権利と秩序・規律維持
アセスメント	発達検査 養育環境	個人の特徴 非行機制と介入プラン	犯罪事実

　処遇効果評価やリスク等のアセスメントのための尺度作成は，データを公開し，公的研究機関で実施することが望ましいが，現状では，各機関内のデータで，各機関内で行われている。

[2] 個人の福利（ウェルビーイング）と社会の安全

　再犯防止施策が進められ，「出所後 2 年以内に再び刑務所に入所する者等の割合を今後 10 年間で 20％以上削減させる」という数値目標が掲げられたこと（法務省サイト「再犯防止に向けた総合政策——10 年間で再入率 20％減へ」，2020 年 6 月アクセス）は望ましいことである反面，「再犯率を下げる」ということだけに焦点をあてると，かえって再犯防止や人々の福利から遠ざかっていくという皮肉な状態を生じさせうる。

　表 12-1 にあるように，非行・犯罪の臨床に関わる機関は主として 3 領域にあるが，比重は異なるものの，個人の福利と社会の安全という，少なくとも一

見は矛盾するようにみえる2つの目標あるいは価値を求める必要がある。

　関わっている対象者が再犯を起こした場合などに，被害者を再び出してしまったこと，犯罪を行った対象者にとってもさらなる拘禁など否定的な結果が生じることなどについて，最終的な責任は本人が負うとしても，何らかの責任を感じることがありうる。あるいは，再犯を恐れるあまり，対象者と関わること自体が避けられたり，行動制限と拘禁のみに対応が偏ったりすることもありうる。たとえば，社会の安全だけを考えるのであれば，極端にいえば，ずっと閉じ込めておけば再犯は防止できるかもしれないが，もう1つの重要な価値である個人の福利を損なうことになる。

[3] たかが再犯，されど再犯

　再犯の問題は，心理職として司法分野での業務を行っていれば，いつか必ず出会うといってよい。出会ったときに，自身はどのように考えるのか，そこからどのように職務に取り組んでいくのか，各自考えていくことが不可欠となる。自身の価値や判断は自身で決めていくことが重要であるが，参考までに，筆者としての考えを述べる。

　社会の安全を守るという一端を担い，被害者を出さないことを念頭に置くことは不可欠である。すなわち，再犯防止という目標をもつことは不可欠である。とはいうものの，人間の変化は一直線ではなく，行ったり来たり，紆余曲折がある。例えは不適切かもしれないが，教えた生徒が全員難関校に合格するわけではなく，治療した患者の全員が治癒するわけでもない。犯罪行動を手放していくうえでは，一見悪くなったような言動がみられることもあるし，再犯したからといって，それでその人の人生が終わるわけでもない。そこからさらに人生は続く。犯罪行動からの回復は，再犯するかしないかの静止した点ではなく，生きていくというプロセスである。

　過度に再犯を恐れるとき，もしかするとそれは支援者が自分の福利にばかり目が向いているのかもしれない。評判を落としたくないとか，非難されるのではないかとか，自分の失敗あるいは無能感を認めたくないとか。**再犯率**という数字で示されるとシンプルで確かなものという印象を与えるが，実際にはもう少し慎重に扱うべき数字である。紛らわしいものに再入者率がある。これは，入所受刑者人員に占める再入者の人員の比率をいう。

刑務所を出所した人数のうち，再度刑務所に入所した人数の割合を**再入率**と呼ぶ。再犯防止をめざして介入を行う心理職としては，再入者率より再入率が気になる。逮捕された時点での再逮捕率，有罪確定時点での再犯率，そして刑務所に入所した時点での再入率などがある。再犯防止施策は，再入率に関するものである。出所後2年，5年，10年など追跡期間によっても再入率は異なってくる。加えて，もともとの再犯リスクによって，再入率は異なる。たとえば，2014年度の刑務所出所者のうち，5年以内の再入率は，刑務所に初めて入所した者で21.7％，二度の者で41.3％，三度以上の者は54.6％（2019年度版『犯罪白書』）である。男性と女性とでも異なるし，罪種によっても異なっている。再犯率低下ばかりが賞揚され，それだけを目標とすると，最も支援を必要とする再犯リスクの高い対象者が排除されるということにもつながりかねない。

　さらにいえば，人が人を裁くことはできないとも筆者は最終的には考えている。人間社会が作った司法制度によって裁きが下され，刑罰が科されることは1つの約束事であって，法手続きに従って行われる。それとは異なる次元で，1人の人間としてどのように罪に向き合い，償い，自身の人生に責任を負っていくのか，そうしたことを考えつつ，実務を行っていくことも重要となる。「シーザーのものはシーザーに。神のものは神に」。叱られるかもしれないが，「たかが再犯」くらいにゆったり構え，「されど再犯」と慎重に考慮・行動するくらいがよいのかもしれない。

2　犯罪行動を変化させるための治療教育とは

[1] 非行・犯罪行動を支える反社会的思考とその背景にある否定的感情

　犯罪・非行という反社会的行動は，自分は悩まずに人を悩ます，という選択をしたといえる。本人は，悩まないために，不安や葛藤を抱きかかえることをせず，行動として発散させていく。そうした**反社会的行動**を可能にするのは，それを支える**反社会的な思考**（価値観，態度，認知の歪み）である。たとえば，「大人（親）だって勝手なことをやっているのだから，自分も勝手にやる」「相手（被害者）は嫌がっていなかった」「薬物使用は誰にも迷惑をかけていない」「相手が嘘をついたから殴った」等々である。

ただ，その思考の偏りを扱っていくと，必ずといってよいほど「感情」の問題につきあたる。たとえば，親の「勝手な」行動で，悲しい，さびしいといった**否定的感情体験**をした人，「いじめ」にあい，みじめさや，くやしさ，恐ろしさを体験した人，人々にバカにされ，無力感，絶望感，不安感を体験した人，そのおかれた状況や体験はさまざまであるが，対人関係のなかで，「被害者」として，否定的な感情を体験し，かつその体験をともに分かちあってくれる人間関係を十分にもててこなかったことは共通しているように思える。当初は，周囲にそうした否定的感情体験を含めて聞いてくれる，受け止めてくれる人がいないという状況があるのだが，そのうち彼らは，そうした「弱い」否定的な感情体験に「心の壁」を築き，感じなくなるし，気づかなくなる。ましてや，気持ちを言葉にして他者に伝えるといったことが難しくなる。「弱い」気持ちを，「怒り」や攻撃行動あるいは薬物乱用などによる，感情の「見かけ上の」コントロールにすりかえていく。周囲に「話せばわかってくれる」「助けてくれる」人がいたとしても，それに気づかないし，他者に「頼る」ことを潔しとしない。自分の心の痛みに気づかない人は，他者の心の痛みを軽視（無視）することも容易である。

[2] 反社会的行動を変化させるためには

　こうした否定的な感情－思考－行動のパターンを，乳幼児期から児童期にかけて身につけてくると，思春期に入るころには，自己イメージと対人関係にもつまずきが顕著になってくる。より早期から虐待的環境のなかにいる非行少年は，自己評価が低いことが多い。他方，不十分とはいえ，それなりに「特権的」に扱われてもいる少年の場合，自己評価が非現実的に過大であることもある。とはいえ，この非現実的な自己評価は，過小な自己評価の裏返しで，傷つきやすく，脆弱なものである。対人関係は，お互いの欲求を調整していくことが苦手で，言い分や欲求を押し通されるか，押し通すかの一方的なものになりがちである。

　したがって，個人に焦点をあてて，反社会的行動をとらなくなるときを考えると，(1)「自分」をまとめる（過去－現在－将来がつながる，感情－思考－行動の反社会的パターンを向社会的パターンに変化させる，適切な自己評価がもてる），(2)言葉による内的統制力および対人関係調整力を身につける，(3)人とつなが

り，共存する，(4)職業生活の維持など現実の社会適応力を強化する，といったことへの働きかけがターゲットとなろう。つまり，犯罪・非行に対する心理的働きかけは，情緒的，認知的，社会的発達を促進するような**発達的アプローチ**であり，基本的には，「教育」とよぶほうが適切である。発達を促進するという意味では，教え育てる「教育」であるが，いったん獲得した不適切なパターンを変化させ，そのうえで適切なパターンを獲得させるという意味で，ここでは**治療教育**という言葉を使用している。

3 犯罪・非行に対する治療教育プログラムの展開

[1] 欧米における矯正処遇プログラムの歴史的展開と日本の矯正・保護

① 欧米の改善更生主義と日本の矯正・保護

　刑事政策としての犯罪者処遇に関しては，近代以降，刑務所の改良，保護観察制度の導入，教育刑の導入など，長い歴史的展開があるが，再犯防止のための心理的働きかけが実践されるようになったのは，主として第二次世界大戦以降のアメリカにおいてである。結核菌を発見し，抗生物質を投与することによって結核を治療するといった医療モデルに基づいて，非行・犯罪には「原因」があり，それを除去すれば非行・犯罪をなくすことができるという方向性であり，非行・犯罪の原因究明に関する研究が盛んに行われた。

　しかし1960年代，1970年代に入り，公民権運動，フェミニズム，カウンター・カルチャーがさかんになり，アメリカ社会が変化してきたころ刑事政策の分野においても流れが変化した。マーティンソン（Martinson, 1974）の**矯正無効論（Nothing works）**は，それまでの**矯正楽観主義**に冷や水を浴びせかけ，改善更生および社会復帰のための矯正プログラムは，退潮を余儀なくされ，アメリカの刑事政策は，社会の右傾化を反映しつつ，「犯罪行為に見合う刑罰を」（just desert：ジャスト・デザート）というキャッチコピーのもとに，厳罰化の方向へ進んだ（第2章も参照）。

　日本の刑事政策はヨーロッパの影響を強く受けてきたが，第二次世界大戦敗戦後，アメリカの占領を受けて，当時アメリカで隆盛した科学主義に基づく施策が導入されている。特に，非行少年に対しては，**家庭裁判所**が設置され，**家**

庭裁判所調査官の調査および少年鑑別所技官の鑑別が，医学，心理学，教育学，社会学その他の専門的知識に基づいて行われるなど，心理学が入る基盤ができたといってもよいであろう。

とはいうものの，日本の刑務所は，規律秩序の維持と刑務作業を二本柱として，工場担当刑務官を中心として，「無事に刑期を務め上げさせること」を目標に運営されてきた。アメリカ社会が混迷し，アメリカの刑務所が過剰収容と保安事故続発に悩んでいる頃，日本の刑務所は，保安事故の少なさ，規律維持と刑務作業および職業訓練の成果に，誇りを抱いていた。アメリカで吹き荒れる「反矯正」「反改善更生」の嵐は，「対岸の火事」として，日本は矯正への自信を深めていたのである。しかし実際には，日本にはアメリカ流の意味での矯正プログラムや改善更生主義は存在しなかったというほうが現実に近い。

② Nothing works から Something works へ

その間に，欧米では，改善更生主義者，社会復帰促進論者たちの巻き返しが行われており，"Nothing works" 説に対して，「特定の人々に，特定の働きかけをすると，一定の再犯率低下効果を得ることができる」という "Something works" 説が提唱されるようになった。この特定の人々というのが，「薬物乱用者」であり，「性犯罪者」である。1980 年代になると，北アメリカをはじめとする英語圏では，心理学者たちが，性犯罪者の性犯罪行動変化に焦点をあてた矯正プログラムを開発・実践し，実証的に処遇効果評価を実施するようになった。「性犯罪者たちに，認知行動的アプローチを用いたプログラムを実施すると，15 〜 30％の再犯率低下効果を上げることができる」ことを実証していった。彼らは，政策の費用対効果も計算し「拘禁＋厳罰よりも再犯防止プログラムのほうが，費用対効果が高い」ことを示し，政策に影響を与えた。

日本においても，2006 年度から，刑務所と保護観察所において性犯罪者の教育プログラムが実施されるようになり，また，再犯防止推進法を受けてさまざまな教育プログラムが行われるようにもなるなど，少しずつこの流れが入ってきている。ようやく，犯罪行動変化のためのプログラム導入への第一歩を踏み出したといってよいであろう。この動きは，その少し以前から生じていた，犯罪被害者の声や社会の人々の安全と安心を求める声の高まりの影響も大きい。

性犯罪者への教育プログラムの導入に先立ち，矯正施設においては，加害者に「被害者の視点を教える」教育の必要性が認知されるようになり，さまざま

な働きかけの試みがなされるようになっている。欧米諸国で生じていた被害者支援および刑事法における被害者の新たな位置づけと，犯罪行動変化のためのプログラムが，30〜40年のタイムラグを経て，日本にも導入されうる時期にきているのであろう。

　もちろん日本においても，特に未成年者を対象として，**児童自立支援施設**や少年院を中心として，非行少年への教育的働きかけが熱心に実施されてきた。前者においては児童福祉の枠組みのなかで，**生活を通しての育ちなおし**が語られ，後者においては，**職業訓練**や**生活指導**を通じての矯正教育がめざされている。どちらも非行少年の社会化にとって必須の要点を捉えており，経験の積み上げと研鑽による知識の集積は注目するべきものがある。とはいうものの，現在必要とされていることは，全体的な人格の成熟を促進する働きかけに加えて，特定の犯罪行動の変化に焦点をあてた介入プログラムを追加し，再犯罪を少しでも減らすことによって，被害者を減らし，加害者にとってもより有意義な生活を送れるよう援助，指導することであろう。

③　Something works から What works? へ

　再犯率を一定程度低下させることができることは当然の前提として広く認知され，そのうえで現在では何が効果があるのかが探究されている。すなわち「実証に基づいた実践」が求められている。研究と実践は端緒についたばかりで，発展中であり，現実には限界も大きいが，ガイドラインはある。たとえば，アメリカの司法犯罪抑制計画局（Office of Justice programs）の Crime Solutions というサイト（2020年6月アクセス）をみれば，司法に関わるさまざまなプログラムに関する研究とその結果が掲載されている。効果が認められたもの，有望なもの，効果が認められなかったものが一目瞭然となっており，しかも刻々と研究結果が蓄積されている。日本ではようやく法務省の性犯罪再犯防止プログラムについて欧米で効果が実証されたプログラムが導入され，日本の実践についても効果評価研究が発表されはじめた程度である（法務省サイト「法務省研究部報告55」，2020年6月アクセス）。実務家・臨床家には，今後は実証データに目を配りながら実践していくことが求められる。

[2] リスク管理アプローチからその先へ

①　RNR原則とリスク管理論

　D. A. アンドリュースとJ. ボンタらは，犯罪の原因となるリスク因子（セン

トラルエイト：第3章・7章参照）を管理することを，再犯防止のための介入の大前提としている。

リスクには，犯罪履歴など変化することのない**静的リスク要因**（static risk factors）と治療・教育的介入等を通じて変容可能な**動的リスク要因**（dynamic risk factors）があり，動的リスクは裏を返せば，治療・教育上のニーズとなることから**犯因性ニーズ**（criminogenic needs）と呼ばれる。動的リスクには，衝動的傾向など比較的安定している**安定的動的**（stable-dynamic）**リスク**と，再犯の引き金となる怒りなど比較的短時間で変化する**急性的動的**（acute-dynamic）**リスク**があり，前者は教育的介入の，後者はケースマネジメントのターゲットとなる。彼らは，頭文字から再犯率低下に効果的な処遇のための原則を RNR（risk-need-responsivity；リスク・ニード・反応性）原則と呼んでいる。

リスク原則とは，対象者の再犯リスクの高低に合わせて介入密度を変えることである。低リスク者には不介入や社会内での低密度の介入を行い，高リスク者には施設内での集中的プログラムや，釈放後も監督指導を継続的に実施する。低リスク者への過剰な介入は再犯を増やしてしまうことがあることも知られている。**ニード原則**とは，再犯に関連性が高く，変化する動的リスク（犯因性ニーズ）をターゲットに治療・教育的介入を実施せよという原則である。**反応性原則**とは，対象者の能力や学習スタイル等の反応性に合わせて学習方法を選択，工夫するという原則である。現在の心理的介入プログラムにおいては，リスク管理が主流である。

② **リスク管理アプローチへの批判**

とはいえ，リスク管理の限界も明らかになりつつある。たとえば，リスク回避的な目標が中心となるため，変化への動機づけの維持が難しく中断率が高かったり，「問題」にばかり注目しがちで，本人がもっているストレングス（強み）や環境上の資源となる要因（リソース）が見落とされた結果，全人的な成長がおろそかになりがちであったりといったグッドライフ・アプローチからの批判がある。

また，犯罪行動を行うに至る要因と，犯罪から離れていく要因とは同じではなく，再犯を防ぐには，犯罪から離れていく要因を強化することが必要であるという離脱理論からの反論もある。犯罪からの離脱を促進する要因としてラウプとサンプソン（Laub & Sampson, 2001）は，結婚やよい仕事に就くといった転

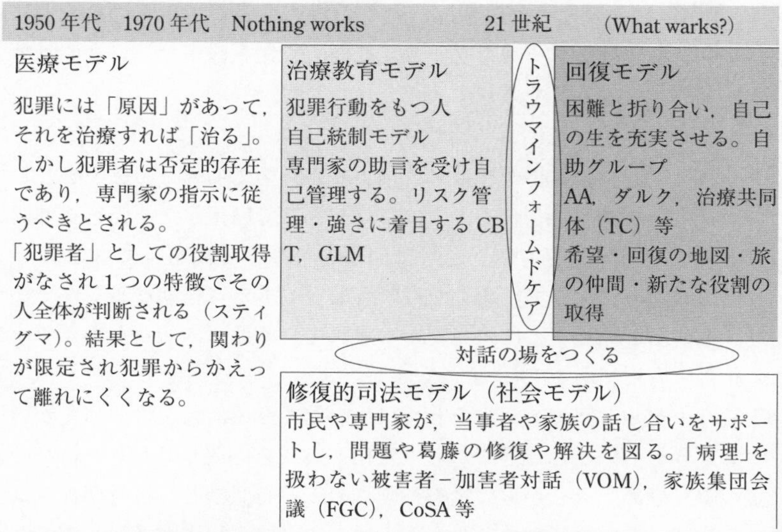

1950年代　1970年代　Nothing works　　　　21世紀　　　（What warks?）

医療モデル

犯罪には「原因」があって，それを治療すれば「治る」。しかし犯罪者は否定的存在であり，専門家の指示に従うべきとされる。

「犯罪者」としての役割取得がなされ1つの特徴でその人全体が判断される（スティグマ）。結果として，関わりが限定され犯罪からかえって離れにくくなる。

治療教育モデル

犯罪行動をもつ人 自己統制モデル 専門家の助言を受け自己管理する。リスク管理・強さに着目するCBT，GLM

トラウマインフォームドケア

回復モデル

困難と折り合い，自己の生を充実させる。自助グループ AA，ダルク，治療共同体（TC）等 希望・回復の地図・旅の仲間・新たな役割の取得

対話の場をつくる

修復的司法モデル（社会モデル）

市民や専門家が，当事者や家族の話し合いをサポートし，問題や葛藤の修復や解決を図る。「病理」を扱わない被害者－加害者対話（VOM），家族集団会議（FGC），CoSA等

図12-1　犯罪行動への介入のパラダイム

機となる外的要因を重視するとともに，社会的絆が多ければ多いほど離脱が生じやすくなることを示した。また，マルナ（Maruna, 2001）は，犯罪を続けている人たちと離脱した人たちのライフストーリーインタビューを行い，離脱者たちは，「回復の脚本」と呼ばれる楽観的人生観と，自身の人生にコントロール感をもち，生産的で社会に還元するという新たな自己アイデンティティを生成しているとした。

③　**今後の犯罪行動への心理的介入のパラダイム（理論的枠組み）：時代はつながりと対話へ**

再犯率低下効果を実証できなかった古い医療モデルは，犯罪行動を行った者に対し，「犯罪者」という，一生変化しないかのような否定的レッテルを貼り，たった1つの特徴でその人全体が判断されるというスティグマを負わせ，結果として関わりを狭め，変化をさらに困難にさせた。Nothing works から Something works の時代を経て，現在有望な介入のパラダイムとしては3つの柱がある（図12-1）。

1つは，「治療教育モデル」で，心理職が主として実行し，リスクとストレ

ングス（強み）に注目しつつ，犯罪行動を手放していく。犯罪行動の生じる状況やパターンを認識し，それを支える反社会的認知を修正し，自身で行動を統制できるようになることをめざす。

2つ目は，当事者たちによる回復モデルである。アルコール依存などのアディクション問題への対応を中心に，「12 ステップグループ」を中心として多くの自助グループが運営されるようになり，そこで回復した「先行く仲間」をみることによって希望をもち，ともに回復をめざす仲間を得て，12 ステップという回復の地図に従って，新たな役割も取得できる。自助グループで繰り返し語り，他の話を聞くことは，犯罪から離れていくための新たなアイデンティティの獲得に有用である。

治療教育モデルと回復モデルはともに生い立ちや生活における何らかの傷つきやつまずきを前提としてそこからの変化・成長をめざしており，自身の傷つきに気づき，認め，そこからの加害行動への転換を意識し，自身が癒され，周囲に対し謝罪と償いの行動をとれるようになるという視点が共通しており，そこでは現在発展中のトラウマに関する知見を得ることが有益である。

3つ目は，犯罪を行った人への注目よりも社会や周囲の人々との関わりを重視するものである。犯罪行動を手放すには，住居やよい仕事があるといった環境が整うことの重要性はいうまでもなく，広い意味では社会福祉などの専門家が活躍する環境調整を含む。ただ，心理職が関わりうる方法としては，修復的司法の枠組みのなかで，たとえば被害者と加害者の話し合いの場を設定するとか，子どもの非行問題を拡大家族が話し合う場を設定するとか，あるいは刑務所を出所した人を地域の人々と専門家がサポートチームを作って支援するとか，そうした修復的司法アプローチが重要となりうる（第18章参照）。

いずれの方法においても，個人の内面を面接室のなかだけで扱うというよりは，対話の場をいかにしてつくり，社会における関係性をいかに広げていくかということがポイントとなる。

4 犯罪行動変化のための心理臨床とは

[1] 一般的心理臨床と犯罪・非行心理臨床との異同

　犯罪行動変化のためのプログラムを中心となって開発，実践してきているのは，欧米では心理師および社会福祉士たちであるが，彼らの実践は日本でこれまで「心理臨床」としてイメージされているものとは，少し趣きを異にするかもしれない。日本で「心理臨床」というと，面接室内で，「深い」個別面接により，クライエントの「内面」をじっくり**受容，傾聴，共感**して，変化に寄り沿うというイメージがあるかもしれない。

　日本の法務省でも導入している欧米英語圏の犯罪行動変化のためのプログラムは，既述のように認知行動療法的，心理教育的アプローチが中心である。また，犯罪・非行行動変化のための働きかけは個人療法と集団療法との併用が最適であるが，どちらか1つを選択しなければならないとしたら，第一選択肢は，**集団療法**であるとされる。グループでさまざまなワークを行いながら，行動と認知を変化させていこうとするものである。日本の心理臨床実践において高く評価されると思われる，「深い」内面的理解や面接者とクライエントとの「強い」絆は二の次になる。そういったものを求めて心理臨床家をめざしている人にとっては，「表面的」で「浅く」，物足りないと感じられるかもしれない。

　しかし実際には，表面的でもなければ浅くもない。どのようなアプローチをとるにしても，大切なのは，本人の主体性を尊重し，それを脇から支援するための工夫をするという一点である。受容，傾聴，共感といった心理臨床の真髄を共有することに変わりはない。しかし個人の社会における「行動」が問題となる犯罪・非行臨床においては，まず問題となっている「行動」から入り，「認知」に手を入れ，必要性および可能性に応じて「感情」を扱うほうが，自然かつ安全であり，効果を上げやすいと考える。いずれにせよ，求めている犯罪「行動」の変化が生じる際には，まず知的理解が生じ，続いてそれを裏打ちする感情の変化が生じることが多いが，真の行動変化は認知と感情の両方がそろったときなのである。

　8割方は一般の心理臨床と相違ないが，犯罪・非行臨床には加えて，犯罪・非行行動に関する知識，評価と治療の技術，支援者自身の加害と被害への態度

の認識および司法制度などに関する知識といった，いくらかの特別な技術，知識自覚が必要になる。以下に，犯罪・非行臨床を実践するうえで前提となる，留意すべき点について述べる。

[2] パワーを自覚し適切に使えること

　病院における臨床など他の支援関係においても，実際にはパワーの格差のもたらす問題は存在しうるが，司法・犯罪領域においては，パワーを有していることとその適切な使用について十分に自覚する必要がある。特に公的機関の職員として対象者とかかわる場合は，その人の生活に大きな影響を与えうる立場にいる，あるいはそうみなされることが多い。

　犯罪・非行行動を行って司法制度に係属している者は，パワーに対してこだわりをもつ者も多い。もともと，親や教師といった社会的権威との折り合いが悪いことが非行・犯罪行動の発現に影響していたり，司法制度の関わりのなかで思い通りにいかなかったり嫌な思いをしてきて，権力に対して反感をもっていることもある。正面切って反発してくることもあれば，面従腹背といった態度をとることもある。

　加えて，犯罪・非行行動は，自身のもてるパワーを悪用して，他の権利を侵害する行為であり，パワー関係には敏感で，どちらが上か下かで関わり方を変えてくることも多い。下にみられると，支援者の境界線も侵害されて教育的介入どころではなくなるし，かといって舐められまいと肩ひじ張ると，教育的関係と対話に必要な率直で対等な関わりは望めない。あるいは，支援者が自身のもつパワーに無自覚であると，気づかぬうちに相手の境界線を破っていることもありうる。自身の境界線を侵害させることなく，相手の境界線も侵害することなく，互いに気持ちや考えを述べあい，調整していく関わりをつくり，そうした関係のあり方を体験させることが重要である。

　自身のもつパワーに無自覚であったり，パワーを行使することが密かに楽しみになったりして関係性が閉ざされると，関わりは暴力的なあるいは不適切なものになりがちであるので，支援にあたっては複数あるいはチームであたり，透明性を保つことが重要である。たとえば，ちょっとした特別扱いを対象者にして，見返りをもらったりして「人にはいえない」関わりに巻き込まれると，いわゆる籠絡された状態になり，極めて危険である。

[3] 安心・安全な枠組みづくり

① 安心・安全な枠組みづくりとは

　犯罪・非行行動に関わる臨床を実践する場合，まず**安心・安全な枠組みづく**りがポイントになる。犯罪・非行行動歴のある人は，ない人に比べ，今後同様の反社会的行動をとる危険性は高い。特に暴力行為は，本人にとっては即時的効果のある有効な「問題解決手段」と位置づけられている。支援者や周囲の人々が，この暴力行為によって被害を受けるような状況では，「治療教育的介入」など問題外である。心理臨床家が，「話せばわかる」といっているうちに，「問答無用」と殴られてしまっては，「お話にならない」。まず，話ができる状況（枠組み）をつくることが大前提である。

　暴力行動を抑えるとか，枠組みをつくるというと，すぐに「強権的な」「硬い」枠組みを連想する人もいるかもしれないが，そうではない。「強権的」枠組みは，力と力のぶつかり合いを生じさせ，暴力行為をかえってエスカレートさせる危険性が高い。一時的には，「強い力」によって暴力行為を抑え込んだとしてもある意味で別の暴力に置き換わっただけで，暴力が有効であるという信念を強化することになる。誰にとっても，ずっと力による「支配」を続けることは，とても生きづらいことではあるまいか。

　ここでいう枠組みづくりとは，本人が，「とりあえずここでは暴力行動をしないほうが得だと判断をするような」状況を整えるという意味である。たとえば，周囲の人々が一致団結して暴力行為に否定的であること，本人の安全と安心が確保されていて，周囲の人を信頼できて，暴力をふるわないほうが自分の欲求が満たされると本人が思えること，暴力をふるっても欲しいものは得られそうにないと本人が思えること，などである。基本的には，**公正**で，**予測可能**で，努力が報われる実感のある状況をつくることが大切であろう。

　暴力が「（本人のなかで）ふるい得」になっているうちは，なかなか暴力行動は収まらない。実際に物理的な力を行使する必要があるのは，本人が自暴自棄になって，判断を停止して暴れまわるといったときだけであろう。その場合でも，本人の暴力行為を抑えるための力以上に物理的力を行使してはいけない。難しいことであるかもしれないが，暴力に対して，暴力以外のより適切で効果的な問題解決の方法を本人に示していくことが求められている。

② **安心・安全な枠組みづくり**

　刑務所，少年院，児童自立支援施設など公的機関によって施設内で働きかける場合には，それぞれの施設の特質により，枠組みができていることが多い。基本的には予測可能な，規則正しい日課に基づく**生活のリズム**，職員や他の収容者たちとの少なくとも暴力的ではない関係，**信賞必罰**，**職員集団**の一致団結体制といったことが構造化された枠組みを提供する。多くの場合，入所当初はともかく，生活に慣れ，安心感がもてるようになると自分の問題に取り組む姿勢が出てくる。

　施設では，犯罪性の高さ，年齢，性別など対象者の性質と施設の特質に応じて，程度の違いはあるが，物理的な力の存在やルールもはっきりしている。たとえ外からみて，不要に思えるルールや枠組みであったとしても，長年の経験に基づいてできているものであり，それを変更する際には，相応の配慮が必要となる。ただし一度できあがった枠組みは，それ自体が目的化して硬直化するという傾向もあり，なぜこの枠組みが必要であるのかを考え，暴力行動を抑制しつつ，本人たちの自覚と変化を促進するよりよい枠組みはどのようなものであるのかということを常に工夫することは大切であろう。同時に収容者の衣食住をはじめとする生活環境や職員集団の士気や雰囲気をよいものに維持するための「運営」が，根幹として治療教育や処遇の質を左右する。

　対象者が社会内で生活したまま，犯罪・非行行動の変化に向けて働きかけをするとなると，本人および他者に危害を加えるおそれのある行動化の危険性についてはさらに敏感である必要がある。施設内とは異なり，対象者の行動について，「目の届かない」ことがほとんどとなるし，犯罪行動が生じた家庭・学校などの生活環境のなかでそのまま生活していることがほとんどだからである。社会内で治療教育を実施する際には，新たな被害者が出るのを防ぐこと，加害者本人も新たな行動化によってさらに問題を拡大化，複雑化させることを防ぐ責任がある。

　ポイントの1つは，どれだけ**嘘**と**隠しごと**のない関係を築けるかということであろう。失敗やつまずき，嘘や隠しごとは必ずといってよいほどつきものであるが，それを知ったうえで，再犯につながるような嘘や隠しごとには敏感であり，「変だな」と感じたら，それについて丁寧に聞くことが大切である。

　さらに，鍵となるのは，「**アセスメント**」と**ケースワーク**である。アセスメ

ントについては，この対象者およびその生活環境には，どのくらい活用できる資源（リソース）があるのかを見極め，それに応じた枠組みの自由度（緩やかさ）を選択することが重要な目的の1つとなる。一般に，本人の犯罪性が低く，活用できるリソースが多いほど自由度の高い枠組みが有効である。本人の強さと生活環境のリソースがあると評価された場合，それを最大限に活用するべく，家庭や学校，職場，あるいは他の関連機関，支援者たちと連携・協働する体制を整えていけるかがポイントとなるだろう。施設内から社会内に生活の場を移すときも，こうしたケースワークの必要性はいくら強調してもしたりない。

5 変化の段階と動機づけ

　司法臨床と一般臨床とのもう1つの違いは，少なくとも介入初期の段階で，本人自身が変わろうとか犯罪行動を手放そうという動機が低いことも多いことである。司法臨床では，外的強制力によって，介入を受けざるをえなくなって「指導」の場に現れている場合も多く，また犯罪・非行行動は本人にとっては何らかの利点があって行っていることであり，手放すことへの抵抗感が強いことも多い。本人自身が変わろうとする動機がない場合には，何を伝えようとしてもなかなか入らない。司法臨床では，変化への動機づけが最初の一歩となる。

[1] 変化の段階に応じた介入
　プロチャスカとディクレメンテ（Prochaska & DiClemente, 2003）によれば，行動の変化は，単なる量的な増大ではなく，それぞれに固有の課題を伴うプロセスであり，問題行動の変化への態度・行動の段階に応じて，適切な介入が異なるので，治療者はそれを見極め，変化のプロセスを促進するような援助をすることが重要になる。具体的な変化の段階とその特徴，適切な介入，次の段階への移行を示すサインは以下のようなものがある。
　① **前考慮段階**
　本人は変わることをまったく考えていない。「強制」されて治療にきたとしても，実際にはコミットしない。公言するしないにかかわらず，問題行動は，マイナス面よりプラス面のほうが多いと思っている。この段階にある場合，

「行動変化」に焦点をあてると逆効果であることが多い。必要なのは，変化への動機づけである。うまくいくと，「問題」を認め，問題とされる行動のマイナス面への気づきを高める。

② 考慮段階

変化を考えはじめる。問題に関係する情報を求めはじめる。変化に伴うマイナスとプラスを比べる。必要な介入は，問題行動に関する適切な情報を提供し，問題意識を高めることと，自分と環境についての見直しを促進することである。うまくいくと，「変化」することを自分で意思決定する。

③ 準備段階

変化のための準備完了である。引き続き，意識啓発と自他の再評価を進めつつ，実際の変化のための行動に焦点を移していく。コミットメントと自己開示を促す。変化の目標と優先順位，行動プランができたら次の段階である。

④ 実行段階

変化のための行動を実践する。問題行動への逆戻りを防止するスキルを学ぶ。この段階に至ると，認知・感情の変化，社会的技能の習得，社会的支援の活用，ハイリスク状況への気づきと対処方法の獲得等行動変化のための具体的な介入が功を奏する。行動が変化し，自己効力感が強まる。

⑤ 維持段階

達成した変化の維持に努める。逆戻りや再発回避に注意を払う。介入は，新しいライフスタイルの支援，決意や自己効力感の確認，新たな対処スキル獲得支援，支持的接触等，変化した行動の維持のための介入が必要である。

認知行動療法的アプローチでは，この維持段階に対して再発防止（relapse prevention）モデルを組み合わせて用いることが一般的である。すなわち，いったん目標の行動が達成されたとして，元の行動に戻ってしまう再発（lapse）は必ずあると考え，再発の危険性を高める高危険状況に気づき，避け，適応的な方法で対処するスキルを学んでおく。薬物をやめるのは簡単だが，やめ続けるのが難しい，ダイエットはできるが，リバウンドが怖いといったことで，特に，薬物や性的行動，ギャンブルなど嗜癖性の高い行動変化のためのプログラムで活用される。

[2] 変化への動機づけ

変化の段階でいえば，最初の2つの段階，前考慮段階と考慮段階で，**変化への動機づけ**をいかに行うかがその後の治療教育経過を左右するといっても過言ではない。ポイントは，「よいセールスパーソン」を心がけるというところであろうか。すなわち，勧める商品（犯罪行動変化のための方法）の価値を熟知しているがけっして押し売りせず，本人が欲しくなって買うということをめざす。

人には変わりたい気持ちと変わりたくない気持ちと両方あることが通常である。いくら他からみて「問題」といわれても，本人にとっては何らかの利点があるからその行動は続いている。ミラーとロルニック（Miller & Rollnick, 2012）によれば，**動機づけ面接**（モチベーショナル・インタビューイング）は個人の選択の自由を尊重し，自分で決めるのを援助することで，その人が本来もっている変化への力を解放し，自然で，肯定的な変化の過程を開始させることを意図している。面接やカウンセリングではなく，文字通り interviewing（互いの間にあるものを一緒にみる）するのである。

動機づけ面接の基本原則は，以下の4つである。

① 共感を表明する

C. ロジャースのクライエント中心療法における受容と傾聴は，モチベーショナル・インタビューイングの第1の基本原則である。ここでは変化への**両価的態度**は普通のことであり，それを解決することが変化へとつながるとみなされる。このことは当たり前のことであるように思えて，しかし案外実践が難しいことである。特に反社会的行動変化を意図している場合には難しい。「正しいことをしている」と信じている善意の治療者ほど「共感」が難しくなる。しかし，変化への両価的態度があるからこそ，その行動が嗜癖化しているのであり，それが当然とわかってくると比較的容易になるし，実際，やむにやまれない何かがあってそうなっているのだということが徐々に治療者にもわかってくることが多い。

② 食い違いをつくり出す

変化は，現在の行動と重要な個人目標や価値との間に知覚された**食い違い**によって動機づけられる。ただし，この目標や価値は，治療者のそれではなく，本人自身のものであることが大切である。変化を語るのは本人であって，治療者ではない。ここでいう食い違いは，変化の重要性に関わることであり，達成

開始時のクライエント　　　　終結時のクライエントと治療者　　　　開始時の治療者

図 12-2　「正したい病」をやっつけろ
（出典）　藤岡，2006。

されるべき行動変化の量としての行動上のギャップではない。ギャップが大き
すぎると，自信がもてずにかえって動機づけが低減する可能性がある。たとえ
ば，「クリエイティブになるために」薬物を使用しはじめた人が，薬物を乱用
することによって，実際には何もできなくなっていたことに気づいた場合，自
分にとって大切な目標と実際の行動との食い違いが変化への動機となりうる。

　③　**抵抗とともに転がる**

　抵抗とよばれる行動は，治療者がアプローチを変える必要があるというサイ
ンとして理解される。「抵抗」は関係性において生じるものであり，治療者が
どのようにそれに反応するかが，それを減少させるか増加させるかに影響する。
「変化」について言い争ったり，「抵抗」に対して真っ向から対抗したりはしな
い。たとえば，「薬物使用でクリエイティブになる」と述べたとして，「なりっ
こない」などと正面衝突しても無駄である。むしろ柔道か合気道のように相手
の力を活用して，「クリエイティブになるんだあ……どんなふうに？」などと
一緒に同じ方向に転がるほうがよいようだ。話を傾聴するうちに本人にとって
の「クリエイティブであることの意味」が，本人にも治療者にもみえてくる。

　④　**自己効力感を支援する**

　「変化は可能である」という信念は重要な動機づけである。希望がなければ
努力もなされない。変化の責任は本人にある。これは，その人が変化できると
信じていることを前提としている。誰も本人に代わって人生を生きることはで
きないし，変化を成し遂げることもできない。本人が望み，信じ，努力するな
ら周囲も支援することができる。自助グループなどで，変化の実例をみること
は大きな勇気づけとなりうる。

図 12-2 に示すように，面接開始時には，クライエントと面接者の見方は，かけ離れた位置にある。特に，非行・犯罪行動を扱う場合は，面接者のほうが，すべて自分が「正しい」という前提をもちやすく，対象者の誤りを「正そう」としがちであるが，これをすると変化への動機づけはうまくいかない。基本技として，「傾聴，受容，共感」を用い，クライエントの見方，感じ方にチューニング（同期）しながら，応用技として「はい，いいえ」では答えられない開かれた質問，相手の気持ちを照らし返したり，話をまとめて返す，リフレクション（反映）とサマライジング（要約）などを使って，少しずつ「別の視点」を入れていく。時には，必殺技として「直面化」（第 16 章参照）を使い，被害者や社会の見方を教えていく。最終的には，どちらかが，すべてが正しいというわけではなく，治療者にもクライエントがそういう行動をとってきた背景がより理解できる感じがするし，クライエントも，他者の視点を獲得していき，そこそこのところで落ちつく気がする。そうなると，治療は終結である。

学習のための文献案内　BOOK GUIDE

ミラー，W. R.・ロルニック，S.［原井宏明監訳］（2019）．『動機づけ面接 上，下』［原著第 3 版］星和書店
　▷動機づけ面接の創始者であるミラーとロルニックが著した，「動機づけ面接について学ぶならこれ」という 1 冊。上巻では，動機づけ面接と関係性の基本から，いかにしてフォーカスし引き出すかが詳述され，下巻では，さらにその実践がガイドされている。

プリント，B. 編［藤岡淳子・野坂祐子監訳］（2015）．『性加害行動のある少年少女のためのグッドライフ・モデル』誠信書房
　▷Gマップは，イギリスのマンチェスター市で，性加害行動のある若者とその家族への治療的介入，研修，スーパービジョン，コンサルテーションを行っている民間サービス機関である。本書はウォードが開発したグッドライフ・モデルを，少年少女用に修正した取り組みが中心となっている。同時に，少年への治療的アプローチについて理論と実践面から詳細に学ぶことができる。

ワグナー，C. C.・インガーソル，K. S.［藤岡淳子・野坂祐子監訳］（2017）．『グループにおける動機づけ面接』誠信書房

▷本書では，動機づけ面接をグループの相互作用に適用する際の基礎が述べられている。そのうえで，グループにおける動機づけ面接の実践例が豊富に示されている。動機づけ面接だけではなく，グループ療法についても実践的な知見を豊かに学べる。一粒で二度おいしい本である。

【藤岡淳子】

第13章 犯罪者・非行少年のアセスメント

1 臨床実務におけるアセスメントの多様な役割

　犯罪や少年非行が事件化すると，刑事手続・少年司法手続の関係法令に従い，警察・検察の捜査機関，裁判所，矯正（**施設内処遇**），更生保護（**社会内処遇**），児童福祉の各種機関がそれぞれ機関の責務や権限に応じ対象者に逐次関与する。

　一連の実務場面で心理専門職にアセスメントが求められる場面は，査定目的や焦点もアセスメントが依頼・負託される文脈に応じ，下例のように多様である。

- 　捜査段階：被疑者の供述や記憶の信憑性を調べる**ポリグラフ検査**，児童虐待の被害状況の客観的把握のため**司法面接・認知面接**など（第6章参照）。
- 　裁判段階：責任能力や訴訟能力の評価の参考となる**精神鑑定**（安藤，2016），犯行時の心理機制や適切な介入方策を検討するための犯罪心理鑑定（**情状鑑定**），非行のある少年の要保護性の検討等のための**社会調査**や**審判鑑別**（第7章参照；橋本，2011, 2016）。
- 　処分の執行段階：再犯・再非行防止や更生支援のための介入に重点を置いた**処遇調査**や**処遇鑑別**など（第8〜9章参照）。

　これらのアセスメントでは，基礎心理学，臨床心理学，司法心理学，司法精神医学，犯罪学など関連諸科学の知見や技法を利用した学際的アプローチがとられ，対象者がなぜ犯罪や非行を起こしたのか，その諸要因を対象者および対象者を取り巻く環境の双方の観点から多元的に分析・理解すること（記述・理解の目的），犯罪や非行にまつわる問題性の深さなどから今後の動向等を評価すること（予測の目的），裁判所等の処分決定機関の意思決定や，刑務所，少年

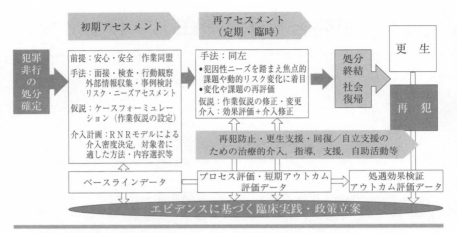

図 13-1　犯罪・非行臨床のアセスメントプロセスの概要とエビデンスに基づく実践

院, 保護観察所などの執行機関における処遇を支援し, 究極的には再犯防止や立ち直りを支援すること（統制・予防・回復支援の目的）がめざされている。

　他方, アセスメントの結果得られるデータは, 事件後の初期アセスメント段階から治療・教育的介入を含む処遇段階, そして介入終結後の段階まで継時的にフォローすることにより, ケースマネジメントの道しるべとなる。また, 逐次集積されたデータは, 再犯・再非行の促進・抑制にまつわる諸要因や再犯・再非行防止に効果的な介入条件の分析・解明に役立つ知識ベースを高め, **実証的な根拠に基づく実践（エビデンス・ベースト・プラクティス；EBP；原田, 2015)**を推進する役割も担う（図 13-1 参照）。

　本章では, 刑事司法の臨床場面の特質を踏まえ対象者のアセスメントを行う際の手法や留意点を概観し, 再犯・再非行防止や立ち直り支援の準拠枠となっている主要なアセスメントと処遇のモデルにまつわる課題や今後のアセスメントの方向性等を展望する。

2　犯罪・非行の臨床場面の特徴とアセスメントとの関わり

　刑事司法機関を中心とする犯罪・非行の臨床場面は, 一般の心理臨床とは異

なる特徴をもつ。両者の違いを，藤岡（2001）は，非自発性，二重の役割，秘密保持の制約の3つのキーワードに集約し説明した。この整理を敷えんし，アセスメントとの関わりをみておく。

[1] 非自発性という関与の特徴

　第1の特徴は，大多数の対象者が非自発的に刑事司法機関に関わる点である。非自発的で義務履行も厳格に要求されるような場では，対象者の主体性が脅かされ，抵抗や反発といった心理的リアクタンスや動機づけの低下などが起こりやすいことが円滑なアセスメントや治療的介入導入の障害となりうる。このため，犯罪・非行の臨床実務では，初期接触段階で対象者の不満，不安，落胆等の複雑な心情を受け止めつつ，犯罪や非行を契機に自己の現状を見据え生活の立て直しを図ろうとする意欲や動機づけの喚起に配慮や工夫を要する。また，この種の権威的介入構造下では，調査担当者の判断や意思決定が対象者の利害を大きく左右する結果を招くことがある。査定に際しては対象者の表面的な迎合・服従的な態度，対象者・査定者間の転移・逆転移感情等による合理性を欠く評価ぶれ，パワー濫用となりうる一方的働きかけなどに注意が必要とされる。

　なお，介入枠組みがもつ「強制」力や枠の強みが回復支援的な文脈のなかで発揮されれば有益な効果をもたらすことも多い。その好例が治療的司法の考え方に基づくアメリカのドラッグ・コートの実践例であり，裁判所への定期出頭や尿検査の義務づけと同時に断薬継続や生活再建に向けた努力を支える賞賛や励ましが，治療プログラムからの脱落防止や動機づけ促進に寄与し再犯削減・更生支援効果を上げている（Mitchell et al., 2012）。

[2] 刑事司法機関に固有の二重役割という特徴

　第2の特徴は，刑事司法機関の職員は，対象者の立ち直りや円滑な社会復帰を支援する指導・支援者役割を担うとともに社会の安全の確保という社会防衛の使命も負う点である（二重の役割）。これは，一般の心理臨床場面における**多重関係**回避の倫理的要請（金沢，2006）とは性質を異にする職業役割固有の特質である。対象者個人の利益と公共の安全や福祉の視点とが競合しジレンマを生むような局面では，双方を比較考量し関係法令や職務倫理などの面から慎重な検討・判断や対応が求められる。アセスメントでは，本人の気づきや改善意

欲を支え，問題克服に資する援助的な働きかけとともに，地域社会の安全確保や潜在的被害者保護という見地から，対象者の予後の見通し，特にどんな条件下で触法行動を再発させるリスクが高まるか，被害の続発を防止するにはいかなる対処や支援が必要かという点などについて，関係機関等に対し，的確に情報伝達するリスクコミュニケーションの責務も負う。

[3] 秘密保持の制約という特徴

　第3の特徴は，対象者の秘密やプライバシーなど**守秘義務**に関わる情報が，被害者保護等の関係法令上の要請から一部制約を受けることである（例；自傷他害のおそれのある精神障害者の精神保健福祉法による釈放時通報，特定類型の性犯罪者等の釈放時通報制度など）。また，調査では，加害・被害の当事者，近親者等のセンシティブ情報を扱う機会も多く，情報漏えいによる関係者の不利益も甚大なことから，非常に厳格な守秘義務と情報管理が求められる。近年，官民にわたる多機関・多職種連携による再犯防止や立ち直り支援が活発化し，高齢・障害対象者の**特別調整制度**などでアセスメント情報等を共有し一貫性のある継続的支援が展開されているが，前提として本人同意に加え支援ネットワーク内での個人情報の取扱いについて明示的ルール設定とその遵守が欠かせない。

[4] 時間的制約という特徴

　これらに加え第4の特徴として，刑事司法制度下の介入には，時間的制約が伴う点にも留意が必要である。刑事司法場面では，刑事施設収容の根拠となる所定の刑期なり少年院の標準的教育期間の範囲で，治療・教育的介入を含め処遇を計画し，再犯防止や改善更生に向けた働きかけを可能な範囲で実施しなければならない。アセスメントでは，所定の処遇プログラムを実施する必要性の高い者を，対象者の受講必要性や意欲を踏まえ優先づけて選択し，所定時間枠の適切な時期に目標の達成がかなうよう介入計画を策定・実施することが求められる。時間的制約には，刑事司法機関で対象者に投入できる人的・物的資源が有限なことも絡む。このため，刑事司法機関の臨床実務では，個々の対象者のケースマネジメントは，処遇機関内（例；少年院の全般的プログラム運営）や関係機関間のシステムマネジメント（例；少年審判における処分の適正選択）とも密接不可分であり，構造化された評価ツールによる**リスク・ニーズアセスメ**

ントのように対象者の問題性や介入ニーズに焦点づけた系統的アセスメントが
果たす役割は大きい。

3　犯罪・非行の臨床におけるアセスメントの次元と手法

[1] アセスメントの次元

　心身医学や精神医学領域では，心身症や精神障害のアセスメントや治療的介
入のアプローチとしてエンゲルが提唱した**生物－心理－社会モデル**（**BPS モデ
ル**；Engel, 1977, 1980）が活用されてきた。BPS モデルは，疾病や人間行動が，
生物学的，心理的，社会的要因から多重的に規定されていることに鑑み，生物
－心理－社会の各次元の諸要因の寄与とともに各次元相互の関わりをシステム
論的見地から全人的（ホリスティック）に見立てるモデルであり，犯罪や非行
の当事者理解や介入方策検討にもこのモデルはよく当てはまる。既存の犯罪・
非行理論も個々のケース理解でも，単一次元・学問領域の説明や単一原因が普
遍妥当な説明を与えるようなことはないように，治療・教育的働きかけでも，
単一次元からのアプローチだけで再犯抑止や立ち直りが首尾よく達成されるこ
とはまれである。対象者ごとに比重を変え，生物・心理的の水準からなされる個
人への治療や教育の働きかけと社会的な環境調整等のアプローチが相補的・相
乗的に影響しあい奏功していくと考えられる。
　こうした多次元的・学際的なアプローチの大切さを性犯罪のアセスメントと
治療的介入を例に考えてみよう。成人の性犯罪再犯に関する**メタ・アナリシス**
研究をみると再犯を支える**危険因子**には，大別すると一般の犯罪性を支える危
険因子群（反社会的態度，衝動性等）と性犯罪に固有の危険因子群（逸脱的性的
興奮，異性認知の歪み等）が寄与している（Hanson & Bussière, 1998；Hanson &
Morton-Bourgon, 2009）。他方，メタ・アナリシスによる処遇効果の評価研究で
有意に再犯抑止効果が認められた心理社会的介入は，高リスク者を対象にした
認知行動療法や多元的な介入を行うマルチシステミックセラピー（MST）であ
る（Schmucker & Lösel, 2015, 2017）。個々の対象者のアセスメントでは，このよ
うな実証的評価研究で認められた危険因子群の布置を念頭に置き，信頼性や予
測妥当性の高い保険数理統計的リスク評価ツール（Hanson & Morton-Bourgon,

2009）を用いて再犯リスクの高低を確認し，かつ対象者に固有の事情も加味しながら系統的に査定し，適切な介入密度の治療・教育的処遇を編成・実行することが必要となる。かりに，生物学的な次元で衝動性亢進が脳機能の特異性や脆弱性の影響を受けていて，処方薬の服薬中断が性犯罪サイクルの消長と関連性が認められるような場合，服薬遵守を高める方向での医療ケアの強化が検討されるかもしれない。ただし，そうした生物学的特性のある人でも，性暴力に訴えるか否かの違いは，心理的な次元で，セックスやジェンダーに対する認知の歪みや対人スキルの稚拙さ等の問題により加害行動が助長されている可能性もあるため，そうした可能性を査定し，その是正のため認知行動療法に基づく介入を計画・実施することも必要となる。さらに，性暴力を助長する環境因子がある場合，性犯罪に肯定的な仲間への接触や性犯罪を誘発しやすい環境条件を統制すべく，犯罪の引き金となる行動や状況を回避する方法を再発防止のセルフマネジメントに組み入れ学習するとともに，本人の強みや志向をいかし対象者のよりよい暮らしを支援すべく，対象者を取り巻く環境を整えることが必要になる。このように再犯防止や立ち直り支援のためには，各次元の危険因子や保護因子の寄与や相互作用を見極め，必要な介入を重層的に計画実施しなければならない。

　問題の見立てや評価がまちまちで，各次元からの対応もばらばらに実施されるような状況では有効な治療・教育的な介入につながらない。当事者とともに犯罪や非行の克服に関わる多職種の支援者が共通認識をもって多職種チームとして協働しながらアセスメントと治療・教育的介入に取り組んでいくことが肝要である。

［2］アセスメントの手法

　アセスメントの手法は，基本的には一般心理臨床場面と共通だが，対象者の特質や査定目的からみると刑事司法分野に特有なものも存在するので以下に示す。なお，アセスメントの出発点として，対象者の安心と安全の確保は，心理臨床一般に前提となる重要課題（津川，2018）であり，刑事司法分野では特に重要である。事件により身柄拘束を伴うような場面では，環境の大きな変化や処分に対する不安や緊張，各種の喪失感や挫折感による抑うつ気分などがあいまって，一般社会より自殺リスクが6〜7.5倍高まることが知られており

（WHO & IASP, 2007），アセスメントの際にも，対象者の生命を守り安心・安全に調査に臨めるような配慮を欠いてはならない。

　① **面　接**

　面接は，面接者と対象者との言語および非言語のコミュニケーションを通じ，対象者の思考，感情，行動パターン，パーソナリティ特性，対人関係，社会的態度，価値観の特徴，家族関係，生活歴，各種の問題行動履歴等のデータを総合的に入手できる手段である。アセスメント目的の調査面接は，通常，初回面接（**インテーク面接**）と二次面接に分け数度にわたり行われる。初回面接では，開始時に面接の目的や面接者の役割，面接で得た個人情報の利用の仕方や秘密保持の制約等について十分な説明やオリエンテーションを行い，**ラポール**（信頼関係）や**作業同盟**づくりに努めなければならない。初回面接後の見立てに従い，アセスメント仮説および調査プランをつくり，二次面接では，医学的な診察，心理検査結果や他の情報源から得た情報等も勘案のうえ，想定される仮説を検証・分析し，ケースの問題発生や維持にまつわる**機能分析**等を通じ**ケースフォーミュレーション**を行い，介入方針・内容等についての検討を対象者との協働作業の形で進める。

　犯罪や非行の臨床場面の面接では，一般の臨床場面と同様カウンセリング・マインドや基本的な面接スキルが必要とされる。ただし，非自発的な関与による対象者の場合，自発的な来談者に比べると，否認，矮小化，合理化などの防衛が働いたり，操作的・欺瞞的な態度ではぐらかしに出て主導権を奪おうとしたりする者もいるため，対象者の発言を鵜呑みにしたり，話題の焦点をずらしたりしてしまうと，対象者を査定し理解するために必要十分なデータが収集できないことにもなりかねない。こうした結果には，面接者自身の問題も反映されるため（例；性犯罪調査の場合なら調査者自身の性的な事柄に対する羞恥心や性やジェンダーについての価値観や態度など），アセスメント技能向上に向けてのスーパービジョン等の各種研修や指導が欠かせない。

　また，非行や犯罪にまつわる問題の評価や介入計画のために必要なデータの収集に重点をおいた調査面接では，所定の時間内にケース所見や報告書をまとめなければならないので，援助的に関わりつつ必要な情報は戦略的・効率的に収集する必要がある。**半構造化面接**や**構造化面接**の技法は，**リスクアセスメント**の場面や精神障害のスクリーニング等の目的で用いられており（例；性犯罪の

評価のための標準的面接プロトコル，性非行に特化した半構造的面接〔藤岡，2006〕），こうした系統的調査により性暴力サイクル（Lane, 1997）など非行・犯罪の機序解明の糸口や治療的介入の目標課題がより明確化する。

　なお，アセスメント目的の面接は，対象者理解や処遇の手がかり把握のためのデータ収集等調査的側面が高いとはいえ，対象者が自身の現状に目を向け犯罪や非行を克服するための出発点にもなる。このため，対象者が，どの程度自分の問題に取り組む準備ができているか，変化に向けた動機づけを掘り起こすためにどんな対応が望ましいかを検討しておくことも大切である。この際に，J. O. プロチャスカと C. C. ディクレメンテの行動変容の**トランスセオレティカルモデル（多理論統合モデル）**（「**変化の段階**」の各段階〔前考慮期・考慮期・準備期・実行期・維持期〕にふさわしい働きかけが行動変容をより促進するという考え方；Prochaska & DiClemente, 1983；Conners et al., 2001）は，嗜癖行動に限らず対象者の把握に有用であり，**動機づけ面接**（Miller & Rollnick, 2012；第 12 章参照）とともに非行・犯罪臨床のアセスメントに活用されている。

　② **心理検査等**

　心理検査は，一般臨床場面同様，主に対象者の特性や機能を客観的に把握するために用いられる。アセスメントにおいては，使用する心理検査の信頼性，妥当性，施行可能性等を勘案のうえ，アセスメント仮説や検査目的を勘案のうえ，必要十分な種類・内容の検査を選択して**テストバッテリー**を組み，実施することが一般的である。

　矯正施設のように一度に多数の対象者の評価を求められる場面では，初期のスクリーニング段階で，知能，性格特性や社会的態度等についておおまかな見立てを行うため集団場面で施行可能な心理検査がまず実施される。スクリーニング目的の検査は，対象者の長所や問題点をあまねく浮き彫りにできるほどの効用はないが，アセスメント方針設定についての手掛かりを与える。また，人格目録式の性格検査や社会的態度に関する心理検査の場合は，防衛的な反応態度や社会的望ましさに対する反応セット等が影響しやすいので，検査結果の解釈では面接所見や生活歴上のエピソード等も突き合わせ解釈する必要がある。法務省所管の矯正施設で使用される心理検査の多くは，収容対象者を母集団として対象者の学力水準等も勘案し標準化等の開発・維持管理作業がなされており，法務省の英名 Ministry of Justice の頭文字 MJ を冠した名称の検査等

（例：MJPI〔人格目録〕，MJSCT〔文章完成法〕，MJAT〔態度検査〕，MJCA〔法務省式ケースアセスメントツール；一般非行のリスク・ニーズアセスメントツールなど〕）が使用されている（詳細は屋内〔2016〕参照）。

　二次的に個別施行される心理検査は，犯罪や非行の背景に器質的障害，精神障害等が関与している可能性のある場合や，医学的関与を要する疾病や障害が認められなくても犯罪や非行のメカニズムが了解し難い場合，さらに，処遇計画を策定するうえで，本人の適性や学習スタイルにあった指導方法を検討したい場合などに，査定上の仮説や除外診断しておく必要がある事項等に応じ検査を選択し実施する（例：高次脳機能障害や認知症による脳の機能不全が推察される場合の神経心理学的検査，ウェクスラー式個別知能検査による知的機能の構造的把握と治療・教育上の手がかりの導出，ロールシャッハやTAT〔主題統覚検査；thematic apperception test〕といった投影法検査による外界認知・葛藤・愛着や対象関係の発達等についての検討，キャリア・ガイダンスのための職業興味・適性の把握等）。

　なお，査定への協力や事後の介入への主体的な取り組みを促すために心理検査等によるアセスメントの結果は，対象者が理解でき活用できる範囲でフィードバックし，自己理解や課題解決の手がかりとしておくことが望まれる。

　MJCAのようなリスク・ニーズアセスメントツールは，非行・犯罪の臨床に特化した再犯可能性や教育の必要性を構造的に評価するツールであり，日本ではカナダの連邦実務をモデルに2006年に性犯罪再犯防止指導が開始後導入され，その後，一般の非行や犯罪用のツールの開発にも至っている。第12章に記載のとおり，こうした構造的評価ツールはRNR原則に基づいたアセスメントと処遇の系統的実施に不可欠なものとして日本の刑事司法実務に定着化してきている。一般的心理検査や各種評価ツールのデータは，初期アセスメント段階の状態像を知らせる治療的介入実施前のベースラインデータとなり，介入中および介入終結時までの変化をモニターし，プロセス評価や短期・長期アウトカム評価を行うためにも活用できる。処遇経過をリテスト（再検査）や再評価により客観的にモニターし組織的にデータ収集・分析する体制づくりは，臨床実務検証の説明責任を果たし，エビデンスに基づく実践の向上のために有力な原動力となることが期待されている。

③　行 動 観 察

　行動観察には，ありのままの状態を自然観察する方式，観察する注視点や条件を統制し組織的に行動をサンプリングする方式，意図的に刺激や操作を加え実験的に行動を観察する方式等がある。面接や心理検査実施時の行動観察がその解釈に貴重な示唆を与えるように，優れた行動観察は対象者像をありありと浮き彫りにする（例；面接場面で面接者という権威者に示す従順な態度や行動と同輩集団での言動のずれ）。なお，近年，犯罪・非行の実務場面でも，CBCL（子どもの行動チェックリスト；child behavior checklist）や発達障害の感覚特性や治療・教育上の留意点を把握する構造的チェックリストによる評定が広く活用されている（富田，2017；内山，2017）。

④　医学的診察・診断

　心身の健康状態は対象者の生活や行動の機能水準に大きく影響する。対象者に心身の障害や疾病が合併している場合は，医学的治療が最優先課題となることもある（例；妊娠に対するケアや精神障害増悪期の治療）。児童期から青年期にかけては，各種の発達障害や精神障害が好発期にあたるので，こうした障害を見逃し対応を見誤ると，**二次障害**として生じた非行や犯罪を遷延化させる可能性もある。また，犯罪や非行をした者には，虐待等の**逆境的小児期体験**（ACE）から派生する愛着障害等の問題を複合的に抱えている者も少なくない（松浦，2015）。このため，身体・精神医学的な障害・疾病や治療の要否は医師による診察や各種検査で慎重に鑑別診断を仰ぎ，心理・社会的次元からアセスメントする前に器質疾患等の除外診断を得ておかなければならない。心理の専門職は障害や疾病を診断する立場にはないが，医療との連携・協働による適切なケアにつなぐため，DSM-5，ICD-11 の疾病分類や精神・神経病理等の基礎的知識は継続的に学習・更新していく必要がある。

⑤　外部情報の活用とケースカンファランス

　対象者の情報を複数の情報源から得ることは，犯罪・非行事実を始め客観的な情報の信頼性が増す利点があるほか，対象者を取り巻く家庭，学校・職場，地域社会など環境次元の変数との相互作用の観点から犯罪や非行の問題を分析し，介入手がかりや利用可能な社会資源を明らかにする点でも意義がある。特に，犯罪や非行の履歴や内容に関わる情報は，犯罪や非行の進度や再犯・再非行リスクを適切に評価するために重要であり，被害に関わる情報も，対象者を

責任に真摯に向き合わせるためにできるだけ正確に得ておきたい。ケースに関わる内外の他職種との情報交換やケース検討は見立てを修正し，多職種で共通認識をもって指導・支援にあたるために不可欠である。また，家族等から情報を収集する場合には，一方的に情報を収集するだけでなく，要請があれば悩みや今後の生活への不安なども傾聴し，適切な対応等に関する相談に応じ，心理教育的働きかけも可能な範囲で行うなどエンパワーしていくことが望ましい。

⑥　ケース記録の作成とアセスメント所見のまとめ

アセスメントは，以上の各手法から得た情報を相補的に検討・統合し，初期段階の暫定仮説から定期・臨時の再アセスメントを経て仮説検証を進め，対象者の問題の機序を定式化し，問題の打開に向けた介入方策を多次元的に編成・実施・評価していくプロセスである。各手法により得られた情報から，対象者の家族歴や生活史が犯罪や非行の履歴等とともにまとめられケース記録がつくられる。記録をまとめる際には，対象者が生物・心理・社会の各次元でどのような発達を遂げてきたかを跡づけ，家族等との対人関係をどのように体験・形成し，どんなパターンで向社会的行動や非・反社会的行動に関わってきたかなどを対象者の立場に身をおいて追体験するかのように聴取しまとめていくと，対象者が直面してきた課題が浮き彫りになるように思われる。また，家族歴をジェノグラム（三世代程度の家族の関係性を示した家系図）から検討すると，虐待や嗜癖行動の連鎖がみられることもある。さらに，対象者にとって生活史上の転機となったエピソードをみると，発達上の課題へのつまずきが犯罪や非行の危険因子と結びついたり，重要な他者との出会いが保護因子として機能したりしていることが明らかになることもある。ケース記録を整理する際には，問題行動の促進要因を解明するとともに，対象者の健康な部分を探り，これを支え育む視点も大切である。

アセスメント所見は，本人の歴史に関わる縦断的な所見と現在の状態像をなす横断的な所見とを縦糸と横糸のようにして対象者像を織り上げていく過程に似ている。パーソナリティ特徴の描写やケースの分析は，担当者の依拠する人格観（例：**特性論，類型論，精神力動論**）やどのような手法の介入アプローチを想定しているかなどによって記載内容の注視点が異なると思われるが，対象者の人格の統合水準（精神病水準，パーソナリテイ障害水準，神経症水準）や対人的認知発達の程度や非行や犯罪の進度により，犯罪や非行の意味づけや介入方

策は大きく変わってくるので，この点を区別しておくことも重要である。また，問題行動の促進・抑制に関わる要因群や機序，対象者の更生支援や適応促進のために有効と思われる働きかけ，予後の見通しについては，アセスメント情報の多様なユーザーの意思決定や指導・支援に役立ち，かつ対象者と更生援助者との更生に向けた協働作業が円滑に進むように具体的にわかりやすい言葉で記載する必要がある。

4 刑事司法分野のアセスメントの現状と今後の課題・方向性

[1] RNR モデルとリスク・ニーズアセスメントの現状

　刑事司法分野のアセスメントは，究極的に対象者の再犯・再非行防止に役立ち，適切な処遇の実施を通じて更生を支援するものでなければならない。この命題に対する 1 つの実証的回答がカナダの心理学者 D. A. アンドリュースと J. ボンタらが提唱してきた RNR モデルの考え方である（詳細は第 12 章参照）。当初，**リスク・ニード・反応性原則**（risk-need-responsivity principles；**RNR 原則**）の中核 3 原則に専門的裁量の原則を加えた 4 原則（Andrews, 1989；Andrews et al., 1990）のシンプルなモデルとして始まり，現行の 15 原則からなるアセスメントと処遇の包括的枠組みに発展した（Bonta & Andrews, 2017；寺村，2017）。このモデルは，方法論的には，リスク削減・管理に重点を置く**危険因子予防パラダイム**（risk factor prevention paradigm）のアプローチであり，リスク・ニーズアセスメントツールによるリスク・介入水準の振り分けを起点に，対象者の犯因性ニーズの改善にふさわしい密度と学習特性にマッチングする方法で有限な人的・物的資源を適正に配分し再犯抑止効果を最適化しようとする実践的特徴や，このモデルに従う処遇効果の実証研究の後押しを受け，北米や西欧など主要国の世界的実務標準となっている。

　日本で一般非行評価用の MJCA や一般犯罪評価用の G ツール（受刑者用一般リスクアセスメントツール）が開発・運用されるに至ったのも性犯罪者再犯防止指導同様に再犯リスク水準を客観的に見立て犯因性ニーズに焦点づけ治療・教育的介入を行う RNR モデルに依拠する査定・処遇体制を実現するためであり，構造的リスク・ニーズアセスメントツール導入後，リスク原則の妥当性も確認

されてきた（森，2017；森ほか，2016）。統一的なリスク・ニーズアセスメントのデータ活用は，再犯状況に関する刑事司法機関間の統合的データベース構築とともに効果検証を組織的に展開させ，エビデンスに基づく政策立案にもつながる可能性ももたらしている。ただし，この種のツール利用は，あくまで包括的なアセスメントの一要素にすぎないことや，ツールによる予測や評価にはエラーや限界も伴う点に注意しなければならない（吉川，2006）。

[2] 今後の課題と方向性

　RNR モデルを基調とするアセスメントと処遇の枠組みは，再犯削減率をベンチマークとする功利主義的なアプローチによって対外的な説明責任の要請への対応もしやすく，組織的実務展開にも適すことなどから広く支持を得てきたが，提唱者自身が標榜するヒューマンサービスのよりよい実現のために本モデルへの批判的な見解もみておきたい。

　第 1 の批判には，心理測定的な見地からリスク・ニーズアセスメントを第 3 ～ 4 世代のアセスメントと称することなどへの懐疑がある（Gottfredson & Moriarty, 2006；Baird, 2017）。懐疑論者たちは，静的危険因子の評価を中心とした第 2 世代の保険統計数理的アセスメントのほうが再犯予測精度が高いこと，因果関係がまだ十分確認されていない諸要因に「犯因性」（criminogenic）というラベルを与えることなどに疑義を呈している。また，北米一部法域ではリスク・ニーズアセスメントを量刑判断にも使用しているが，アセスメントビジネスとして商品化されたツールにはリスク評価のアルゴリズムや妥当性検証の過程が不可視のものもあり，法的公平性などの見地から問題視する立場もある（Monnahan & Skeem, 2016）。これらの問題は，ビックデータと AI 活用の進行によって今後より先鋭化してくると考えられ，RNR モデルのような実証性を重んじるアプローチの説明責任や倫理的課題の検討が必要となるだろう。

　第 2 の批判は，非行や犯罪からの離脱や立ち直り支援の立場からの批判である。ライフコース論の立場から離脱研究に従事してきたサンプソンとラウプ（Sampson & Laub, 2003）は，犯罪からの離脱には当人が抱えてきた過去の危険因子が長期的予測には影響しないことを示しており，非行・犯罪の発生・継続とそれからの離脱を直線的にとらえてよいか検討の余地がある。また，ポジティブな接近目標の実現を重視するウォードのグッドライフ・モデルや離脱者

のナラティブ研究から離脱プロセスにアイデンティティや人生の意味づけの変容が伴うとするマルナの処遇観（Ward & Maruna, 2007）は，再犯防止という視点から個人の立ち直り支援に視点を移してみれば，日本の更生保護の分野で古くから大切にされてきた価値でもある。再犯防止推進法下の「息の長い」支援には，刑事司法機関の処罰や指導監督の枠組みから離れ，社会に歩み出す生活者の回復支援も入ってくる。そのようなときにこそ津富（2017）の提唱する「対等な立場の隣人」として「対話」による支援のスタンスも必要となり，字義どおりの「共生社会」が実現していくのではないかと思われる。

　これらの動向はアプローチから相反するようなものにも捉えられたとしても，めざすゴールは社会的包摂や安心安全に人々が暮らせる社会である。相互の切磋琢磨がさらに再犯防止や立ち直り支援に資するアセスメントや支援枠組みの強化につながると期待される。

学習のための文献案内　BOOK GUIDE

堀江まゆみ・水藤昌彦監・東京 TS ネット編 （2016）.『更生支援計画をつくる——罪に問われた障害のある人への支援』現代人文社
　▷医療や福祉等の支援ニーズを有する高齢者や各種障害を有する対象者の支援に重点を置いたアセスメントのポイント等を具体的に学べる。

富田拓 （2017）.『非行と反抗がおさえられない子どもたち——生物・心理・社会モデルから見る素行症・反抗挑発症の子へのアプローチ』（子どものこころの発達を知るシリーズ）合同出版
　▷児童福祉機関に係属する児童の素行症等の成り立ちやアセスメント等の着眼点を児童精神医学や児童福祉施設の臨床経験を交えわかりやすく解説している。

内山登紀夫編 （2017）.『発達障害支援の実際——診療の基本から多様な困難事例への対応まで』医学書院
　▷発達障害と触法行為の関わり，発達障害の鑑別診断とアセスメントツール，治療・教育的介入等を主に精神医学的立場から包括的に扱っており参考になる。

【寺村堅志】

第14章 グループ・アプローチ

犯罪行動変化をめざす基本的スキル

1 変化を可能にする環境

　グループ・アプローチは，1対1で行っているワークや課題を単に複数人と行うという単なる「省エネ法」ではない。また，同調圧力やあの手この手を使いながら「犯罪行動を手放そう」と誘導することでもない。支援者ができるのは，彼ら自身が自分の気持ちを吐き出し，なぜ犯罪行動を選択したのか振り返り，それを批判なく聴いてもらって，どう生きたいか悩み，考え，揺れることのできる「場」をつくることである。そしてそれを個別セッションよりも大きな「器」で行うことができるのがグループである。

　マーシャルら（Marshall & Burton 2010）は，犯罪者に関する研修プログラムのほとんどが技法の説明に焦点化されていることを挙げ，「技法は重要であるが，それが届けられる方法も同じくらい重要である」と述べた。マーシャルらが具体的に主張したのは，治療者の特質，クライエントによる治療者への評価，治療同盟の評価やグループ風土の重要性であるが，それらは「誰と誰の間で，どのような関わりが行われるか」という「場」の重要性に光を当てているともいえるだろう。「技法」のくくりに縛られず，グループのすべての人が力を発揮し，行動変化やその他の変容を**可能にする環境**（enabling environments）の重要性とその構築方法は，司法領域でも実践と理論化が始まっている（Akerman et al., 2018）。

表 14-1　グループについての一般的な知見

- グループは個人セラピーと同じくらい効果的である
- グループはさまざまな理論のオリエンテーションを超えたところで作用する
- 凝集性が治療要因の鍵である
- グループの構成（構造）は凝集性と治療結果に影響する
- グループセラピストは最も重要なエージェントである
- 参加回数が多く，肯定的・否定的感情の両方を探索したメンバーは大きな利益を得る
- メンバーが，自分たちこそが主体であると感じられると，グループプロセスに積極的にかかわるようになり，さらに高い効果が得られる
- 参加者が直面していえる幅広い事柄に焦点を当てるグループは，1つの問題だけに焦点を絞ったグループより効果が高い
- 問題を理解することよりも，その解決に焦点を当てたグループのほうが効果的である

（出典）　Wagner & Ingersoll, 2013 と Sawyer & Jennings, 2016 より作成。

2　グループについてわかっていること

［1］　グループの効果

　現在まとめられているグループに関する一般的な知見について，ワグナーとインガソル（Wagner & Ingersoll, 2013）およびソーヤーとジェニングス（Sawyer & Jennings, 2016）を引用・要約しつつ概説する（表 14-1）。この他にも，表 14-1 のとおりグループに関する一般的な知見がまとまっている。

　① **グループは，さまざまな障害に対して個人セラピーと同じくらい効果的である**

　医療分野，精神医療の領域では，個別ケアや標準的な治療よりも費用対効果が高いことが明らかになっている。司法領域における数少ない比較研究（性犯罪者対象）によれば，社会的手がかりを誤認しやすい精神疾患や認知的障害をもっている人を除き，グループと個別で再犯率低下について有意な差はなかった。（Di Fazio et al., 2001）。

　② **グループセラピーはさまざまな理論のオリエンテーションを超えたところで作用する**

　精神分析，認知行動アプローチ，クライエント中心療法をベースにして発展

表 14-2　治療要因

治療要因	定　義
普遍性	他のメンバーも自分と同様の感情，考え，問題をもっていると認識すること
愛他主義	他のメンバーを援助することを通じて自己概念を高めること
希望をもたらすこと	他のメンバーの成功によって，自身の改善を楽観視できると認識すること
情報の伝達	セラピストやメンバーによって提供される教示や助言
原家族経験のやり直し	危機的な家族力動を，グループメンバーとの間で再体験して修正すること
ソーシャルスキルの発達	グループが，適応的で効果的なコミュニケーションをはぐくむ環境をメンバーに提供すること
模倣行動	他のメンバーの自己探求，ワーキングスルー（未解決の心理的課題を克服すること），人格成長を観察することを通して自身の知識や技能を伸ばすこと
凝集性	信頼感，所属感，一体感を体験すること
実存的要因	人生上の決断に対する責任を受け入れること
カタルシス	現在，過去の経験についての強い感情を解放すること
対人学習－インプット	他のメンバーからのフィードバックを通して，自分の対人的インパクトに関する個人的な洞察を得ること
対人学習－アウトプット	自分たちがより適応的な方法でやりとりできるような環境をメンバー自身で作り出すこと
自己理解	自分の行動や情動的反応の奥にある心理的動機についての洞察を得ること

（出典）　AGPA, 2007 より作成。

した動機づけ面接グループなど理論背景はさまざまであり，特定の問題がある人が集まるか否か，人の入れ替わりの有無，期間の長さなどでも変わってくるが，多様な方法，さまざまな臨床現場で行ってもグループは効果がある。

③　凝集性が治療要因の鍵である

凝集性とは(1)メンバーのグループに対する所属感，受容，関与，忠誠心（個人内凝集性）と，(2)グループとしての相互の結びつき／信頼，サポート，ケアと取り組みへの関与（グループ内凝集性），そして(3)グループ内のメン

バー同士あるいは非形式的なサブグループ間の肯定的な相互作用（個人間の凝集性）をさす（AGPA, 2007）。凝集性は治療結果との相関関係が認められている。

④　グループの構成（構造）は凝集性と治療結果に影響する

　一般に，自我レベルや機能，抱えている困難に関して，同質なメンバーよりも異質なメンバーを集めるほうがよいとされている。そのほうが互いの困難を互いに支えることができるからである。グループメンバーの選定と個々人をグループに入れるための準備は重要である。

⑤　グループセラピストは最も重要なエージェントである

　何百もの研究のメタ・アナリシスでは，それらをどうやってうまく適用していくかを決定するセラピストが最も重要なエージェントであるとされている。

[2]　グループの治療要因

　アメリカ集団精神療法学会（AGPA, 2007）は，一般に合意され認められている**治療要因**について表 14-2 のとおりまとめている。このうちのいくつかは個人セラピーでも実現されるが，いくつかはグループならではの治療要因である。

　本章の内容は，いかにして凝集性を中心としたこれらの治療要因をより多く発揮できるようにするかについての基本的スキルといっても過言ではない。

3　非行少年・犯罪者へのグループ・アプローチの意義

　非行少年・犯罪者に対するグループについての海外の研究の多くは性犯罪者を対象としているが，多くの研究者が，グループワークはサポートや励ましを感じながら対人関係能力の不足を探索し，行動や社会的な見え方についてフィードバックを与えたりもらったりする機会であり，孤立や自己中心への対抗として社会的な覚知や関係性を強化する能力を伸ばすという点において（性）犯罪者への処遇に適していると述べている（Marshall et al., 1999；Johnson & Lokey, 2007；Sawyer & Jennings, 2014）。また，本人たちへの調査でも，グループは個別よりも好まれ，効果があると感じると申告されている（Sawyer & Jennings, 2016；Halse et al., 2012）。加えて藤岡（2014）は，単に当事者のグループだけでなく，グループで学んだことを生かせるコミュニティの構築（子ども

表 14-3　グループの形式

	サポートグループ	心理教育グループ	心理療法グループ
目的	関係づくり・癒し	何でも OK	行動変化
構造	何でも OK	半構造的	非構造的
構成	同質	同質	異質もあり
定員	15 人以上 OK	8 ～ 12 人	6 ～ 10 人
期間	何でも OK	期間限定	制限なし
セッションの長さ	45 ～ 60 分	60 ～ 90 分	90 ～ 120 分
編入	開放	閉鎖／開放	半開放
カウンセラーの準備	低	中	高

の場合は家族，施設内であれば職員同士）も重要な要素であると指摘している。おかれた立場，組織の柔軟性にもよるが，できるだけ周辺のコミュニティへの介入も並行することが有効である。

4　グループをつくる

[1] グループの種類

　グループの種類や形式はさまざまであり，それぞれに長所と短所がある。多くの場合は実施する組織の都合等によって決めざるをえない部分もあるだろうが，グループを立ち上げる際には，それぞれの特徴を知ったうえで，効果を最大化できる形式を選択すべきである。表 14-3 に形式を決める際の目安を示す。
　サポートグループは，当事者の主体性を尊重しながら自助グループに近い形で安全な関係をつくりながら継続的にサポートを行う形式である。基本的には出入自由（編入形式は開放）のほうがメンバーの主体性が高まるが，自由度が高い分，混乱や逸脱も起きやすい。そのため，「○○のために集まっている」という明確な理念を作って常にそれを確認し，同質である人たちを集めるほうがよい（ここでいう「同質」は，目的意識や抱えている問題の中身という意味であり性別や年齢，人格レベルなどをさしていない）。また，サポートグループの場合，

多くの人が出入りできる状況を担保し，コミュニケーションパターンやパワーバランスが固着しないようにするほうが好ましい。

心理教育グループは，一定の教えたい・伝えたいことがありながらもみんなで何かを考えていこうとする，専門家がリードしながら行うグループである。非行少年・犯罪者に対するグループのほとんどがここに位置づけられる。メンバーを固定して最初から最後まで同じメンバーで行う閉鎖型（クローズド）のグループは，メンバーの入替管理が簡単であることや，グループの動きを読みやすいという点において扱いやすい。また，社会内・通所・少年といったような，濃い関係を築くまでに時間がかかるグループや，非常にセンシティブな問題を扱うときには，あえて閉鎖グループをつくり，「特別な空間」を作り上げるというのも手である。半開放（セミ・クローズド）は，たとえば18回で内容を1巡するプログラムのなかの4回目と10回目は新しい人が入ることができるというようなやり方である。先に入ったメンバーが自己開示や自己変革のモデルを示してくれるため，新しいメンバーは緊張や不安の低い状況で始めることができ，先にいるメンバーは新しいメンバーのモデルになり，教えることで「他者に貢献する」という体験ができる。

心理療法グループは，医療領域での病棟でのグループで専門的な知識のいる疾病を扱ったり，犯罪行動の背景にある問題などをより「治療」の視点を取り入れながら深く探究したりするような場合に当てはまる。理論的背景にもよるが，テキストやテーマを設定したとしても使用は最小限で，対話のなかで自己・他者理解を深めたり，過去・現在の葛藤や確執を扱ったりするなど内面的な部分に焦点を当てるという意味で非構造的になることが多いだろう。半開放でも閉鎖でもよいが，人数は少なめにし，内容も相互作用も深まりやすくする。その分，運営するリーダーには疾病や犯罪行動の背景にある機制への深い理解と，グループプロセスを読み適切に手当てをする実力が必要である。下手をすれば，開くだけ開いて手当てしないとか，メンバー同士が傷つけあうとかなどの否定的体験を負わせかねない。

表14-4は，社会内（通所タイプ）と施設内のグループで，どの形式で行うとどのようなメリットや困難があるかを具体的にまとめたものである。これらは特筆すべき特徴を挙げただけで，どのグループにも共通（例：秘密が守られないリスク）なものがある。また，家族や学校，地域などグループ外・施設外の

表 14-4　グループ形式ごとのメリット・困難

	社会内（通所）		施設内	
	セミクローズド	クローズド	セミクローズド	クローズド
対象	明確な特定の問題をもつ 8〜12 人	共通の問題をもつ 6〜8 人	共通の問題をもつ 8〜12 人	明確な特定の問題をもつ 6〜12 人
例	性問題行動をもつ中学生男子のグループ	対人関係に苦手意識がある中学生女子のグループ	飲酒の問題を抱える成人男性のグループ	被害体験のある施設内女子のグループ
メリット（グループがうまくいけば）	自分の問題を他者と比較しながら広い視点で理解できる。	グループ外の個人的な問題を相談しやすく，メンバー同士で助言したりされたりという対等な関係性を体験可能。濃い議論により，問題解決のための選択肢が増えたり他者に刺激されて肯定的な行動が増えたりする。	どんな人とも互いの共通点を見つけあい理解し合う広い視野をもてる。グループの治療的風土を施設内の文化にも及ぼせる。クローズドほどではないが，生活全般を管理できるのでシビアな内容も扱いやすい。	安心感のある肯定的な対人関係のなかでゆっくりと自他の探究が可能。かなりシビアな内容も扱える。対人葛藤・個人内葛藤から逃げずに他者の力を借りて解決する体験ができるなど，メンバー個人としての成長を促しやすい。
困難	新規メンバーが入るごとに対人関係が複雑になるため，扱うべき葛藤やコミュニケーションパターンを見逃すおそれがある。	対象者集めに苦労する（同質な人を集められない）。逃げ場があるため，困難に直面せざるをえない場面でドロップアウト・行動化が生じる。	施設規模が大きく，かつ施設内文化が反社会的・非安全である場合はグループやメンバーが孤立しうまくいかない。	施設内の対人関係やストレスがグループに持ち込まれ停滞を生みやすい。グループ内の葛藤をうまくさばかないと施設全体が荒れる。
注意点	ドロップアウトやメンバーの減少による凝集性低下	ドロップアウトによるグループの凝集性低下	グループの秘密保持が維持されにくいためこまめな注意喚起が必要	困難に向き合わず行動化（問題行動）する
効果を高めるために	リーダーは互いの関係性が強まるように配慮し，グループの対人関係の動きに（通常以上に）注意を払う。	メンバー個々人の課題をよく把握し，メンバーにとって直面しづらいつらい課題や対人関係場面ではケアを手厚くする。	選定などを行い，「選ばれた人」が行ける（みんなが興味をもつ）ような仕組みにする。	困難場面では施設全体の協力が肝要。理解を得て他職種からもサポートをしてもらえるようにする。

表 14-5　グループの構造

グループの同意	最初に，目的や出席の仕方，頻度，秘密保持などについて話し合い，メンバー同士・グループと「契約」する。
メンバーがグループに入る準備を整える	メンバーの緊張や不安を扱い，グループが批判や勢力争いの場所ではなく探索の場であることを言語化する。
初期のセッションで規範を設定する	グループの初期のうちに，肯定的な雰囲気・文化をつくる。
グループ構造を確立する	時間管理，部屋の整備（明るさ，騒音，温度等）等の物理的安全と，グループのなかで誰かが恥をかいたり傷ついたりしていないかという情緒的安全に注意を払う。
等距離のサークルを維持する	同じ高さの椅子を綺麗に円形に並べ，互いの全身がみえる（貧乏ゆすり等の非言語的な動きもみえる）ようにし，「対等・平等」を象徴できているか常にチェックする。
時間通りに始める	グループが安心でき，安定して予測可能であることを示す。
ドアを閉める	プライバシーと安全を保つため静かな部屋でドアを閉じる。
セッションが終わるまで全員がとどまる	全員がそこで行っていることに集中し，関与している状態かどうかに注意する（物理的に外に出てはいけないということではない）
時間通りに終わる	境界線を守ることは安全と相手への敬意を示す。延びそうな場合はそのことを謝り，メンバーから延長の許可をもらう。

（出典）　Sawyer & Jennings, 2016 より作成。

コミュニティへの介入が可能であれば行うことが効果的であることは共通しているため，これからグループを始めようという際の参考程度に参照されたい。

[2]　グループの構造をつくる

　形式を決めた後は，最大限に効果を発揮できるよう構造を整えていく必要がある。グループの形式が家の骨組みとしたら，構造は壁材や屋根に相当するだろう。さまざまな研究をもとにソーヤーとジェニングス（Sawyer & Jennings, 2016）が定義した9つの構造は表 14-5 のとおりである。

[3]　グループの発達と停滞

　形式と構造を決めて進めていくと，グループはさまざまな形で発展・発達を

始める。グループの発達段階についてはさまざまな研究者が述べているが，アメリカ集団精神療法学会（AGPA, 2007）は複数の研究をまとめ以下のような5段階モデルを提唱している。

① 【第1段階】形成期／前親和期

　メンバーは不安を経験し，適切な行動について**グループリーダー**からの指導を求め，ためらいがちに自己開示し感想を伝えあう。リーダーへの依存は高く，リーダーは目的と役割を明確にし，指針を提供する教育的な態度をとる。メンバーが個人目標を見出すのを助け，メンバー間の共通点を見出していくと，グループの相互作用が構造的で予測可能なものになる。

② 【第2段階】動乱期／権力・統制期

　メンバーが互いに情動的にかかわりはじめるが，上下関係をつくろうとしてサブグループが現れ，衝突や否定的な敵意感情の表現が現れる。リーダーの仕事は，目標を再確認し，基本ルールを強固にし，グループの凝集性と対人学習を促進することで安全かつ成功裡にこの段階を乗り越え，よい作業同盟ができるようにすることである。グループの目的と一致しない行動については直面化しなければならない。ただし，多くの理論が，権威と地位についての衝突は，凝集性と協力の出現にとって必須であると指摘している。

③ 【第3段階】活動期／親和期

　前の段階の衝突をうまく抜けられたら，グループ課題と作業過程に関する意見の一致が生じてくる。メンバーの信頼感，関与，協力への動機が増し，グループの規範は確立される。リーダーシップはメンバーに分散されるようになり，リーダーはあまり重要ではなくなるため，介入と指示と直面化のバランスを考えてふるまうのがよい。グループは凝集性と開放性を示しはじめる。

④ 【第4段階】遂行期／分化期

　成熟した生産的なグループ過程と個人の違いの表現がなされる。グループは治療作業に集中することができ，率直にフィードバックを交換することができる。他方で，グループの終わりや外には安心できる場所がないことへの不安や不満が出てくるようにもなる。その両価的な気持ちを一緒に乗り越えることが必要であり，リーダーは互いの共感を促進し，メンバー同士の個人の違いを認め，それを展開するのを助ける。

⑤ 【第5段階】 別離期／分離期

　終わりがみえることによって，悲しみや不安，怒りを経験する。別離に関連する痛みに満ちた感情を生じさせたり，葛藤・防衛と成熟した作業の揺れ動きを生じさせたりする。リーダーは悲しみや感謝の感情表現を助けるとともに，まだ終わっていない作業がないか注意を向ける。グループを振り返り，評価し，グループが終わった後の計画を立てるように励まし，別れを告げる作業に関与するように励ます。

5　グループを読み，動かす

[1]　グループプロセス

　グループプロセスを読み，手を打っていくことは，グループ運営においての核といってもよい。グループプロセスの定義は多様であるが，簡潔にいうと「グループ内，とりわけ参加者間の関係様式の進展，展開について何が起こっているのか」（AGPA, 2007）をさす。これらのプロセスは，観察できるレベル（話の内容の言語的なもの，非言語的な行動）と，推論されるレベル（個々の参加者，二者関係，サブグループ，グループ全体によって作り出される意識的無意識的な意図・同期・願望・欲求など）で現れる（AGPA, 2007）。これらは肯定的に働くこともあれば，問題からの回避や抵抗に働くこともある。

　たとえば薬物依存からの回復グループで，薬物はよかった，なぜやめなければいけないのか，やりたい，という話になったとしよう。大切なのは，その言葉を，推論できるレベルでのグループプロセスのなかでどのような意味があるのかを見立てることである。その発言が，それまでに数回「やめる」ことを話した結果，「やめ続けることの難しさ」にも目を向けているのだとしたら，変化に対する両価性をグループ全体で探っているものとして肯定的に，かつそのまま探究を続けてよい。しかしながら，その発言が，やめ続けられない不安などの否定的な感情の否認の現れとして解釈できるものだとしたら，リーダーはその発言を止めて，みんなの心に何が起きているのか問う必要がある。グループプロセスは，サブグループを作って治療過程に抵抗する，グループの外に共通の敵を作って（たとえば施設職員や組織，国など）悪口をいいあって安心する，

誰かが場を支配しはじめるなど，さまざまな形で現れる。グループの感情状態，防衛機制を文脈をみながら見極め，問題がある場合にはできるだけ早期に介入することが必要である。

　一見個人の性格上の問題に思えることも，「個人とグループ間の共謀的行為」（AGPA, 2007）としてグループプロセスの現れであることもある。困難な特徴を示すメンバーのスタイルについてワグナーとインガソル（Wagner and Ingersoll, 2013）は，「独裁的」「目立ちたがり」「過剰な世話焼き」「搾取されやすい」「非主張的」「社会的回避」「冷たい」「疑い深い」に分け，動機づけ面接（第12章）の視点からどうやってそのメンバーをグループに招き入れ，グループの力動を統制するかを示した。また，推論できるレベルでのグループプロセスについて，ビオンら（Bion, 1968）は，メンバーが協力して目標を達成する作業グループの働きを阻害する**基底的想定グループ**（依存，闘争か逃走か，つがい）の存在を提唱し，それにどのように対応していくかについても理論化している。グループプロセスの理解と対応は非常に奥深く難しい。体験しながら学び，自分なりに手を打てるようになることを推奨する。

[2] 犯罪並行行動への気づきと介入

　グループのなかで対人交流が生まれると，人は自分の「対人関係パターン」を示しはじめる。そのなかには，犯罪をしたときと同じパターンや問題性の発露としての行動が含まれる。このように，現在の行動が犯罪行為（もしくは他の臨床的な問題の焦点となっている行動）に類似することをジョーンズ（Jones, 1997）は**犯罪並行行動**（offence paralleling behavior：**OPB**）と名付けた。わかりやすい例でいえば，女性からの拒否により引き起こされたストレスで緊張や怒りを感じ，妄想的思考に陥って女性への暴力行為に至った人が，グループの女性スタッフに対して何か要求して断られたときに緊張や怒りを感じ，妄想的思考に陥ってスタッフに攻撃的な言葉を投げかけるなどである。実際にはもっと複雑な形で現れるが，メンバーがグループの内外で示している行動をよく観察し，グループのなかで同じパターンを繰り返していることに気づけないと，「嘘つきだ」とか「衝動性が高い」などと評価してしまう。たとえば家族に愛してもらえない腹いせに家財持ち出しをし，さらに欲求を満たす場所がなくなって性問題行動を起こした少年が，性問題行動だけ取り上げられてプログラ

ムを受け、「触ってはいけないことだけはわかった」という程度の実効性がない介入になるおそれがある。「歴史は繰り返す」ように，人は「パターンを繰り返す」。そしてグループでそれを露呈する。こういった広い視点は，犯罪行動に焦点を当てがちな司法領域の専門職の視点として重要であろう。

6 グループリーダーのスキル

[1] リーダーの役割

アメリカ集団精神療法学会（AGPA, 2007）は，統計的な手法によってまとめられた**グループリーダーの4つの基本的機能**（運営機能，思いやり，情緒的刺激，意味帰属）に，クライエントの自己覚知育成，グループの規範の形成，透明性の提示を加え，リーダーの役割と機能を詳述している。これらの役割と機能を多く，かつ柔軟に切り替えながら果たせるようになることがグループリーダーとしての成長である（表14-6）。

[2] 司法領域のグループにおける効果的な治療者とは

マーシャルら（Marshall et al., 2010）は，**効果的な治療者**の態度として，(1)共感，(2)温かさ，(3)やりがいを感じている，(4)指示的，(5)適切な量の会話，(6)適切な声のトーン，(7)開かれた質問で尋ねる，(8)適切なボディーランゲージ，(9)参加することを励ます，(10)問題を有効に扱う態度を挙げ，逆に負の影響を与えるものとして(11)直面化的態度を挙げた。一見反対のスタイルにみえる「指示的」と「開かれた質問で尋ねる」が両方とも正の効果が出ている点については，それらを切り替えられることが必要であることを示唆しており，さまざまな切り替えができる「柔軟性」の重要さを示しているともいえるだろう。

もう1つ重要なのは「クライエントが治療者をどうみているか」という視点である。クライエントの治療者への認識は治療の進展を正確に予測するともいわれている（Orlinsky et al., 1994）。治療を共感的で，温かく，誠実／偽りがないとみなすとき，クライエントは「（治療は自分の）役にたった」と思う（Marshall & Burton, 2010）。他方，直面化は治療で得られる質を下げてしまうことも明らかになっている（Marshall et al., 2010）。また，特に若年者に対しては

表14-6 治療者の介入の機能

運営機能	グループのパラメーター（時間，期間，メンバー，ルール，時間管理，逸脱時の管理）を定める。
思いやり	互いに助け合って取り組むという信頼感があるか，批判的フィードバックも自分のためと思えるか等に気を配り，信頼関係が崩れた場合は立て直す。
情動的刺激	感情・価値・個人の態度の表現を発掘し，促進しようとするセラピストの試み。治療的対話に情動がこもるよう，突っつき，モデリング，橋渡しなどのセラピスト主導の介入を行う。
意味帰属	メンバーが人生上の事柄を変えるために何をするかだけではなく，自分自身やお互い，グループの外側の人々を理解する能力を発展させるようにする。
クライエントの自己覚知の育成	過去のある側面が現在にどのように影響しているかということに加え，グループの対人学習のなかで，自他を理解する。
グループ規範の確立	何に反応し何を無視するか選び，追究する価値が大きいと思う質問をする，特定の方法でかかわりあうようにメンバーを励ますなどの方法により，グループの対話を方向づける。
治療者の透明性と自分を用いること	自分自身について何を明かし，何をプライベートなままにしておくかを決める。自分自身が不快を感じるようなことは表に出すべきではないことと，その瞬間のグループ作業を促進するという確信がある場合にそれを行うのが原則である。

（出典）AGPA, 2007 より作成。

治療者の要素は重要である。カーバーら（Karver et al., 2005）による49の研究のメタ・アナリシスの結果によれば，若年犯罪者にとってはクライエントと治療の関係性の変数が成人よりも重要であり，治療者の対人スキルと，影響を与えるスキル（共感，温かさ，誠実さ，能力，ガイダンス，サポート等）が変化に重大な要素であるとしている。

　なお，トラウマ症状は治療反応性に影響を及ぼし，治療同盟も結びづらい部分がある（Marshall & Burton, 2010）。成人も含め，トラウマ症状もしくは逆境的小児期体験・被害体験のあるメンバーに対しては，治療者単独の奮闘だけでなく，「安心」を感じさせるグループ構造をチーム・組織全体で構築する工夫等も必要であろう。

［3］ コリーダーとの協働

　グループのリーダーは，本節［1］で述べたように多くの仕事を同時並行で行っている。**コリーダー**（リーダーとともにグループに入るスタッフ）は，リーダーが賄えていない，みえていないと思うところについて行動すればよい。リーダーが内容に夢中で時間を忘れているときには「時間が迫っていますね」と声をかけたり，内容が理解できていない人がいるのにリーダーが進めようとすれば，「みんな今ので理解しましたか？　難しくて私ちょっとわからなかった」と代弁者になる。リーダーに攻撃や依存が向かっているときにはグループに向かって「今起きていることは何なのでしょうか」と問いかける。常に表面で流れている内容と，グループの根底に流れる感情とメッセージを読み取って手を打っていく，リーダーの力強いパートナーがコリーダーである。

　もちろん，リーダーとはよいコミュニケーションが取れていることが必要である。上記のような役割分担も，事前に話しあっておき，事後に振りかえりをしておくのがよいだろう。リーダーたちの不仲は，いわなくても気配で伝わり，すぐにグループに反映される。自分たちのコミュニケーションや協力の姿勢がグループの成功・失敗にかかっているといっても過言ではない。

学習のための文献案内　*BOOK GUIDE*

藤岡淳子（2014）．『非行・犯罪心理臨床におけるグループの活用——治療教育の実践』誠信書房
　▷児童福祉領域・司法領域での実践が詳細に記載され，グループの作り方や注意事項がわかりやすくまとめられた 1 冊。

ワグナー，C. C.・インガーソル，K. S.［藤岡淳子・野坂祐子監訳］（2017）．『グループにおける動機づけ面接』誠信書房
　▷動機づけ面接をグループのなかでどのように実践するか，理論と実践が書かれた 1 冊。

日本集団精神療法学会編集委員会監（2017）．『集団精神療法の実践事例 30——グループ臨床の多様な展開』創元社
　▷日本のさまざまな領域での集団精神療法の実際がわかる 1 冊。

AGPA：アメリカ集団精神療法学会［日本集団精神療法学会監訳］（2014）．『AGPA 集団精神療法実践ガイドライン』創元社

▷基本と原則がコンパクトにまとめられたグループワーク実践者必携の本。

【毛利真弓】

第15章 認知行動療法的アプローチ

性犯罪行動を中心に

1 性犯罪加害者に対する認知行動療法モデル

　性犯罪加害者に対する認知行動療法的アプローチは，犯罪につながる状況や状態を明らかにして，反社会的行動を支える反社会的認知を変え，犯罪行動を回避する，あるいは向社会的行動へと変化させる対処法を考え実践することを通して，自己統制力の向上をめざすことになる。本章では主に性犯罪加害を例として扱うが，この方法は，性犯罪加害だけでなく他の犯罪にも適用できる。認知行動療法的アプローチは，リスク・ニード・反応性モデルの3原則（第12・13章参照）を遵守して行われたときに最も効果的であることが示されており，また，再発防止モデル（第12章参照）やグッドライフ・モデル（第3章参照）などのアプローチがある

2 性犯罪加害者に対する認知行動療法的介入の技法

[1] 自分史を用いた犯罪関連要因の理解と「なりたい自分」

　犯罪をやめようとしたとき，過去の犯罪歴や生育歴を振り返り，どのような経緯で犯罪をするに至ったかを理解することが役立つ。そのための枠組みが**自分史**（過去の犯歴と生活史）である。

　支援者は，最初の面談の開始時に，「これまで，どんなことがあったのか」を尋ね，まずはクライエントに自由に報告してもらう。そして，その流れを加害者本人にもみえる形で，数直線上に並べて書き記していき，何がきっかけで，

どのような流れで，犯罪につながっていったのかについて一緒に探求していく。図に示して進めていくと記憶漏れが少なく，また，図として外在化されるため，相談者，支援者ともに客観的に考えやすくなるという利点がある。

　必要だと思うが抜けている情報については，たとえば，最初に事件を起こしたときのことや事件前の状況などを質問していき，自分史を完成させていく。家族や友人など周囲の人たちとの関係性やライフ・イベントについての体験を聞くと，当事者の主観的体験を支援者が想像しやすくなる。また，今後，どのような自分になりたいかについて目標を聞いておくことも，治療教育に対する動機づけを高め，今後の見通しを立てることにつながるため役立つ。

　自分史の分析のコツは，客観的事実と主観的体験を分けて把握することである。当事者が思っていることが，現実とは違っていたり，被害者や保護者からみて違う風に捉えられていたりする場合があるからである。また，統計学的に明らかにされているリスク要因を念頭に置きつつ，統計学的に示されていない事柄についても，その加害者に独自の犯罪につながる要素がある可能性を踏まえておく。

[2] 直線モデルとサイクル・モデル——犯行のパスウェイ図作成と認知－感情－行動の理解

　過去の犯罪を再び繰り返さないためにはどのようにすればよいだろうかと考えたときに，過去の犯罪にまつわる出来事と行動の流れを中核として犯罪に至った**パスウェイ図**を作成して，その行動に伴っていた認知と感情を明らかにしていき，犯罪しないための対処法を見出すという方法がある（カーン，2009；藤岡，2014）。

　人が犯罪に至るまでには，日常生活のなかで，1つ，あるいは複数のうまくいかないことが生じ，その不具合にうまく対処しきれずにいるなかで，否定的な感情を制御することが難しくなり，効果的でない，あるいは逆効果であるような対処法を取った結果，考え方が犯罪を許すものへと変化し，犯罪を思いついたり，空想したり，計画するようになって，犯行に至るという流れが共通して見受けられる。このような流れのことを，治療教育では，直線モデル（行動ステップ）であるとか，サイクル・モデル（維持サイクルと犯行サイクル）と呼んでいる。直線モデルは，犯行に至る流れがパターン化していない場合に流れ

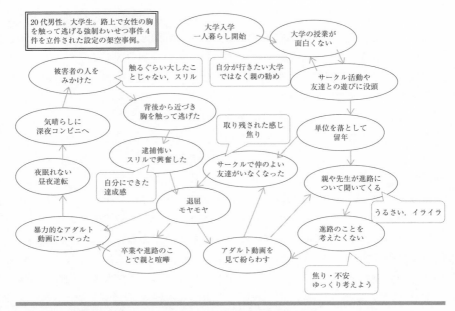

図 15-1　架空事例に基づくサイクル・モデルの臨床適用例

が直線的となるための呼び名であり，サイクル・モデルは，犯行の流れがパターン化している場合に流れが円環的になっているためサイクルと呼んでいる。パスウェイ図の例として図 15-1 を示した。

　再犯防止支援のコツは，出来事や行動に伴う認知−感情−行動の流れを明らかにして，後述する認知再構成法や感情制御，加害衝動制御の技法につなげて，加害につながる認知−感情−行動を改善するよう促すことである。たとえば，図 15-1 のようなパスウェイ図を作成し，各要素や段階について犯罪をしないための対処法や，犯罪をしたときと犯罪をしなかったとき，犯罪をしようと思ったけどしなかったときの違いを思い出してもらうことも役立つ。

　図 15-1 の解釈の一例として，自分が行きたい大学ではなく親から勧められた大学に行くが，期待と違うと感じ怠学し留年に至っていること，また，親や教員との進路についての話し合いを避けていたことから，目上の人など権威者との関係では受動−回避的で自律性が不足していたため，自分の意向を権威者にうまく伝えることができず怒りを溜め込んでいた可能性がある。友人関係を

つくることは比較的得意で同年代とのコミュニケーションはとれていることは強みである一方，留年して周りから取り残されたと感じ焦るなか，友人に依存的でありつつ同調できないときに自尊感情が低下し，その葛藤を処理できず退避的になり，適切な対処行動を取れずその依存性を性的刺激に向けたと思われる。これらのことから，自立心を高め，親など権威者とのコミュニケーション力の向上を促すとともに，性的刺激への依存を自分磨きなど将来の自分の利益になる行動へと変える対処が有効であると考えられる。

[3] 治療教育の方向性と今後取り組む課題の全体像を教える──カーンによる治療教育的モデル「4つの壁」

　犯罪をやめようとしたときに，当事者や支援者は，これから何に取り組めばよいのか，まず何から取り組めばよいのか知りたいと思うかもしれない。そのために，治療教育プログラムのインテーク時や初期に，リスク管理と4つの壁を高くすること（カーン，2009；藤岡，2014）について教えて，当事者と支援者が協働体制を取ることができる土台を築く働きかけが役立つ。多くの人が犯罪をしないのはなぜかと考えたときに，その答えの1つとして，犯罪をしてしまうまでには歯止めとなる4つの壁が立っていて，多くの人はそれらの壁を乗り越えないからであるという考え方がある。その4つの壁を強化すれば，犯罪をしないようになると考えるモデルが「4つの壁」である（図15-2）。

　①　1つ目の壁：「犯罪の動機・衝動」の歯止めとなる「健全な欲求充足という壁」

　日常，多くの人は犯罪をしようと思わないし，犯罪をしてしまった人であっても，犯罪をしたいと思いもしないときがある。では，なぜ犯罪をしようという気が起こらないのかと考えると，それは欲求がある程度満たされているか，あるいは，欲求が満たされなくても健全な方法でストレスを解消できているからであると考えられる。その逆に，欲求が満たされていない状態であると，普段は犯罪をしたいと思わない人であっても，犯罪をしてでも自分の欲求を満たしたいと思うようになってしまう場合がある。前者が，「健全な欲求充足という壁」であり，後者が「犯罪の動機・衝動」と捉えることができる。

　「犯罪の動機・衝動」に対して，犯罪という方法ではなく，社会的にも受け入れられる欲求充足の方法を考え練習していくと，「健全な欲求解消という壁」

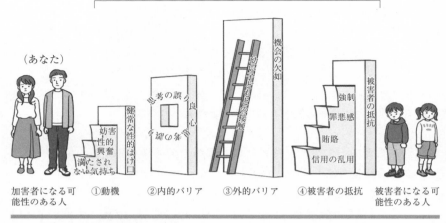

図 15-2　「4つの壁」モデル
（出典）カーン，2009 より作成。

が強化され，犯罪から離れる可能性が高くなると考えられる。そのための認知行動療法的アプローチとして，主に，グッドライフ・モデルが役立つ。

②　2つ目の壁：「内的バリア」となる「良心の壁」

多くの人は，犯罪をしたいと思っても，犯罪はいけないと思って，犯罪をしない。犯罪をしない人たちは，社会のルールは守らなければならないとか，犯罪をしてしまうと捕まって損になるとか，他者を傷つけたくないといった考えが強いために，犯罪をしないと考えられる。これが「内的バリア」であり「良心の壁」である。

しかし，欲求不満が高じてしまうと，犯罪をしてでも欲求を満たしたいという思いが強くなっていってしまったり，そもそも自分がしたいことは（実際は犯罪であるが）犯罪にならないとか，犯罪であるとしても大したことではないと思い込んだりしてしまう場合がある。これに対して，犯罪行動を許す考え方（認知の歪み）を見つけて，犯罪をしない考え方を選ぶことができるようになれば，「良心の壁」が強化され，犯罪をしない可能性が高まる。そのための認知行動療法的アプローチとして，主に後述する認知再構成法が役立つ。

③　3つ目の壁：「外的バリア」となる「犯罪する機会がないという壁」

　犯罪をしたいと思って，犯罪をしようとしている人であっても，他の予定があったり，他者の目があったり，被害者と接する機会がなかったりすると，犯罪をしなくてすむ場合がある。つまり，その日1日をどのように過ごすかという予定を立て実践することや，保護者など身近な人に見守ってもらったり，支援者から行動を定期的にチェックしてもらったりするモニタリング，被害者となりうる人がいそうな場所に近づかないように行動範囲を決め，犯罪しそうな場所を回避するといった試みが「外的バリア」を強化することになる。そのための認知行動療法的アプローチとして，主に，自己制御モデルや再発防止モデルに基づく行動計画作成や支援者づくり，対処スキル習得が役立つ。

④　4つ目の壁：「被害者の抵抗」と呼ばれる「被害者の気持ちを考える壁」

　犯罪をしたいという気持ちがあって，被害者となりうる相手を見つけても，被害者の気持ちを考えて犯罪を思いとどまるという場合がある。逆に，被害者の気持ちを考えないようにした場合は，犯罪をしてしまうだろう。ゆえに，良心の壁を高くすることにもつながるが，被害者はもちろんのこと，日常生活においても相手の気持ちを考えて行動するよう努めると，「被害者の気持ちを考える壁」が強化され，犯罪から離れることに役立つ。そのための認知行動療法的アプローチとして，被害者理解の心理教育がある。

　このように，当事者に「4つの壁」を図示し，今後取り組むべき道筋を示したうえで，どの壁を強化することから始めるかを当事者と支援者が話し合って決めていく。当事者が着手しやすい課題から取り掛かると進めやすい。他方で，犯罪をすぐにでもしてしまいそうな場合は，③外的バリアや④被害者理解から取り組むと犯罪の歯止めとなりやすい。

[4] 認知の歪みと認知再構成法──ABC モデル，でかこけモデル

　認知の歪みとは，偏りがある非合理的な思考パターンである。犯罪につながる認知の歪みを減らすことは，再犯率を下げることにつながる (Hall, 1996)。また，日常生活や対人関係が崩れる過程における認知の歪みも間接的に犯罪につながっている可能性があるため，それらの取り扱いも，犯罪防止に有効である。認知の歪みの例を表 15-1 に示したが，『回復への道のり　パスウェイズ』（カーン，2009）により詳しく示されている。まず，認知の歪みの種類を教えて，

表 15-1 認知の歪みの例

認知の歪みの種類	解説	例
他者非難	名指しで誰かに責任をなすりつけること	• 被害者から誘った • 罠にはめられた
最小化	自分にとって都合の悪いことを実際よりも小さく見せようとすること	• ちょっと触っただけ • 撮影しただけ
正当化	すべきことをしなかった理由やすべきではなかったことをした理由づけをすること	• つい魔がさした • たまたま触れた
否認	本当のことを本当ではないふりをすること	• 犯罪なんかしてません • 何かの間違いです

（出典）カーン，2009 より作成。

支援者が用意した認知の歪みの例文集について，どの認知の歪みに当てはまるか解いてもらうというワークは，認知の歪みに気づく練習になる。

　認知の歪みを修正する，あるいは，小さくするためにはどのようにすればよいかと考えたとき，認知再構成の技法が，加害者の信念を変えることに対して効果的であることが示されている（Murphy, 1990）。認知再構成の技法として，エリス（Ellis, 1955）の ABC モデルが著名である。また，藤岡（2014）は，非行少年たちに ABC モデルを実施したときに，思考と感情の区別化が難しい場合が多かったことと，犯罪行動を扱う場合，行動と結果が特に重要になるという観点から，出来事－考え・感情－行動－結果という流れの頭文字を取ったでかこけモデルを提案している。臨床場面においては，「でかこけモデル」のほうが使いやすいと思われるため例として示した。

　図 15-3 のように，考え方は自分で選ぶことができるし，考え方を変えることで続く行動や結果も変えることができる。この方法は，性犯罪加害に見受けられる，「一緒に飲みに行くのはセックスに同意したということ」「触っても嫌がらないから喜んでいる」などの認知の歪みについても適用できる。直線モデルやサイクル・モデルの作成時に，認知の歪みに対して「でかこけモデル」を導入するのもよい。ただし，机上でうまくできたとしても現実でうまくできるとは限らず，一度や二度やってすぐに考え方が変わるものではないため，治療教育場面や，できれば日常生活においても繰り返し実践していく必要がある。

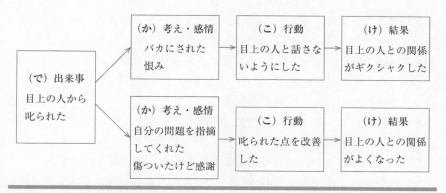

図15-3 「でかこけモデル」の枠組み
（出典）藤岡，2014 より作成。

［5］感情制御

　感情制御がうまくいかないことが，性加害行動と関連していることが示されている（Ward et al., 1998）。特に，否定的な感情体験は，逸脱した性的概念と連結しており，性犯罪加害を引き起こすと考えられている（Howells et al., 2004）。そのため，怒りをはじめとしたさまざまな感情マネージメントが，性犯罪加害者に対する治療教育の介入目標となっている（Yates, 2003）。否定的な感情体験など，強い感情に圧倒されそうなときに役立つのが，リラクゼーションとグラウンディングという手法である。**リラクゼーション**とは，心身の緊張状態を緩和することであり，**グラウンディング**とは，渇望感や衝動，解離など感情的苦痛から離れ「今，ここ」の自己感覚や外界とのつながりに意識を向ける，いわゆる「地に足がついた状態」「我に帰る」ための方法であって（Najavits, 2002），それら双方を組み合わせて心理的安定化を図る。たとえば，呼吸法を行い，「一番安心できる場所」を思い浮かべることを練習させ，ストレスや不安が高まったときに使えるスキルとして教える（藤岡，2014）。数を数えたり何かの種類を挙げたりするなどの心のグラウンディング，ストレッチや呼吸，体感覚を使った体のグラウンディング，心理的安定を回復する言葉やイメージを使うやすらぎのグラウンディングがあり，本人に合う方法を見つけていく。

　また，性犯罪加害者は，感情を回避する傾向があったり，自分の感情に気づかない傾向があったりすることが示唆されている（Quayle et al., 2006）。自分の

感情状態やストレスに気づきにくい傾向について，シフネオス（Sifneos, 1973）は，トラウマティック・ストレスを経験することにより**アレキシサイミア**（alexithymia；失感情症）と呼ばれる感情の同定困難や感情の伝達困難という外的志向からなる概念を提唱しており，性犯罪加害との関連も示唆されている。自分の感情に気づきにくい傾向については，「感情のラベルづけ」という，感情の機能や体験についての心理教育が有効であるとされている（Moster et al., 2008）。これは，感情の機能について解説し，感情のリストや表情カードを活用して当事者が自身の感情の種類を識別できるよう促す働きかけである。グループ・ワークでの実践方法は，ブックガイドの『非行・犯罪心理臨床におけるグループの活用』（藤岡，2014）に詳しい。

[6] 対人関係スキルの向上を図る

　対人関係上の脅威や親密性の不足を感じたときに，その代替として，性犯罪加害という手段を使って，自分中心に振る舞える関係性を求めたり，下着窃盗や盗撮などの直接的に接しないが相手に触れることができていると錯覚できる犯行の手口を使ったりしている可能性がある。過去の知見においても，ソーシャル・サポートの不足や，親密性の問題，葛藤のない対人関係を維持することが難しい傾向が，性加害行動と関連していることが示されている（Hudson & Ward, 2000）ため，それらの心理教育も，認知行動療法のモジュールとなりうる（Correctional Service of Canada, 1995）。

　たとえば，恋愛関係を築く方法がわからない人に対しては，親密な関係性の築き方と維持の仕方について，心理教育を土台としたグループ・ディスカッションやロールプレイを取り扱う方法がある。また，恋人やパートナーに本音を言いづらかったり，逆に，自分中心的に振る舞ってしまって関係性に離齬をきたしたりする場合は，境界線を守ることや，自己主張，同意について，心理教育を土台としたグループ・ディスカッションやロールプレイを実施する。

[7] 境界線を教え他者との心地よい距離感や尊重関係構築を促す

　境界線（boundary）は，性犯罪行動を含む犯罪加害に至る要因として重要である（第3章参照）。性犯罪加害をした人たちは，この境界線の意識が弱いために，犯罪行動によって他者の境界線を侵害してしまうと考えられる。逆に，日

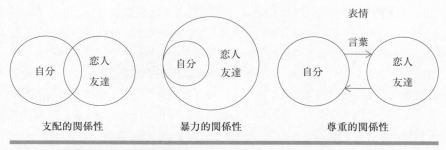

図 15-4　境界線と支配－暴力－尊重の関係性
（出典）藤岡，2014 より作成。

常生活において加害当事者が境界線を侵害されているのに「嫌だ」と自分の境界線を守りきれない場合も見受けられる。そのため，当事者が対人関係において問題を感じているときに，境界線の図を使って関係性のあり方についての客観的理解を促すことが役立つ。より具体的には，図 15-4 を提示し，当事者に現在問題が生じている関係性について円で示してもらって距離感や関わり方について検討し，お互いの円が侵害関係にならないよう，表情や言葉で互いの考えや感情を伝え合う状態になるよう促す。コミュニケーションのスタイルとしては，「言いなり」にならず，「攻撃的」にもならずに，他者を尊重しつつ自分の意見も伝える「主張的」関わり方を考え実践してもらう。

① 被害者理解と共感性

性犯罪加害時，被害者の気持ちを考えると加害できないし，加害後も被害者が深く傷ついていると考えると自分を責めることになるため，加害者は被害者の気持ちを考えないようにすることが多い。被害者の傷つきを的確に理解して加害をしたならば，それは嗜虐的か，復讐的であると捉えることができるが，このような加害者は多くはない。被害者を殴るなどの身体暴力でなければ被害者は大して傷つかないだろうとか，被害者は同意していたといった認知の歪みを使っている場合が多い。過去の知見においても，共感性の不足，他者視点や他者の感情体験を推測する能力の不足が，性犯罪加害につながる要因として位置づけられている（Mahrer et al., 1994）。

性犯罪加害者は，被害の影響を考えないように，あるいは，軽く見積もるようにしているため，性犯罪被害によって，日々恐怖と不安のなかで眠れなく

なったり PTSD 症状を呈したりするといった心理的影響があること，また，けがや性感染症罹患，中絶，頭痛，食欲不振，嘔吐などの身体的影響があること，心理的・身体的被害の治療費がかさんだり，恐怖や不安によって仕事や学業に集中できなくなったり，外出や交通機関利用ができなくなったりして就労が困難になるなど経済的影響があることについて教えることは犯罪の歯止めになりうる。心情的な面をすぐに理解しきれなくても，知識として教えるだけでも効果が期待できる。

　また，犯罪加害による被害の影響報告のビデオを見せたり，加害者に，実際に被害者にみせるわけではないが被害者に宛てた手紙を書くことを求めたり，被害者から手紙が来たとしたらどのような内容が書かれていると思うかを想像して書くよう求めたりする**ロールレタリング**という手法もある（Freeman-Long & Pithers, 1992）。

② 　逸脱した性的空想や衝動への対処

　日常生活において，犯罪をしたい気持ちが起きないよう**ストレス管理**をすることには大きな意味があるが，それでも万全とはいかない。日常生活のふとした瞬間，たとえば，街で好みのタイプの人を偶然見かけたり，以前加害をしていた場所に行ったりしたときに加害したい気持ちが起きることがある。また，対人関係においてストレスを感じることや予定がなく暇や孤独を感じることは，生活上どうしても起きてくる。そして，ひとたび加害をしようと決めてしまうと，途中で我に帰ることは難しい。そのため，犯罪をしたい気持ちや衝動が起きてきたときに，衝動の波をいかにやり過ごすかが重要になる。

　臨床場面で，まず提供すべき心理教育は，「衝動の波は，長時間は続かないので，衝動の波が来たときにどう乗り切るかが勝負」であることかもしれない。そのうえで，衝動の波を乗り切るためのスキルとしてグラウンディングが使えることを教えると役立つ。また，それに先立つ練習として，性的刺激（加害の空想など）に意識が向きそうになったときにすかさず視線や注意をそらす練習を普段から実践してもらうとうまくいきやすい。

　より具体的な加害衝動への対処スキルについては，文献案内に挙げた書籍にも詳しい。

藤岡淳子（2006）．『性暴力の理解と治療教育』誠信書房

　▷性加害の理論や心理メカニズム，具体的な実践方法を明快かつ精緻に記している。

藤岡淳子（2014）．『非行・犯罪心理臨床におけるグループの活用──治療教育の実践』誠信書房

　▷非行・犯罪心理臨床の最新理論と実践例について，地域支援から矯正施設場面，グループ・ワーク手法に至るまで網羅している。

カーン，T. J.［藤岡淳子監訳］（2009）．『回復への道のり パスウェイズ──性問題行動のある思春期少年少女のために』［原著第3版］（性問題行動・性犯罪の治療教育シリーズ）誠信書房

　▷再発防止モデルに基づく認知行動療法の具体的なやり方を示した加害者も支援者も実践しやすいワークブック。

【奥田剛士】

第16章 自助グループと治療共同体による回復

アディクションを中心に

1 はじめに

　刑務所に入所する受刑者の罪名のうち最も多いのは窃盗（6361 人）であり，次いで覚せい剤取締法違反（4849 人）とされる。覚せい剤取締法違反の成人検挙人員はここ数年減少傾向にあるが，再犯者率は 66.6％と非常に高く，年々増加の一途を辿っている（2019 年版『犯罪白書』）。

　このような状況において，2016 年には「薬物使用等の罪を犯した者に対する刑の一部の執行猶予に関する法律」が施行され，一定の基準を満たす対象者は，再犯防止のために必要と認められる場合に，刑の一部について 1 年以上 5 年以下の期間について執行猶予となり，執行猶予期間中は保護観察などの社会内処遇を実施することで，一般社会において犯罪を犯すことなく生活することを支援するとしている。また，刑務所や保護観察所による薬物事犯者を対象とした認知行動療法などのプログラムも実施され，回復支援の取り組みを強化する動きがみられている。

　本章では，薬物関連問題を中心とするアディクションとその回復支援について，特に自助グループと治療共同体について着目する。

2 アディクション関連問題

［1］アディクションとは
　アディクション（嗜癖）とは，特定の物質や行動（プロセス）などに対すると

らわれとそれに伴う社会的な不適応に対する臨床的総称であり，その対象は，アルコールや薬物などの物質をはじめ，ギャンブルや買い物，性的行動，窃盗，インターネット，ゲームなどといった行動（プロセス）へとその対象が拡大している。

「嗜癖」という概念については，その基準の曖昧さと蔑視的表現を含むことから，1970年代に医学的概念として「依存症」と修正され，近年再びその対象を拡大し「嗜癖」という用語が用いられており，「嗜癖」と「依存症」概念をめぐってさまざまな立場がある。本章では，多様な問題が生じながらも特定の物質・行動をコントロールできない状態の総称をアディクション（嗜癖・依存症）と位置づける。

社会生活上支障のない範囲で楽しむ通常の嗜好と，アディクションとの違いは，「わかっちゃいるけどやめられない」状態にある。その背景には脳の変化が影響しているとされる。脳内の「報酬システム」はある刺激を受けると，ドーパミンなどの神経伝達物質が分泌され多幸感を引き起こす。適切に機能する報酬システムは，自身の人生を充足させる行動を繰り返すように動機づけるが，薬物などにおける報酬システムは，快楽と同時に不健康な行動を強化する。

これらのアディクションに付随し，身体・経済・社会的な影響が生じる。身体疾患や自殺や事故により命を落とすなどの身体的影響，仕事や学校，家庭などの社会生活への影響，失職や借金など経済的影響である。このような薬物使用とその関連問題について周囲から強く批判・非難を受けるが，自分の意志のみでは特定の物質や行動をやめられない状態がアディクションなのである。

飲酒者がすべてアルコール依存症になるわけではないように，薬物使用により全員が薬物依存症になるわけではない。アディクションの危険因子として，性別，民族性，精神疾患の既往などの生物学的因子，仲間からのプレッシャーや虐待，親の薬物使用などの環境因子などが挙げられ，複数の因子を有することでアディクションへの危険性が高まるとされる。（NIDA, 2018）

[2] アディクションの心理的背景

アディクションを有する人の臨床的特徴として成瀬（2020）は，「自己評価が低く自分に自信がもてない」「人を信じられない」「本音をいえない」「見捨てられ不安が強い」「孤独でさみしい」「自分を大切にできない」ことを挙げ，

「彼らの多くは幼少時からの虐待，いじめ，性被害など深い傷を負っていることが驚くほど多く」，アディクションは「人に癒されずに生きづらさを抱えた人の孤独な自己治療」（成瀬，2020）であると指摘する。

　このような立場には，精神科医のカンツィアンら（Khantzian & Albanese, 2008）によって提唱された**自己治療仮説**という理論的背景がある。アディクションを有する人は何らかの心理的苦痛（PTSD や双極性障害，うつ病，統合失調症，パニック障害などによる苦痛に満ちた感情体験）をもっており，これらの苦痛を軽減したり，取り去ったり，変化させるための自己治療として薬物などを使用していることを指摘した。一般的世論だけでなく，支援者のなかにもアディクションを有する人に対する苦手意識をもつ人は少なくない状況において，「アディクションを有する人は快楽を求める意志の弱い人ではなく，アルコールや薬物等を使用することによって何らかの生きづらさから生き延びる人」であるというパラダイムシフトをもたらす重要な指摘となっている。

　また，アディクションを有する人の心理的特徴の 1 つに**否認**が挙げられる。アディクションにより生じる問題やそれらに対するコントロール不能などについて否認することで，使用を継続しようとする心理的防衛反応とされる。このような心理的反応への対応として，否認をアセスメントし解除していくことをめざした直面化アプローチが行われてきたが，近年，**動機づけ面接**（motivational interviewing：第 12 章）などの共感的態度を基盤としたアプローチが主流となりつつある。

　また，否認の背景として，日本社会におけるアディクションに対する偏見や誤解が大きく影響を与えていることにも注意が必要となる。アディクションからの回復像の乏しさや昨今の薬物事犯者への社会的制裁の大きさを鑑みると，アディクションを有する人が自身の薬物関連問題を容易に受け入れ難いことは当然の帰結ともいえる。このように否認はアディクションを有する人個人の課題だけでなく，社会が抱える課題を反映していると捉えることができる。

3　アディクションからの回復支援

[1] アディクション治療の概要

　アディクション治療は，1963年に現久里浜医療センターにおけるアルコール依存症専門病陳の開設に始まり，アルコール依存症治療を中心にその他のアディクションへと対象が進展していった。近年では，認知行動療法的志向をもつワークブックを用いたプログラムが全国の精神科医療機関，精神保健福祉センター，ダルク（Drug Addiction Rehabilitation Center：DARC）などの民間依存症回復支援施設（詳細は後述），保護観察所などの刑事司法処遇において実施されている。

　従来のアディクション回復支援は，**底つきを待つアプローチ**であり，本人が飲酒や薬物使用を続けるなかで，身体的・精神的・社会的にどうにもならなくなる「底つき」の段階で，本人が「やめたい」と表明することを待つ方法であった。現在でも「底つき」を待つアプローチは状況や必要に応じて用いられているが，「底つき」を待つ間に，身体的・精神的・社会的に追い詰められ，多大な時間を消費し，命を落とす危険性も高まる。ミラーとロルニック（Miller & Rollnick, 2012）によって提唱された動機づけ面接は，否認への直面的なアプローチではなく，共感的態度を基盤とし依存症者の動機づけを高める手法であり，近年，アディクション支援における基本的手法として広く支持されている。

　アディクション治療の目標は，治癒ではなく回復であるとされる。アディクションの多くは，いわゆる治癒とされる元の状態（アルコールや〔犯罪の是非はさておき〕薬物などを楽しむ）に戻ることが難しいとされる。しかし，アルコールや薬物を使用しない生活を継続することで，健康的な社会生活を取り戻すことは可能であり，その意味でアディクションからの回復が目標とされているのである。しかし，アルコールや薬物のない生活を生涯継続することは容易ではない。生活のなかの些細な出来事の積み重ねが，脳の報酬システムによって，飲酒や薬物使用の引き金となる。このようなアルコールや薬物のない生活を継続するうえで重要な役割を果たすのが，**自助グループ**である。

表 16-1　断酒会と AA の特徴

	断 酒 会	AA
運営方法	組織化	非組織化
参加方法	本名で参加	匿名で参加
運営費用の拠出方法	会費制	献金制
家族の参加	本人と家族が一緒に例会に参加	本人と家族は異なるミーティングに参加

[2] 自助グループにおける回復支援

　アディクション治療・支援の発展において自助グループは，治療者－患者という伝統的かつ一方向的な援助モデルに新たな視点をもたらし，アディクション回復支援における「当事者主体」という中核的理念の確立に影響を与えた。

　日本独自の自助グループである断酒会は，1935 年にアメリカで誕生したアルコール依存症からの回復をめざす自助グループである AA（Alcholics Anonymous）に影響を受けて発足されたが，その運営においては大きな違いがある。（表 16-1）

　全日本断酒連盟は日本の文化的背景を考慮した運営方法が用いられており，会員数は 8000 人（家族会員を含めると 1 万 2000 人）を超えるが，60 歳以上の会員が 55％と高齢化が指摘されている。（全日本断酒連盟サイト，2020 年 5 月アクセス）1975 年には AA が，1981 年には薬物依存症を対象とする NA（Narcotics Anonymous）が日本で始まり，その後強迫的ギャンブルを対象とする GA（Gamblers Anonymous）やその家族のグループなど多様なグループが誕生する。

　両グループの運営方法は異なるが，「いいっぱなし，聞きっぱなし」のグループミーティングを中心とし，「仲間」と表現される平場の関係に基づく，新しい生き方をめざした相互支援であることが共通している。助けを求める仲間に対して，自身の時間と労力を注いで手をさしのべる原動力は，**ヘルパーセラピー原則**ともいわれ，援助者が最も援助を受けている側面があるとされる。

[3] 民間依存症回復支援施設による回復支援

　自助グループと同様の理念に基づいて運営される民間回復支援施設として，

マック（Maryknoll Alcohol Center：MAC）やダルクが挙げられる。マックは1978年にアルコール依存症者等の回復支援を目的に設立され，現在は関連施設を含め50余施設が運営されている。1985年には薬物依存症者等の回復支援を目的としたダルクが設立され，現在では関連施設を含めると80余施設を展開している。ダルクは，アルコール依存症と比較して専門治療機関が乏しい薬物依存症治療において大きな役割を担ってきた。

　ダルクのプログラムは各施設の独自性に委ねられているが，その共有する根幹はNAに依拠しており，依存症から回復した回復者スタッフが中心となり運営している。ダルクの成果について「ダルク追っかけ調査」の結果によれば，1年半後の利用者（確認の取れた退所者含む）の断薬率は約7割（嶋根ほか，2018）と，高い数値が示されている。

　他方で，セルフヘルプコミュニティゆえの困難も指摘されており，ダルクを取り巻く社会の変化について，「今後のダルクは挑戦期に入る」（ダルク，2018）と表現されている。その挑戦とは，多くのダルクが障害者総合支援法（障害者の日常生活及び社会生活を総合的に支援するための法律）の枠組みの下に運営されるようになり，経営的な安定を得ると同時に，セルフヘルプコミュニティとしての独自性をいかに維持することができるのかという課題に対してである。また，利用者の多様化に伴い，ダルク終了後の社会復帰をする場の不足やスタッフの確保，利用者の精神病症状への対応など支援における課題（嶋根ほか，2006；特定非営利活動法人東京ダルク，2010）も挙げられている。

　このようなダルクの抱える課題や困難に対して，伝統的な手法だけではなく新たな選択肢を提供しようとする動きがある。認知行動療法を志向するワークブック，SST（ソーシャル・スキル・トレーニング）などのコミュニケーション訓練，当事者研究（上岡，2017）などの導入を通して，断薬に必要な基礎的な知識の共有や，対人関係スキルの改善，自身と回復についての理解などが試みられている。これらの新たな動向の1つとして，近年，治療共同体モデルへの関心が高まりつつある。

4 治療共同体における回復支援

[1] アディクション領域における治療共同体モデル

治療共同体モデルは，イギリスとアメリカの異なる2つの源流を有している
とされるが，ここではアディクションからの回復を目的とした後者について取
り上げる。1958年にアメリカで誕生したシナノン（Synanon；「同一」を意味す
る"syn"と「匿名」を意味する"anon"による造語）という入所型共同体を契機と
し，1960年代には治療共同体プログラムが全米に拡大し，その効果とともに
世界各国で展開され，代表的な長期入所プログラムとして位置づけられている
（NIDA, 2015）。

治療共同体とは，共同生活における日常的な活動への参加を意図的に活用し，
全人的な変化と治療目標の達成を促す方法である。アメリカの著名な治療共同
体研究者であるデ・レオンはその特徴を「方法としてのコミュニティ」である
とし，社会的学習に重点を置き，利用者が施設運営の決定権を分担し，共同体
の一員として仲間の回復に対する責任の一部を引き受けることの重要性を挙げ
ている。（De Leon, 2000）

日本国内の治療共同体実践では，数十年前より欧米の治療共同体実践が注目
され，ダルクは治療共同体か否かとの議論がなされてきた。これに対する1つ
の応答として，「精神科医などの専門家からは『治療共同体』と呼ばれること
もある」（ダルク，2018）と位置づけられている。治療共同体実践の契機として，
坂上香による映画「ライファーズ──終身刑を超えて」で治療共同体アミティ
（アメリカのアリゾナ州を拠点とする非営利団体であり，アディクションからの回復
支援を中心に，治療共同体モデルに基づく独自のプログラムを提供している）の取
り組みが紹介され，多くの支援者に影響を与えた。その後2010年前後に治療
共同体実践が進展を見せはじめ，一部のダルクでは治療共同体独自の構造であ
る階層制（栗坪，2010）や，治療共同体エンカウンター・グループ（引土，
2019）が導入され，対象者はアディクションを有する者に限らないが，刑務所
での治療（回復）共同体実践（毛利，2018）などが展開されている。

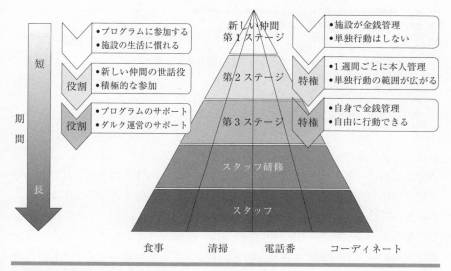

図 16-1　階層制の一例

[2]　治療共同体実践の実際

　ダルクで導入されている階層制（段階制）とは，個人の成長と社会化を促すことを目的とした治療共同体独自の仕組みである。入所期間を段階的に区分し，共同生活上必要となる役割と自由裁量としての特権が段階的に設定され，役割と特権が回復の動機づけとなるように位置づけられている（図 16-1）。

　治療共同体エンカウンター・グループは，ロジャース（Rogers, 1970）の提唱したエンカウンター・グループとは独立し，セルフヘルプ・グループプロセスを発展させたものとして位置づけられている（De Leon, 2000）。治療共同体エンカウンター・グループの最終目標は，物事の解決ではなく，感情の解決にある。これは治療共同体アミティの理念の１つであるエモーショナル・リテラシー（emotional literacy）の獲得に基づいている。エモーショナル・リテラシーとは，自身や他者の感情を理解し，それを適切に活用する力のことであり，スタイナーはエモーショナル・リテラシーを獲得するために必要なスキルとして，自分自身の感情を知ること，心から共感すること，感情を管理することを学ぶこと，感情的な傷つきを修復すること，感情的全相互作用としてすべてをまとめ

表 16-2　刑務所内治療共同体の要素

| ① 「場をつくる責任」を受刑者に返すこと |
| ② 役割を担うこと／コミュニティ全体をみる視点をもつこと |
| ③ 一体感と目的をもつこと |
| ④ 葛藤があること |

（出典）　毛利，2019 より作成。

ることであるとされる（Steiner, 2003）。アディクションの背景には，自身が受けてきた偏見や被害体験に基づく感情の課題があり，自身の感情に気づき，それを言語化し，対処する力を身につけることで，新しい生き方へと向かうことをめざしている。

　刑務所内治療（回復）共同体については，治療的コミュニティになりづらい刑務所において，治療共同体をいかすための要素が出所者へのインタビュー調査から提示されている（表 16-2）。

　このような治療共同体の効果として，治療共同体エンカウンター・グループでは精神的健康度が高まり（引土ほか，2018），刑務所内治療（回復）共同体では再入所率の低下（毛利・藤岡，2018）などが明らかになっている。

　日本国内における治療共同体実践はまさに萌芽期にある。治療共同体モデルは，自助グループやダルクなどの民間回復支援施設と同様，セルフヘルプ機能を中核とし，伝統的で一方向的な援助関係に対する新たな選択肢である。今後「方法としての『治療共同体』」（藤岡，2019）が援助の基本的態度として共有されていくことで，「当事者」の回復機会がより開かれていくことが望まれる。

5　新たな潮流としてのハームリダクション

　日本をはじめ世界各国では，これまで薬物使用に対する処罰を重視する厳罰主義の政策をとってきたが，1980 年代以降欧米諸国を中心に世界各国で厳罰による薬物禁止政策は緩やかに衰退し，**ハームリダクション**の理念に基づいた政策や活動が実践されるようになっている（古藤，2019）。

　国際ハームリダクション協会によると，「ハームリダクションとは，必ずし

表 16-3 エビデンスレベルの高い代表的なハームリダクション実践

- 薬物使用非犯罪化・合法化
- 注射器交換プログラム
- オピオイド置換療法
- 若者向けの教育
- HIV 抗レトロウィルス薬の予防的内服など

（出典）高野ほか，2018 より作成。

も薬物使用を減らすことなく，合法／非合法の精神作用性のある薬物の使用による健康・社会・経済への悪影響を減らすことを目的とした政策・プログラム・その実践を意味する」とまとめられている（Harm Reduction International サイト「What is harm redution?」，2020 年 6 月アクセス）。世界各国でさまざまなハームリダクションの実践が行われているが（表 16-3），これらの取り組みは，厳罰主義による処罰を恐れ支援につながらない使用者たちの健康被害，ドラッグ関連の闇ビジネスの成長による経済・社会的被害に対し，司法的・道徳的ではなく，公衆衛生（地域と個人の健康と安全）や人道の観点からアプローチをすることを目的としている（古藤，2019）。

　現在の日本では，薬物使用の非処罰化などの政策や国際的に展開されるより能動的な「断薬にこだわらないプログラム」（古藤，2019）などのハームリダクション・プログラムは実施されていない現状にあり，この背景には，世界各国と比較し薬物使用者数が非常に少なく，注射器共有による HIV や C 型肝炎ウィルス感染も少ないこと，また，医療や支援実践においても歴史的に断薬以外の選択肢が検討されてこなかったことなどが影響しているとされる（高野ほか，2018）。

　アディクションアプローチは，アディクションの問題を抱える人に対し個人の責任として帰結するのではなく，その問題の背景にある生きづらさへと視座を広げ，「使わざるをえない」けど「やめたい」という両価性を理解すること，そして，共感的な態度で接することで，その人がもっている回復の力を強化していくことをめざしている。そして，その支援の担い手は，援助専門職だけではなく，同じアディクションの問題を抱えながらも回復をめざす仲間がその中核的な役割を担っているのである。

しかし，ハームリダクションという国際的な新潮流は，私たちに「薬をやめて回復をめざす」という前提を必要とするのかという問題を投げかけている。今後，これらの問いに対して日本の司法制度が，そして支援者1人ひとりがどのように向き合っていくことができるのか検討が必要とされる。

学習のための文献案内 BOOK GUIDE

ダルク編（2018）．『ダルク──回復する依存症者たち──その実践と多様な回復支援』明石書店
　▷依存症からの回復の物語とその意味，そして，ダルクの実践とその意義についてダルク代表者たちによって表現されている。

藤岡淳子編（2019）．『治療共同体実践ガイド──トラウマティックな共同体から回復の共同体へ』金剛出版
　▷国外の治療共同体の概要，国内の治療共同体実践の動向についてわかりやすくまとめられている。

大嶋栄子（2019）．『生き延びるためのアディクション──嵐の後を生きる「彼女たち」へのソーシャルワーク』金剛出版
　▷アディクション問題をジェンダーの視点から捉え，著者のソーシャルワーク実践に基づく理論が包括的かつわかりやすく述べられている。

ミラー，W. R.・ロルニック，S.［原井宏明監訳］（2019）．『動機づけ面接 上，下』［原著第3版］星和書店
　▷動機づけ面接の創始者によって書かれた著書の最新の改訂版。

【引土絵未】

第**17**章 トラウマインフォームドケア

1 トラウマインフォームドケアとは

[1] トラウマの「メガネ」でみる

　17歳の少女が性風俗店に勤務していたとする。この場合，処罰の対象となるのは，18歳未満の子どもを就労させていた経営者（風俗営業等の規制及び業務の適正化等に関する法律，及び児童福祉法違反等）と利用客（各地方公共団体が定める青少年保護育成条例違反等）である。一般に，この少女の行動は性非行とみなされ，補導されると保護・指導の対象となる。

　少女への指導のなかで，「からだを大事にしなさい」と説諭したり，「買春行為は性暴力だから，あなたは被害者なのよ」と優しく声をかけたとしても，おそらく少女の行動は変わらない。今度は警察に「保護」されないように，隠れて働いたり，経営者に守ってもらおうとしたりするだろう。

　少女の行動を性規範の乱れや道徳観の低さ，金銭目当ての若者や無力な子どもと捉えると，その価値観を正そうとしたり，性被害を受けても自業自得と非難したり，パターナリスティックに守ろうとしたりするかもしれない。しかし，そうした関わりは反発を招くだけで少女の安全や安心にはつながらない。まず，少女がその仕事に就いている背景や状況，心情を理解する必要がある。

　親の虐待やネグレクトによって，家庭に居場所がないこともある。自力で学費や生活費を稼がなければならない事情や貧困の問題があるのかもしれない。過去に性的虐待を受け，自分自身や性に何の価値もないと思っていることもあれば，それらの価値を実感するために性風俗を選ぶこともある。何らかのトラウマや逆境（第4章参照）が影響している可能性もあり，少女がこれまでどの

ような体験や対人関係を重ねてきたのか，そして何を求めているのかを理解する姿勢が求められる。

　補導の対象となるような行動や逸脱行為を含め，あらゆる行動をトラウマの視点で理解していく関わりを**トラウマインフォームドケア**（trauma-informed care：**TIC**）という。トラウマは外からみえないため，周囲からの叱責や非難，禁止や排除を受けやすく，非行少年や犯罪者といったレッテルを貼られやすい。本人も否定的な自己認識をもち，自分が悪いという自責感や無力感を抱いている。TIC のアプローチは，たとえばトラウマの「メガネ」でみることであり，支援者と本人が現在の状態をトラウマの観点から捉え直すものである。

　非行や犯罪の心理臨床においては，対象者の背景や困難をともに理解し，その回復を支援するためにトラウマのメガネを活用していくことが有用である。

[2] トラウマインフォームドケアの考え方

　トラウマインフォームドケア（TIC）の「インフォームド」（informed）とは「念頭に置く，情報に基づく」という意味であり，TIC はトラウマを念頭に置いた関わりをいう。トラウマとは，安全・安心が脅かされるような体験とその影響をさし，自然災害や事件・事故，虐待やネグレクト，性暴力などが該当する（第4・11 章参照）。

　TIC の発展に寄与したのが**逆境的小児期体験**（adverse childhood experiences：ACE）に関する研究である（Felitti et al., 1998）。アメリカで行われた大規模調査から，18 歳までのトラウマや家族の機能不全を含む逆境体験の累積が，成人後の精神健康と身体的健康，寿命，薬物使用や犯罪・収監などの社会適応に影響することが示された（第4章参照）。トラウマによる精神健康への影響としては，**心的外傷後ストレス障害**（post-traumatic stress disorder：PTSD；DSM-5；APA, 2013）が知られており，一般の人の PTSD 生涯有病率が 7.8 ％（Kessler et al., 1995）であったのに対し，幼少期の虐待体験者の PTSD 生涯有病率は 37.5 ％（Widom, 1999），性暴力被害後の PTSD 有病率は 40 ％（Giaconia et al., 1995）という高い割合が示されている（いずれも DSM-4 の診断基準による）。

　こうしたトラウマ関連障害に苦しむ人々や ACE のために心身の不健康や機能不全，社会不適応状態に陥っている人々に，再トラウマを与えることなく最良のサービスを提供するにはどうすべきか。1990 年代からアメリカ保健福祉

省薬物乱用精神保健サービス局（Substance Abuse and Mental Health Services Administration：SAMHSA）を中心に検討が重ねられ，支援に関わるすべての人々がトラウマの視点から統合されたサービスを提供するというトラウマインフォームドなケアシステムへの変革が推進された（亀岡ほか，2018）。SAMHSAという薬物乱用（アディクション）を扱う部署がTICを推奨しているのは，従来，犯罪として扱われ，懲罰の対象であった薬物乱用を精神保健（メンタルヘルス）とトラウマの観点から理解しようとするものであり，TICは，犯罪行為の捉え方についてのパラダイムシフトといえる。

　健康問題や社会不適応の背景にトラウマがあるかもしれないという前提で関わるTICは，科学的知識に基づいて不調の原因を想定し，予防や対処を行う**公衆衛生的アプローチである**（Bloom & Farragher, 2013；野坂，2019）。たとえば，悪寒や咳，食欲不振といった不調が生じたら，周囲も本人も「風邪かもしれない」と考えて休養をとる。寒気を訴える本人に対して「今は夏だから寒いわけがない」と否定したり，吐き気があるのに「残さず食べなさい」とふだんの規則を強いたりすることはない。身体的な不調には原因（例：ウィルス感染）があり，適切な対処（例：消化のよい食事，発汗，十分な睡眠）を知っていれば，医療に頼らずともケアができる。こうした基本的な知識と対応が周知されているのが公衆衛生であり，それによって人々の安全や健康が守られる。

　同じように，精神的な不調や行動上の問題を「トラウマの影響かもしれない」と考えて，本人の訴えを否定せず，無茶な要求をしないのがTICである。トラウマのメガネを用いることで，不調の原因がみえやすくなり，状態に合わせた対処ができるようになる。被害後の苦痛に対し「早く忘れなさい」という助言を与えたり，「やればできる」とやみくもに励ましたりすることは，非科学的な知識に基づく強制であり，再トラウマを与えてしまう。

［3］　トラウマインフォームドケアの定義

　トラウマのメガネでみるといっても，現在の状態をすべて過去のトラウマに起因させるわけではない。メガネはみえにくいトラウマを見える化（顕在化）するツールであって，アセスメントにおいては個人の成育歴と現在の状態，環境を把握する必要がある。しかし，トラウマは本人から語られにくく，質問しても回避的な反応が生じやすい。積極的に語られないこと自体がトラウマの影

表 17-1　トラウマインフォームドケアの 10 の原則

1.	暴力や被害体験が，発達と対処方略に及ぼす影響を認識している
2.	もっとも重要な目的は，トラウマからの回復である
3.	エンパワメントモデルに基づく
4.	回復に向けた本人の選択とコントロールを最大限尊重する
5.	協働的な関係に基づいて行われる
6.	安全，尊重，受容についてのサバイバー（被害者）のニーズを大切にする雰囲気をつくる
7.	症状ではなく適応とみなし，病理よりもレジリエンスに着目することでストレングスを強調する
8.	再トラウマ体験を最小限にすることをめざす
9.	文化に配慮し，それぞれの人生経験や文化的背景を踏まえて本人を理解する
10.	TIC を実施する機関は，サービスのデザインやその評価に利用者を招き入れ，関与してもらう

（出典）　Elliott et al., 2005 より作成。

響によるものだとわかれば，対象者の理解をさらに深めることができる。

　TIC は「トラウマの影響を理解した対応に基づき，被害者や支援者の身体，心理，情緒の安全を重視する。また，被害者がコントロール感やエンパワメントを回復する契機を見出すストレングスに基づいた取り組み」（Hopper et al., 2010）と定義される。本人だけでなく支援者の安全も重視し，その人自身の力を引き出すエンパワメント（empowerment）を基盤とするアプローチである。また，TIC は対象者をトラウマの犠牲者とみなし，無力な存在と位置づけるものではない。トラウマ症状は病理というより過酷な状況を生き抜くための適応反応やコーピング（対処）であると捉え，本人のレジリエンス（resilience；回復力）やストレングス（強み）に着目する。

　エリオットら（Elliott et al., 2005）は，アディクションやメンタルヘルス，DV，ホームレス等の支援組織と刑事司法機関を対象とした研究から，トラウマインフォームドケアの 10 の原則を挙げた（表 17-1）。それによると，トラウマからの回復のためには，本人の選択とニーズが尊重され，再トラウマを防ぐための手立てが講じられなければならない。支援は協働的な関係に基づき，TIC の評価にあたってはサービス利用者（対象者）の積極的な関与が求められる。

2 トラウマインフォームドケアの基本概念

[1] トラウマインフォームドケアの4つの前提

　トラウマは「こころのケガ」とも表現され，そのケガによって心身の機能が損なわれ，日常生活に支障をきたす。しかし，からだのケガと異なり，こころのケガは目にみえないため，正しい理解や手当てがなされにくい。骨折して動けなくても責められないが，トラウマによってできないことがあると，怠けているといった本人の意欲やパーソナリティ，特性や能力が原因だと判断されがちである。こうした誤解や無理解によって，**再トラウマ**（re-traumatization）が重なり，被害後の苦痛や困難が増大するという悪循環が起こりやすい。

　TIC は，こころのケガに気づき［Realize］，トラウマの影響がどのように表れているかを認識し［Recognize］，適切に対応することで［Respond］，再トラウマを防ぐものである［Resist re-traumatization］。あらゆるケースを理解する際の前提であり，頭文字をとって**4つのR**と呼ばれている（Substance Abuse and Mental Health Service Administration, 2014；表 17-2）。

[2] トラウマのつながりを整理する

　TIC の鍵となる問いは，「何が起きているのか」である。ある行動がトラウマ反応であることに気づき，その引き金となったトリガーなどのリマインダー

表 17-2　トラウマインフォームドケアの前提「4つのR」

理解する（Realize）	トラウマの広範囲に及ぶ影響を理解し，回復につながる道筋がわかっている
認識する（Recognize）	対象者や家族，スタッフ，関係者のトラウマの兆候や症状を認識している
対応する（Respond）	トラウマに関する知識を，方針，手順，実践に統合して対応している
再トラウマ体験を防ぐ（Resist re-traumatization）	再トラウマ体験を防ぐための積極的な手立てを講じている

（出典）　Substance Abuse and Mental Health Service Administration, 2014 より作成。

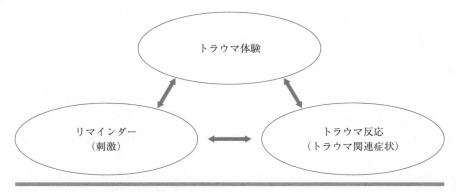

図 17-1 トラウマの三角形モデル
（出典） 亀岡，2019 より作成。

（トラウマを想起させる刺激）と背景にあるトラウマ体験を整理していく。この
トラウマのつながりを同定するのに役立つのが，図 17-1 のトラウマの三角形
モデル（亀岡，2019）である。

　まず，支援者が対象者に起きているトラウマのつながりを想定し，それから
本人と一緒に「何が起きているのか」を探っていく。トラウマ体験に影響され
たトラウマ反応は，トラウマ記憶を想起させるきっかけであるリマインダーに
よって増悪する。リマインダーは，実際に危険なものではなく，本人にとって
危険だと感じるような日常場面でのさまざまな刺激をいう（表 17-3）。

　トラウマ反応は瞬時に起こるものであり，本人も回避症状によって考えるこ
と自体を避けているので，原因となるリマインダーに気づいていない場合が多
い。本人も周囲も「突然」あるいは「たまたま」不調をきたしたと感じ，いつ
不調になるかわからないという不安や無力感が高まっていく。リマインダーを
同定することで，トラウマ反応を認識しやすくなり，あらかじめリマインダー
を避けたり，備えたりするといった積極的な調整ができるようになる。

[3]　トラウマのつながりで理解する

　三角形モデルを用いて傷害事件で送致された少年の状態を整理してみよう。

表 17-3　リマインダーの例

トラウマ場面と似たような状況
- 大声，騒々しさ，距離感，身体接触，におい，時間帯
- 加害者に類似するもの（外見，服装，表情，動き，立場）

トラウマ体験時と同じような心身の感覚
- 苦痛，不安感，さみしさ，孤立感，眠気

トラウマに関連する，思い出させるような情報
- 聞き取り，報道（ニュース，書籍），教育，支援（カウンセリング）など

虐待体験のフラッシュバック

　少年は，路上で突然，見知らぬ男性に殴りかかった。理由を尋ねても，「わからない。なんかムカついた」と答えるのみ。急に頭が真っ白になり，気づいたら周囲に取り押さえられていたという。

　詳しく聴いていくと，次のような状況だったことがわかった。少年がわきを通ったとき，携帯電話で話していた男性が笑い声をあげた。そしてタバコの煙をふかした。その瞬間，少年の頭には以前，父親からタバコの火を押しあてられたときの場面がリアルに浮かび，とっさに男性の腕を振り払ったのだった。

　頭が真っ白になって男性の腕を振り払ったのは，**解離**とフラッシュバック（再体験症状）［トラウマ反応］であり，男性の笑い声やタバコのにおい［リマインダー］への無意識の反応だったと考えられる。その背景には，父親に笑いながらタバコの火を押しあてられたという身体的虐待［トラウマ体験］がある。トラウマ反応が今まさに起きている少年にとっては，身を守るための必死の防御だったわけだが，外からは突然見知らぬ男性を攻撃したようにしかみえない。

　このようにトラウマを見える化することで，「暴言や暴力」が過覚醒，解離，フラッシュバックというトラウマ反応であることや，「怠惰や無気力」が回避や麻痺，否定的な気分や認知である可能性がみえてくる。「嘘やごまかし」が対人不信や思考の誤りの表れであることも多い。

[4] 心理教育と情動調整スキル

　自分の状態をトラウマのつながりで理解するためには，トラウマとその影響について説明する**心理教育**（psychoeducation）が不可欠である。「こころのケガ」などの比喩を用いて，ケガによる苦痛や機能不全は当然の反応であると**妥当化**する。それによって，恥や自責感が軽減され，自分の状態を表現する言葉を獲得することができる（第 11 章参照）。

　TIC は過去のトラウマ記憶の詳細を扱うものではなく，現在起きている問題を理解し，過覚醒による興奮や怒りといったトラウマ反応への適切な対処法を身につけることがめざされる。基本的な取り組みとして，**リラクゼーション**や**グラウンディング**（第 15 章），**筋弛緩法**などの**情動調整スキル**や**非機能的認知**の見直し，安全な行動スキル（助けを求める，自分の気持ちや考えを伝える**アサーション**など）等が挙げられる（野坂・浅野，2016；Najavits, 2002）

3　*被害者支援におけるトラウマインフォームドケア*

[1] 被害者への支援

　被害者支援の目的は，安全・安心の回復であり，自己コントロール感と自律心を高めることである。受容と共感を基盤とした安全・安心な場を提供し，心理教育を中心とした支援が行われる。必要に応じて，産婦人科や外科での検査や治療，精神科での薬物療法やトラウマ症状に焦点化した心理療法等につなぐ（支援のための各種制度については第 11 章も参照）。司法・犯罪心理学では，法廷で使用される供述証拠を聴取する司法面接（forensic interview）も被害者への対応に含まれるが，その主たる目的はケアではないため詳細はブックガイドの『子どもへの司法面接』（仲，2016）を参照されたい。

　トラウマは，安心・安全の感覚を奪い，「また危険なことが起こるはず」「人は信じられない」「自分が悪い」といった否定的な認知を強める。ときに命の危険を感じるほどの強い無力感をもたらす体験であるため，トラウマ反応に圧倒されて，自己コントロール感が失われていく。こうした被害者の状態を理解し，共感的に関わりながら，トラウマの心理教育と対処スキルの練習を行う TIC は，被害者をエンパワメントするうえで有効である。

被害者支援の相談窓口はトラウマのある人の来談を前提にしているが，あらゆる臨床現場でTICを標準的な対応にする必要がある。来談者が自らトラウマを開示するとは限らず，むしろ語られないことがほとんどであるからだ。被害者支援の現場でも，主訴とするトラウマのほかにも何らかのトラウマがある可能性を想定しておく必要がある。

[2] 被害者へのトラウマインフォームドケアの実際

　TICの4つの前提（理解する，認識する，対応する，再トラウマ体験を防ぐ）に沿って，被害者支援の流れをみていこう。

殺人事件の遺族に対するTIC

　殺人事件で息子を亡くした夫婦が相談機関に来所した。殺人や自殺などのトラウマティックな死別は，トラウマ症状だけでなく**複雑性悲嘆**（complicated grief；Shear et al., 2011）を生じさせ，出来事について恐ろしくて考えられないというトラウマの持続的回避と，故人を忘れたくないという悲嘆による思慕の間で，強い葛藤が起こる。また，「泣いてばかりいたら，故人も浮かばれない」といった周囲の励ましが**二次被害**となり，社会との関わりを避けて引きこもったり，自死を考えやすくなったりすることにも留意する必要がある［理解する］。

　夫婦に会うと，すっかり消耗した表情の母親の隣で，父親は今後の裁判手続きや相手への慰謝料請求について淡々と尋ねてくる。TICの鍵となる問いである「何が起きているのだろう」という関心を向けながら，話を聴いていく。

　高校を中退して非行グループに属していた息子は，グループの抗争で命を落とした。かねてから父親と息子の折り合いが悪く，事件当日も口論があった。母親は父親に不満をいえず，息子を溺愛していたようだった。こうした家族関係や生活状況がわかると，母親は息子を死に至らしめた加害少年だけでなく，むしろ夫に対する長年の不満や怒りがあり，他方，父親は息子のふがいなさに対する腹立たしさや自分が親としてうまくかかわれなかったことへの後悔が混ざり，夫婦がともに息子の死に向き合えていない状態であることがみえてくる［認識する］。

　この夫婦には，殺人事件のトラウマだけでなく，家族の機能不全や葛藤があり，さらに掘り下げれば夫婦それぞれの生い立ちにおけるトラウマも影響しているかもしれない。どんな支援ができるかは支援機関によって異なるが，夫婦と目標を定め，トラウマと悲嘆の心理教育を行う。息子の死を悼むという**喪の作業**を支えながら，これからの夫婦のあり方も見直していけるかもしれない。それぞれが安

心して話せるように，当面は夫婦別々の面接を設定してもよいだろう［対応する］。

　事件によってこれまで潜在化していた家族の課題に直面せざるをえなくなったことが理解できれば，母親を安易になだめたり，父親の冷淡にみえる態度を批判したりするといった不適切な対応が避けられる［再トラウマ体験を防ぐ］。

　所属機関で対応できないときは他機関にリファー（照会・委託）するが，被害者が見捨てられたと感じないように丁寧に説明することが求められる。また，新たな場所に出向く不安をよく聴き，何度も被害の詳細を話さなければならない負担を軽減するために，本人の了承を得て紹介状を作成するのも役に立つ。

4　加害者臨床におけるトラウマインフォームドケア

[1] 非行・犯罪とトラウマの関連

　上述した ACE 研究で示されたように，虐待やネグレクト，家族の機能不全によって，情緒面や対人関係の問題を抱えたまま思春期を迎えると，その苦痛を軽減するための自己治癒的な飲酒・喫煙，性行動，薬物使用等が始まり，さらなる社会不適応や心身の疾患につながりやすくなる（第4章参照）。

　トラウマによって安全と安心が損なわれると，警戒と怯えによる過覚醒状態が続き，他者に対して敵意や怒りで反応する一方，悲しみや孤独，みじめさといった感情は抑制されていく。人とのつながりを求めながらも恐れや疑いがぬぐえず，試し行動や裏切り，拒絶を繰り返す。強さをアピールするために逸脱行動をとったり，居場所を求めて反社会的な集団に属したりすることもある。そうしたトラウマティックな関係性は再演とも捉えられる。

　刑事司法制度に関与した非行少年の4人のうち3人にトラウマ歴があることや（Widom, 1995），幼少期のトラウマ体験がある成人の収監率の高さも指摘されている（Abram et al., 2004）。加害者臨床における TIC では，非行や犯罪の背景にトラウマ体験があることを想定するだけでなく，どのようにそれが加害行為につながったのかという機序を明らかにし，教育や介入に反映させていく。

被害体験があるというだけでは加害に至った理由はわからないし，トラウマの影響があったからといって加害行為が免責されるわけではないからだ。

[2] 加害者へのトラウマインフォームドケアの実際

　思春期の性非行を例に，加害をした子どもへのTICを考えてみよう。親からの虐待により児童養護施設に入所中の中学生男子が，小学生男児に性行為を強要したとする。まずは，それが性的遊びではなく，力関係に基づく性問題行動（性暴力）であると捉える必要がある。

　少年の加害行為の背景を理解するなかで，彼自身の性被害体験が確認されることもある。家庭での虐待や施設で受けた性被害によって，彼自身が感じた不安や怒りを表現できず，弱い立場の男児を言いなりにさせることで自分の力を感じようとしたのかもしれない。性的画像が刺激となり，それを真似した場合もある。いずれにせよ，性暴力は性欲や興味だけで起こるものではない。

　トラウマの影響を理解することで，加害した少年への叱責や注意，通常の性教育の実施だけでなく，トラウマや性暴力に関する心理教育，安全で対等な関係性の学習とその体験，感情の学習や表出，セルフケアなど，この少年のニーズに合わせた効果的で包括的な支援を行うことができる。

　トラウマの心理教育は，自分の状態を理解し，責任の所在を明確にするものである。被害体験にまつわる自責感を軽減し，今後の人生で責任ある選択をしていくためにも，トラウマからの回復と適切な対処スキルの獲得が必要である。「トラウマがあるから」と自分の加害を正当化したり，「自分だってやられた」「親や社会が悪い」と他者非難に終始するのは，犯罪や非行を継続させる思考の誤りである。「たいしたことではなかった」という暴力の正当化や最小化は，自分が経験したトラウマも否認するものであり，回復を妨げる。

　一般に，「加害」を振り返るよりも「被害」に向き合うほうが難しい。なかにはトラウマを不幸自慢や武勇伝のように語る人がいるが，そのときの苦痛を伴う感情は抑圧されている。それほどトラウマに直面し，感情を表出することへの恐れや怯えは強いことを理解する必要がある。TICに基づく治療教育は，加害行為をしたトラウマ体験者の孤独感や孤立感を軽減し，安全で健全な親密性を体験しながら学べるアプローチである（Levenson, 2014）。非行や犯罪行動を変化させるためには，安心して話せる関係性の構築が重要である。

5 支援者へのトラウマの影響と組織の安全

[1] 支援者へのトラウマの影響

　トラウマに関わる臨床現場では，被害の詳細を聴いたり，対象者のトラウマ症状やその**再演**に巻き込まれたりすることで，支援者もトラウマの影響を受ける。対象者からの暴力や暴言でトラウマを負ったり，業務のなかで自傷や自死，虐待や DV の現場に立ち合い，凄惨な場面を目撃したりすることもある。司法の領域では，現場検証や供述聴取，裁判への関与，刑事施設の保安業務等，トラウマにさらされる機会が少なくない。

　また，被害者や遺族の話を聴くなかで，まるで支援者自身がトラウマを体験したような感覚に陥ることがある。支援者自身の安全感も低下し，警戒心が高まり，事件現場の回避や不眠といった被害者と類似したトラウマ反応が生じる。これらは**二次的外傷性ストレス**（secondary traumatic stress：STS；Figley, 1995；Stamm, 1999）と呼ばれ，PTSD 症状や**燃え尽き**（burn out），世界観の変容などが起こる。**代理受傷，共感性疲弊，外傷性逆転移**など，いずれもトラウマを扱うことでの**二次受傷**である。同じような経験をしていない自分が話を聴くのはおこがましいといった罪悪感にさいなまれることもある。

　加害者臨床でも，非行少年や受刑者の過酷な生い立ちを知ることで支援者の心が揺さぶられ，彼らの被害体験ばかりに目を向けてしまったり，逆に，「誰でもつらいことはある」とトラウマを否認し，加害の責任を追及しようとしたりすることがある。対象者の加害と被害の両側面を扱わねばならないなかで，支援者が自分の立ち位置に悩み，葛藤を覚えることは少なくない。

　トラウマを体験してきた人は，パワーの差に敏感である。支援者の専門性という正当なパワーに対しても，自分が傷つけられ，操作され，貶められたと感じやすい。こうしたトラウマの再演に対処するためにも，支援者は**スーパービジョン**を受けなければならない。また，サポーティブな仲間とのつながりやセルフケアも大切である。

[2] トラウマインフォームドな組織づくり

　TIC では，支援者だけでなく組織もトラウマの影響を受けると考える。対象

者と支援者，組織が類似のトラウマ反応を呈するようになる**並行プロセス**（parallel process）は，トラウマ臨床で起こる現象を理解するのに有用である（Bloom & Farragher, 2013）。

　たとえば，受刑者は「もう刑務所には戻りたくない」と思い，自分なりに変わりたいという気持ちもある。しかし，トラウマや逆境を生き抜くなかで身についた考え方や生き方はすぐには変わらない。収監されたことで「どうして自分だけ」という被害者意識を強め，社会の刺激から遮断された環境で「今度は絶対うまくやれる」という根拠のない楽観視をしやすい。

　こうした態度は，トラウマによる無力感や他責的な怒りによるものだが，受刑者と関わる職員も「何をやっても変わらない」という無力感や怒りの気持ちがわくことがある。刑事施設も現状維持に固執し，組織の上層部や社会は現場の苦労がわかっていないと感じて憤ったりする。対象者と支援者，組織が，まるで同じトラウマの病いに冒されていくかのようである。

　TIC は，個人で取り組むものではなく，トラウマの影響を理解して対応する組織，つまりトラウマインフォームドなシステムを構築することが前提となる。健全で安全な組織と支援者の安全のために，TIC では民主的でオープンな職場の関係性づくりがめざされる（Bloom & Farragher, 2013；野坂，2019）。

6　安全な共同体に向けて

　TIC は，トラウマを前提とした一貫性のあるケアであり，あらゆる領域においてトラウマの視点をもって対応するというケアシステム全体の変革を進めるものである。社会では，被害と加害が複層的に存在しており，その複雑さを抜きに臨床実践はできない。TIC は，その複雑さを見える化し，さまざまな立場の人々の回復を支える基盤になる。

　トラウマの連鎖を断つには，個人の取り組みだけではなく，社会全体で安全な共同体のビジョンをもち，臨床現場で実践していく必要がある。トラウマをなかったことにして，たいしたことではないとする価値観は，一見すると強く前向きな姿勢に映るかもしれないが，トラウマティックな関係性から抜け出すことなしに，安全でよりよい人生を送ることは難しい。自分の痛みを認めなけ

れば，他者の痛みには気づけない。加害者にとっては，過去を理解することなしに未来の再発防止策は立てられないし，被害者への理解や謝罪もできない。

　だれもが安全や安心を感じられ，人として尊重される関係性とコミュニティをつくるためには，自分と他者に対する**コンパッション**（慈愛；compassion）が不可欠である。支援者も回復のモデルとして，トラウマがもたらす影響を理解し，自分自身にコンパッションを向ける姿勢が求められる。

学習のための文献案内 ｜ **BOOK GUIDE**

野坂祐子（2019）．『トラウマインフォームドケア──"問題行動"を捉えなおす援助の視点』日本評論社
　▷トラウマインフォームドケアの概念とさまざまな臨床場面での実践について，事例を紹介しながら説明している。初学者にも読みやすい。

亀岡智美（2020）．『子ども虐待とトラウマケア──再トラウマ化を防ぐトラウマインフォームドケア』金剛出版
　▷虐待の事例についてトラウマインフォームドケアの「三角形モデル」の活用例など，具体的な取り組みが紹介されている。

藤岡淳子編（2016）．『アディクションと加害者臨床──封印された感情と閉ざされた関係』金剛出版
　▷アディクションや犯罪について，その背景に共通している感情の問題と関係性に着目して述べられている。

宮地尚子（2007）．『環状島＝トラウマの地政学』みすず出版
　▷トラウマについて語ることの可能性とポジショナリティ（立ち位置）を，被害者，加害者，支援者等の観点から考察している。

仲真紀子編（2016）．『子どもへの司法面接──考え方・進め方とトレーニング』有斐閣
　▷虐待や犯罪被害について，子どもの記憶を歪ませずに，適切に証言を聴取するための理論と具体的な方法を説明している。

【野坂祐子】

第18章 コミュニティへの復帰

ネットワークをつくる

1 犯罪行動と社会的関係性

犯罪には**孤立**が関係していることが多い。子どもを虐待によって死亡させた事件，ひきこもりの末に家族を殺害した事件，若者による集団リンチや無差別殺傷事件，薬物使用を含む依存症など数々の犯罪行為の背景を紐解いていくと，共通点の１つに孤立があることがみえてくる。たとえば，大きく報道された児童虐待事件の綿密な取材を続けている杉山（2017）は，加害者である父親・母親の孤立に至る過程を描き出している。また法務総合研究所は，52人の無差別殺傷事犯者の犯行の動機や背景等を調査し，背景に浮かび上がる共通点に社会的孤立を挙げている（法務総合研究所，2013）。報告書では，対象者の多くは男性であり，犯行時において，友人や恋人との関係，家族関係等は劣悪だったことに加え，安定した職業を得ていた人は少なく，低収入や居住状況が不安定な人が多かったとし，「全般的に，社会的に孤立して困窮型の生活を送っていた者が多い」と評価している（法務総合研究所，2013）。生活のなかで危機的な状況に出くわしても助けを求め（られ）ず，自身の状態を「何も問題はない」とひた隠しにし，嘘をつき，周りに人がいるようにみえて孤立感は深まっている。犯罪行為が，さまざまな社会関係からの疎外や排除，孤立や不適応状態が進んだ先にあるのだとすれば，犯罪からの離脱には孤立を防ぐアプローチが重要となる。しかし，犯罪行為は関係性を破壊し，さらなる孤立を生むきっかけとなる。孤立が犯罪を生み，犯罪が孤立を生むという悪循環が生まれるのである。この負の連鎖に私たちはどこで歯止めをかけられるのだろうか。チャレンジングな課題である一方，孤立への対抗手段ともとれるさまざまな試みが世界

各地で実践されている。本章では，**対話とネットワーク**をキーワードに，加害者，被害者，その家族，近隣住民（コミュニティ構成員），支援者も含むさまざまな関係者が，1人でではなく仲間とともに，独りよがりではなく他者との対話を通して，暴力や加害，犯罪行為に引き起こされた傷つきや分断の修復（や治癒）について考え，そうした傷つきが再び起きないようにするためにどうすればいいか，加害をした人とその関係者はどんな役割と責任を果たせるのか考える。また，矯正施設等を出た後にコミュニティに戻る際に生じる障壁やそれらを乗り越えるために支援職ができることついても検討したい。

2　対話とネットワークづくりを促進する実践

[1] 修復的司法における犯罪の捉え方

　犯罪行為は，被害者と加害者だけではなく，それぞれの家族，友人，知人，地域の人々にも衝撃をもたらし，ストレスにさらす。しかし，現代の刑事司法制度は，国家と加害者との関係に対象を狭め，被害者やコミュニティのニーズと役割はあまり重視してこなかった。**修復的司法**（restorative justice：RJ；修復的正義とも訳される）は，こうした刑事司法のプロセスの限界を超えようとする試みとして生まれた。RJ の第一義的問いは「誰が傷つけられたのか」となり，中心的な焦点は，「被害者のニーズが満たされ，加害者が責任を負うこと」となる（Zehr, 2002）。RJ ではコミュニティも犯罪行為によってダメージを受けた被害者であり，安全感を取り戻す必要があるとされるが，同時に「修復を負う主体」とも位置づけられる。司法制度が法律的に決着をつけることが目的だとしたら，RJ は被害者のニーズ，加害者のニーズ，加害によって壊された関係性とその修復がめざすところとなる。1970 年代以降，多くの国のコミュニティから RJ プログラムが生まれたが，特に北米とニュージーランドでは先住民族の文化的，宗教的伝統のなかに昔からあった知恵から学んでつくられてきた。RJ 実践モデルとして知られるものには，**被害者加害者間対話**（victim offender mediation：VOM）や**家族集団会議**（family group conference：FGC）などがある。被害者と加害者が体験を語り，その体験が聴かれること，それにより事件に関する体験に何らかの区切りをつけ，次に向かう一歩を踏み出すこと，

被害者が加害者から現実的な償いを受けること，という結果が得られる可能性が高くなることが期待されている。被害者に赦しの圧力をかけるのではないかという懸念等から性暴力やDV事例への適用は極めて慎重にという意見もある（Herman, 2005）と同時に，被害者が「なぜ」と問う機会や自分の痛みを語り聴かせる機会としてRJを求める声も知られている（小松原，2017）。

[2] 修復的司法の実践例

① 家族集団会議

家族集団会議は，家族が話し合い，意志決定するのを支援する修復的な実践である（Zehr, 2002）。主に，子ども虐待と少年非行を扱い，話し合いの場には，少年，親（養育者），拡大家族（親戚を含む），ソーシャル・ワーカー，地域住民，その他の利害関係者が集う。FGCが設定されると，コーディネーターが指名され，会議開催前に家族に会い，準備・調整をする。少年犯罪の事例では，少年に事前に会い，自分の犯罪を認め，償うための選択肢を探ることや，自分の行為の理由を洞察するよう励ます。被害者に対しては，会議への参加は任意であること，支援者が同席できること，代理人の派遣や手紙または電話での参加も可能であること，怒りも含め加害少年に対する自分の気持ちを自由に表現できることなどを知らせる。家族内虐待のケースでは，すべての参加者の安全を確保し，すべての家族メンバーが自分の経験とニーズについて他のメンバーから強制されない形で話せることを保証しなければならない。子どもが参加するかどうかを子ども自身が決められるよう手助けもする。自分で決めたという感覚をもつことがエンパワメント（第17章参照）となり，責任を引き受け，賠償や謝罪や社会貢献活動などへのコミットが進むと考えられる。

② CoSA

RJ実践の1つに位置づけられる**CoSA**（Circles of Support and Accountability）は，1994年にカナダで始まった。性犯罪で服役し出所してきた人を，地域住民が支え，その住民たちを専門家たちが支える仕組みであり，もともとは性犯罪を繰り返していた人が満期で地域に戻ってくることに対して住民による反対運動が起き，牧師が教会メンバーに呼びかけて始まった（Wilson & McWhinnie, 2009；藤岡，2014）。市民ボランティアが数人チームになってコア・メンバー

（出所した性犯罪者）を地域に迎え，ボランティアは毎日交代で支える。専用の携帯電話でいつでも連絡がとれ，週1回は直接会って話をする（出所後1～2カ月はボランティアの中心的役割を担う人がより頻繁に会う機会をつくる）。毎週検討会があり，専門家チーム（心理士，法執行機関職員，保護観察所職員，ソーシャルワーカーなど）が市民の相談に乗る。支援期間はおおむね6～12カ月とされている。開始以降350人以上の性犯罪者がカナダのCoSAに参加しており再犯率の低下と費用対効果が示されている（Duwe, 2018；Wilson & McWhinnie, 2009）。CoSAは繰り返し性犯罪をしてきた人たちを排除，拒絶するよりも向社会的な支援を提供することで社会再参加を成功させる実績を積み上げつつある。また，CoSAは彼らの社会的孤立を低減させるだけでなく，説明責任に焦点を当てることによって，バランスの取れたライフスタイルを育て，犯罪的思考を扱い，保護観察の遵守事項を守れるようにネットワークで支えていることが成功の要因として指摘されている（Wilson & McWhinnie, 2009）。

[3] 対話を促進する方法としてのオープンダイアローグ

　近年精神科領域で注目されている**オープンダイアローグ**は，フィンランドの西ラップランドのケロプダス病院を発祥とし，精神病クライシスに対して24時間以内に組織されるチームにより患者の生活の場での治療ミーティングを，各種の社会的ネットワークをまじえて継続して行うシステムである（Seikkula & Arnkil, 2006；日本語版はブックガイドも参照）。クライエントからの連絡を受けた精神科チームのスタッフは患者の自宅を訪問しミーティングを行う（ネットワーク・ミーティング）。そのミーティングには，本人，家族，親戚，友人，精神科チーム（多職種），その他の専門家や重要な関係者が参加し，本人や家族のいないところで意思決定をしないこと，結論を出すことよりも，参加者の思いが語られ，聴かれ，応答されることが重視される。こうしたネットワーク・ミーティングを導入するに至った理由として，セイックラとアーンキルは多職種による協働やネットワーキングが機能しなかった痛々しい経験を挙げ，その背景を分析している（Seikkula & Arnkil, 2006）。たとえば，うまくいかないケース会議では，何らかのみえていない「主題ではないテーマ」により支援者の間で葛藤や対立が生じていることや，「連携」といいつつ自分の役割と責任が増えないよう誰かの陰に隠れるようにして意見をいわない，情報を出さない

というようなことが生じることもあるという。誰が正しいのか競い合っているようなこともあり，自分の専門領域（医療，福祉，心理，教育，司法など）から自分の見方を他の参加者に押しつけようとするようなときは，ダイアローグ（対話）ではなくモノローグ的な語り（独り言）になっていると指摘している。オープンダイアローグは，クライエントや家族も含む多様な声が響き合うこと（多声性），そうした対話が可能となる場をつくること，結論を急がず「不確実性に耐えること」の重要性を示唆している。北欧を中心とするこうした対話のための場づくりに関わる方法は，現在さまざまな展開をみせている。

3 施設を出て地域社会で暮らす

[1] 社会再参加（re-entry）について

少年院や刑務所で一時期を過ごした後にコミュニティに戻ることは，主に，社会への**再参加**（re-entry）や再統合（re-integration），移行（transition）などと表現され各国の司法政策における関心事の1つとなっている。たとえば，アメリカでは約500万人，ヨーロッパでは約200万人が社会内処遇にあり，犯罪行為をした人びとの地域社会への移行と再統合を促す効果的な介入方法が模索されている（Kiss et al., 2019）。コミュニティに再参加する際に生じる障壁には，住居の確保，就労や教育経験の不足による安定就労の困難，経済的困窮，依存症（アディクション），その他の身体的・精神的健康問題，複雑な家族関係，犯罪歴というスティグマによる機会の制限などが挙げられる。ノルウェーで服役した経験のある回復者のオレ氏は以下のように話している。

■■■■■■■■■■　ノルウェーの回復者オレ氏の話　■■■■■■■■■■

刑務所から出たらどれだけ大変か。長くいると中の方が良くなってしまう。外に出ると平穏に暮らせない。自由がないのが落ち着いた暮らしになってしまう。外で自由に暮らせるという自分への信頼さえ，なくしてしまう。不安で自信がないので，昔の仲間のところに戻ってしまう。犯罪に対して，恥ずかしいことをしたという気持ちを持つが，持ち続けると自分を抑圧してしまう。外にいても，自分の周りに刑務所の壁を作ってしまう。自分で自分に厳しい処罰をしてしまう。

5年半受刑して戻ってきたら，近所の人にサッカーに誘われた。私が受刑したことは知らなかった。自分が一番刑務所にいたことを気にしていた。気にしない人たちもいるのに，自分がそのことばかり気にしてしまって，関係がどんどん狭まっていってしまう。回復に必要なのは，時間と他者からの許し，多様な役割である。ただし回復には時間がかかる。

（藤岡，2014，226ページ）

　矯正施設から地域社会への移行は，私たちが想像している以上に断絶が大きい。規則に従って行動する矯正施設の環境に適応し，身につけてきた習慣と，自分で考え選ぶことが多い地域生活では必要とされる態度やスキルが異なり，長く施設生活を続けるほどに出所後の戸惑いは大きくなる。また，受刑者の多くは児童保護サービス，学校，精神保健ケアなどの社会サービスの網から抜け落ちてきている。コミュニティに復帰する際に，こうした社会的資源を利用できるかは社会的な課題である。とくに非行は，家庭環境，仲間関係，貧困，犯罪発生率の高い地域への居住，暴力を許容する文化など，環境的な要因による影響が大きい。子どもが家庭や地域社会に戻った際，再び同じ要因にさらされることによって同様の問題行動が発生することもあり，子ども・若者の地域移行には，とくに家族や学校を含む周辺環境への働きかけが重要となる。

[2] 日本における社会復帰支援

　日本における2018年の出所受刑者数（仮釈放，一部執行猶予者の実刑部分刑期終了，又は満期釈放により刑事施設を出所した者の数）は2万1032人（仮釈放者が1万2299人，満期釈放者等が8733人）であった（法務総合研究所，2019）。満期出所者の5年以内の再入率は59.2％であり，仮釈放で出所した人の37.8％と比べると高い。仮釈放も満期出所もいずれの場合も，最初の5年間は再入率が増加するが，5年を過ぎるあたりから微増にとどまる。社会に出た後の最初の約5年は特に再犯のリスクが高く，社会内でのサポートが重要となる。

　近年，障害のある高齢受刑者が刑務所に多く収容されていること，その多くは身元引受人がおらず満期出所となり住居や収入がないまま地域社会に出て窃盗などの再犯と入所を繰り返していることが知られるようになった（山本，

2003；浜井，2006)。いわゆる出所者支援の必要性が認識され，矯正施設に社会福祉士等が配置されるなど，司法と福祉の連携が進められている。2009年4月からは，「高齢者又は障害を有する者で，かつ，適当な帰住先がない受刑者等について，釈放後速やかに，必要な介護，医療，年金等の福祉サービスを受けることができるようにするための取組」として**特別調整**が実施されることとなり，全国都道府県に配置されている地域生活定着支援センターが出所後の福祉サービス等の調整を行なっている（法務総合研究所，2019)。また，さまざまな再犯防止対策が打ち立てられるなか，住居や就労の確保，職場定着など社会生活上困難な事情を抱える刑務所出所者や少年院出院者が，地域社会において安定的な住居と就労先を確保できるような支援体制の強化や，施設内処遇から地域社会内への移行支援を充実させるべく，施設内と社会内処遇の一体化が重視されるようになっている。福祉分野との連携が進むなか，医療や教育機関等，公的，民間等の領域を超えた連携への関心も高まっている（第9章を参照)。

[3] 社会再参加支援のネットワークの鍵となる要素

　非行・犯罪からの離脱には，個人へ成長や変化を促す働きかけ（内的資源の確保）と，住居確保や就労支援などの福祉的サポート（外的資源の確保)，が挙げられることが多い。機会さえ提供されれば働ける人には就労支援は役に立つが，社会資源や機会を提供するだけでは不十分な場合もある。出所後に住居が提供され，就労につながったとしても，大家や近隣住民，雇用主や同僚とトラブルを起こすなど対人関係などが原因で住居や就労を失うこともある。一方，刑務所内の教育プログラムを受けて自分の課題に気づき，社会内で引き続き取り組もうとしても，衣食住などの生活基盤が安定しなければ支援プログラムどころではなくなる。よりよい人生や変化・成長を志向する動機づけ，問題行動を変化させるための治療教育と衣食住などの外的資源は相互に関連しており，多くの場合連携した支援が必要となる。しかし，支援の担い手や専門領域が異なることもあってか，統合的な支援が確立されているとはいえず，発展途上の課題といえる。以下，こうした総合的な支援・多職種による協働のなかで司法心理の専門職が押さえておきたい点を3つに絞って述べる。

　① ケースマネジメント
　矯正施設等から社会に出るクライエントにはそれ以前からウェルビーイング

の保障に不可欠な衣食住や医療や福祉などさまざまな社会サービスの網から漏れてきた人が少なくないことを念頭においておく必要がある。なかには就労支援，住居確保，医療受診，生活保護や健康保険の手続きなどをサポートしただけで，状況の改善がみられるケースもある。したがって，社会に出た際に，どのようなニーズ・困難があるかを本人とともに把握（アセスメント）したうえで，必要な資源を整理し調整することが望ましい。PTSD と物質乱用の併用患者を対象にした治療プログラム（Najavits, 2002）ではケースマネジメントを重視し，導入段階で十分に時間を取り，以下のような項目を本人に確認している。

　　住居，個人心理療法，精神科的な薬物療法，HIV の検査／カウンセリング，仕事／ボランティア活動／学校，自助グループ／集団療法，日中の治療スケジュール，解毒／入院治療，子育てのスキル／子どものための資源，医療，経済的な支援（食糧，健康保険等を含む），余暇活動，DV ／虐待的な関係性，自傷や他害の衝動（自殺，殺人など），代替的な治療（鍼，瞑想など），セルフヘルプなどの本や配布資料，ほか……

　支援対象者がもっている資源も含め包括的にアセスメントし，支援を調整（マネージメント）する視点が必要である。しかし，とにかく社会資源につなげればいいという訳ではなく，リスクとニーズに合う資源（支援）につなげるマッチングが重要となる（Lattimore & Steffey, 2009）。その実現には住居，就労，医療，教育，福祉など多領域とのネットワークが鍵となる。「連携」や「協働」によって縦割りの壁を乗り越え，各職種の専門性や特性を生かし，単独の機関ではなしえない多面的な支援が可能となることが期待される。

② **多職種協働の鍵となる個人情報の共有**

　多職種間の協働，とくに施設から社会での支援機関に移行する際は，いかに情報を引き継げるかが１つの鍵となる。あるソーシャル・ワーカーは，地域生活定着支援センターで働いていたときには，支援対象者が刑務所内でどんなことに取り組んできたのか，「アセスメントも含めた情報が共有されると地域での支援がより充実するのに」ともどかしさを感じていたという。しかし，刑務所で働くようになると，情報を他機関に共有することの難しさにぶつかり，ジレンマを抱えていると話していた。少年鑑別所では綿密なアセスメント（心理

検査や生育歴等の聴取）がなされるが，その後地域内で少年と関わる関係機関は，それを知る機会はなく，鑑別所が得た情報や見立てを支援に生かせない。矯正施設が把握する情報は個人情報のなかでも特に慎重な扱いを要する情報が多く，また，非行や犯罪というラベルが地域内の支援にどう作用するかは情報の受け手により，社会再参加に悪影響を及ぼす危険性もある。誰に何をどこまで何のために共有するか，本人（や家族）とともに確認し，綿密に調整される必要があるだろう。

　グッドライフ・モデル（第3章を参照）では，社会に戻って暮らす環境をグッドライフ・プランに組み込み，施設内でワークシートにプランを描く。社会に戻ったらどのような人が支えてくれるかを書き出し（家族，友人，雇用者，支援者等），次に，自分の情報（強みやリスク，地域社会の支援チームが介入すべきタイミングを示す警告サイン，人生の目標，それを阻害しうる自分の課題など）をリストアップする。それらの情報を本人が（ケースによっては矯正施設内の支援者の協力も得て）地域の支援関係者に共有する（Yates & Prescott, 2011；Print, 2013）。こうした共有方法について定めていくことが望まれる。

③　ケース会議と対話

　多職種で支援を展開していく際，必要に応じて関係者が集って話し合う**ケース会議**がもたれる。各機関（支援者）が情報を共有し，支援方針を立て，役割分担をする，というものが多いが，うまくいかないという声をよく聞く。どうしたら率直に情報や意見を交換し，連携や協働に生かせるのだろうか。筆者も悩んできたなかで，1つのモデルとなる会議と出会ったため，ここではその事例をもとに有効な会議に含まれる要素について考えてみる。事例は，ある児童自立支援施設で生活する性問題行動を有する少年への支援について検討する多職種チームによるケース検討会議である。この会議では，多職種がそれぞれの情報を持ち寄り，アセスメントし，支援方針と役割を確認する。参加者とその役割は図18-1の通りである。

性問題行動を抱える少年のケース検討会議

　図18-1の通り，情報共有の段階では，寮生活での様子（寮担当職員から），家族の状況（ケースワーカーから），少年本人の問題行動の実態と要因（教育プログラム担当心理士から）が共有される。多職種による支援が機能する基盤となっ

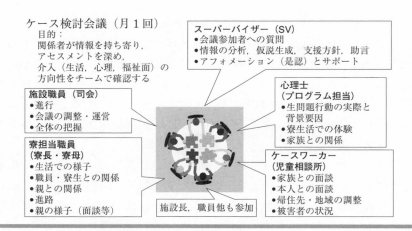

ケース検討会議（月1回）
目的：
関係者が情報を持ち寄り，
アセスメントを深め，
介入（生活，心理，福祉面）の
方向性をチームで確認する

スーパーバイザー（SV）
- 会議参加者への質問
- 情報の分析，仮説生成，支援方針，助言
- アフォメーション（是認）とサポート

施設職員（司会）
- 進行
- 会議の調整・運営
- 全体の把握

心理士
（プログラム担当）
- 生問題行動の実際と背景要因
- 寮生活での体験
- 家族との関係

寮担当職員
（寮長・寮母）
- 生活での様子
- 職員・寮生との関係
- 親との関係
- 進路
- 親の様子（面談等）

ケースワーカー
（児童相談所）
- 家族との面談
- 本人との面談
- 帰住先・地域の調整
- 被害者の状況

施設長，職員他も参加

図18-1　ケース検討会議における多職種の役割の一例
イラスト：macrovector ©123RF.com

　ている最初のポイントは，異なる職種・立場の多様な声が毎回均等に話されることであり，それらの情報を各職種が自分では入手できない情報として関心をもって聴いていることである。その際，どの情報を出すか出さないかなどの水面下の葛藤は見受けられない。それにより，本人と家族の状況を多面的に捉えることが可能となる。会議は毎月行われるため，毎回決めた方針の実施報告を通して新たな情報が加わり，SVによる分析も加わることで見立てが深まっていく。

　あるとき，支援が進むなかで，事件前から現在に至るまでの家族関係（特に依存症を抱える母親との関係）が少年の社会再参加を困難にしうることが見込まれたため，施設退所後の帰住先を家族ではなく施設にする選択肢が浮上した。施設職員と児童相談所のワーカーと本人が話し合い，また，同ワーカーと母親が話し合うなど，いくつもの調整を経て，少年本人と母親，施設職員，ワーカーが集う場を設けた。少年が自分の言葉で，帰りたい気持ちはあるが今は施設でがんばりたいと思いを伝え，母親もそれを受け入れたということがあった。また，施設退所後に通う高校に，少年の背景情報やニーズをどの程度伝えるかについても，話し合われ，ワーカーが本人や親にそのメリット・デメリットを説明し，誰にどこまで何を伝えるか意向を確認する方針を決めた。

本人や家族を意思決定プロセスに招き入れることや対話を進めることにより，本人・家族・支援者による協働が機能し，支援がより充実していくことが，さまざまな実践例から学ぶことができる。しかし，実際には，支援者だけで決めていたところに本人や家族を招き入れることに疑問や抵抗が生じること，加害や被害の当事者の声を聴くことに嫌悪や恐れが伴うこともある。新たな実践を日常の業務に取り入れていくことは容易ではないかもしれないが，そうした試みのなかで生じる疑問や抵抗感も含めた多様な声を響かせる対話が協働には必要である。異なる立場や意見を尊重し合うネットワーク，それぞれが役割と責任を果たすコミュニティをつくっていくことが，暴力や犯罪，それらによって生み出された分断や孤立に対抗する手段となるのではないだろうか。

学習のための文献案内　BOOK GUIDE

杉山春（2017）.『児童虐待から考える──社会は家族に何を強いてきたか』（朝日新書）朝日新聞出版
　▷複数の児童虐待（死）事件を取材したルポ。加害親として報道された彼・彼女らの幼少期，その後の生活，子どもの死に至るまでの過程が描かれている。

ゼア，H.［森田ゆり訳］（2008）.『責任と癒し──修復的正義の実践ガイド』築地書館（Zehr, H. 2002. The little book of restorative justice. Good Books Publications）
　▷修復的司法の背景と理念がわかりやすく解説されているブックレット。

ワクテル，T.［山本英政訳］（2005）.『リアルジャスティス──修復的司法の挑戦』（RJ叢書2）成文堂
　▷家族集団会議を北米で実践してきた著者により修復的司法の実践例が紹介されている。加害少年や被害者による対話のプロセスや体験をうかがい知ることができる。

セイックラ，J.・アーンキル，T.E.［高木俊介・岡田愛訳］（2016）.『オープンダイアローグ』日本評論社
　▷「対話」が成立したときの効果，「対話」を阻害するもの，成立させるための要素などが理論と実務の両面から解説されている。多職種連携に悩んだときにも役立つ1冊。

【坂東希】

引用・参考文献

Abram, K. M., Teplin, L. A., Charles, D. R., Longworth, S. L., McClelland, G. M. & Dulcan, M. K. (2004). Posttraumatic stress disorder and trauma in youth in juvenile detention. *Archives of General Psychiatry*, 61, 403-410.

Agnew, R. (1992). Foundation for a general strain theory of crime and delinquency. *Criminology*, 30, 47-87.

Agnew, R., Brezina, T., Wright, J. P. & Cullen, F. T. (2002). Strain, personality traits, and. delinquency: Extending general strain theory. *Criminology*, 40, 43-72.

AGPA：American group psychotherapy association (2007). Practice guidelines for group psychotherapy. https://www.agpa.org/docs/default-source/practice-resources/download-full-guidelines-(pdf-format)-group-works!-evidence-on-the-effectiveness-of-group-therapy.pdf（日本集団精神療法学会監訳／西村馨・藤信子訳 2014『AGPA 集団精神療法実践ガイドライン』創元社）

Ainsworth, M. D. S., Blehar, M. C., Waters, E. & Wall, S. (1978). *Patterns of attachment: A psychological study of strange situation*. Erlbaum: Hillsdale, N. J.

Akerman, G., Needs, A. & Bainbridge, C. (Ed.). (2018). *Transforming environments and rehabilitation :A guide for practitioners in forensic settings and criminal justice*. Routedge.

Akers, R. (1985). *Deviant behavior: A social learning approach*. Wadsworth.

American Psychiatric Association. (2013). *Diagnostic and statistical manual of mental disorders* (5th ed.). American Psychiatric Publishing.（日本精神神経学会日本語版用語監修／高橋三郎・大野裕監訳 2014.『DSM-5 精神疾患の診断・統計マニュアル』医学書院)

安藤久美子 (2016).『精神鑑定への誘い』星和書店

Andrews, D. A. (1989). Recidivism is predictable and can be influenced: Using risk assessments to reduce recidivism. *Forum on Corrections Research*, 1, 11-18.

Andrews, D. A. & Bonta, J. (1994). *The psychology of criminal conduct* (1st ed.). Routledge.

Andrews, D. A. & Bonta, J. (1998). *The psychology of criminal conduct* (2nd ed.). Anderson.

Andrews D. A., Bonta J. & Hodge, D. A. (1990). Classification for effective rehabilitation: Rediscovering psychology. *Criminal Justice & Behavior*, 17, 19-52.

Andrews, D., Zinger, I., Hoge, R. D., Bonta, J., Gendrew, P. & Cullen, F. T. (1990). Does correctional treatment work? A psychologically informed meta-analysis. *Criminology*, 28, 269-404.

Asukai, N., Kato, H., Kawamura, N., Kim, Y., Yamamoto, K., Kishimoto, J., Miyake, Y., & Nishizono-Maher, A. (2002). Reliability and validity of the Japanese-language version the Impact Event Scale-Revised (IES-R-J): Four studies of different traumatic events. *Journal of Nervous and Mental Disease*, 190, 175-182. https://www.jstss.org/docs/2017121200368/file_contents/IES-R2014.pdf（2020 年 6 月アクセス）

飛鳥井望ら (2003).「CAPS（PTSD 臨床診断面接尺度）日本語版の尺度特性」トラウマティック・ストレス，1, 47-53.

Baird, C. (2017). A question of evidence, part two brief 1-6. https://www.nccdglobal.org/sites/default/files/series_intro.pdf, /generation_myth.pdf, /criminogenic_needs.pdf, /developing__validating_ra_ instruments.pdf, /structured_professional_judgment_models.pdf, /summary_and_recommendations. pdf.（2020 年 2 月アクセス）.

Bandura, A.（1973）. *Aggression: A social learning analysis*. Prentice-Hall.

Beccaria C.（1764, 1983）. *An essay on crimes and punishments*. Branden Books（風早八十二・風早二葉訳 1959. 『犯罪と刑罰』岩波文庫）

Becker, H. S.（1963）. *Outsiders: Studies in the sociology of deviance*. Free Press.（村上直之訳 1978. 『アウトサイダーズ──ラベリング理論とはなにか』新泉社）

Bion, W. R.（1968）. *Experiences in groups and other papers*. Tavistock Publications.（ハフシ・メッド監訳／黒崎優美・小畑千晴・田村早紀訳 2016. 『集団の経験──ビオンの精神分析的集団論』金剛出版）

Bloom, S. L.（1997）. *Creating sanctuary: Toward the evolution of sane society*. Routledge.

Bloom, S. L.（2006）. Traumatic reenactment. In Bloom, S. L., Foderano, J. F. & Ryan, R. A. *S.E.L.F. A trauma-informed psychoeducational group curriculum*. Community Works.

Bloom, S. L., Farragher, B.（2013）. *Restoring sanctuary: A new operating system for trauma-informed systems of care*. Oxford University Press.

Bonta, J. & Andrews, D. A.（2016）. *The psychology of criminal conduct*（6th ed.）. Routledge.（原田隆之訳 2018. 『犯罪行動の心理学』［原著第 6 版］北大路書房）

ボウルビィ［黒田実郎・大羽蓁・岡田洋子・黒田聖一訳］（1976）. 『「母子関係の理論」第 1 巻 母子関係の理論』岩崎学術出版社

Brewin, C.R., Cloitre, M., Hyland, P., Shevlin, M., Maercker, A., Bryant, R.A., Humayun, A., Jones, L.M., Kagee, A., Rousseau, C., Somasundaram, D., Suzuki, Y., Wessely, S., van Ommeren, M. & Reed, G.M. （2017）. A review of current evidence regarding the ICD-11 proposals for diagnosing PTSD and complex PTSD. *Clinical Psychology Review*, 58, 1-15.

Brunner, H. G., Nelen, M., Breakefield, X. O., Ropers, H. H. & van Oost, B. A.（1993）. Abnormal behavior associated with a point mutation in the structural gene for monoamine oxidase A. *Science*, 262, 578-580.

Brymer M., Taylor M., Escudero P., Jacobs A., Kronenberg M., Marcy R., Mock L., Payne L., Pynoos R. & Vogel J.（2012）. *Psychological first aid for schools: Field operations guide*（2nd ed.）. National ChildTraumatic Stress Network.（兵庫県こころのケアセンター・大阪教育大学学校危機メンタルサポートセンター訳『サイコロジカル・ファーストエイド学校版 実施の手引き』［第 2 版］http:// www.j-hits.org/psychological_for_schools/pdf/pfa_s.pdf（2020 年 5 月アクセス）

Canter, D. V. & Youngs, D.（2003）. Beyond offender profiling: The need for an investigative psychology. In Carson, D. & Bull, R.（Eds.）. *Handbook of psychology in legal contexts*（2nd ed.）. John Wiley & Sons.

Canter, D. V. & Youngs, D.（2009）. *Investigative psychology: Offender profiling and the analysis of criminal action*. John Wiley & Sons Ltd.

Classen, C, C. & Clark, C. S.（2017）. Trauma-informed care. In Gold, S. N.（Ed.）. *APA handbooks in psychology. APA handbook of trauma psychology: Trauma practice*. American Psychological Association.

Cleckley, H.（1941）. *The mask of sanity*. Mosby.

Cohen, A. K.（1955）. *Delinquent boys: The culture of the gang*. Free Press.

Cohen, J. A. & Mannarino, A. P., Deblinger, E.（2006）. *Treating trauma and traumatic grief in children and adlescents*. Guilford Press.（白川美也子・菱川愛・冨永良喜監訳 2014. 『子どものトラウマと悲嘆の治

療──トラウマ・フォーカスト認知行動療法マニュアル』金剛出版)

Conners, G. J., Donovan, D. M. & DiClemente, C. C. (2001). *Substance abuse treatment and the stages of change: Selecting and planning intervention*. Guilford Press.

Correctional Service of Canada (1995). *Sex offenders and Programs in CSC*. Author.

Courtois, C. A. (2004). Complex trauma, complex reactions: Assessment and treatment. *Psychotherapy, Theory, Research, Practice, Training*, 41, 412-425.

Courtois, C. A. & Ford, J. D. (2013). *Treatment of complex trauma: A sequenced, relationship-based approach*. Guilford Press.

Cullen, F. T. (1994). Social support as an organizing concept for criminology: Presidential address to the academy of criminal justice sciences. *Justice Quarterly*, 11, 527-559.

Cullen F. T. & Agnew, R. (1999). *Criminological theory: Past to present*. Roxbury Publishing Company.

ダルク (2018). 『ダルク 回復する依存症者たち──その実践と多様な回復支援』明石書店

Darwin, C. (1859). *On the origin of species*. John Murray (八杉龍一訳 1990. 『種の起源』[上・下, 改版] 岩波文庫)

Davies, G. & Beech, A. (Ed.). (2018). *Forensic psychology* (3rd ed). Wiley.

De Jong, P. & Berg, I. K. (2013). *Interviewing for solutions* (4th ed.). CENGAGE. (桐田弘江・住谷祐子・玉真慎子訳 2016. 『解決のための面接技法』[第4版] 金剛出版)

De Leon, G. (2000). *The therapeutic community: Theory, model, and method*. Springer.

Di Fazio, R., Abracen, J. & Looman, J. (2001). Group versus individual treatment of sex offenders: A comparison. *Forum on Correction Reserch*, 13, 56-59.

Durkheim, E. (1893, 1933) *The division of labor in society* (Translated by Simpson G.). The Free Press (井伊玄太郎訳 1989. 『社会分業論』[上・下] 講談社文庫)

Duwe, G. (2018). Can circles of support and accountability (CoSA) significantly reduce sexual recidivism? Results from a randomized controlled trial in Minnesota. *Journal of Experimental Criminology*, 14. 463-484.

Elliott, D. E., Bjelajac P., Fallot, R. D., Markoff, L. & Reed, B. G. (2005). Trauma-informed or trauma-denied: Principles and implementation of trauma-informed services for women. *Journal of Community Psychology*, 33, 461-477.

Ellis, A. (1955). New approaches to psychotherapy techniques. *Journal of Clinical Psychology*, 11, 207-260.

Engel, G. L. (1977). The need for a new medical model: A challenge for biomedicine. *Science*, 196, 129-136.

Engel, G. L. (1980). The clinical application of the biopsychosocial model. *American Journal of Psychiatry*, 137, 535-544.

Felitti, V. J., Anda, R. F., Nordenberg, D., Williamson, D. F., Spitz, A. M., Edwards, V., & Marks, J. S. (1998). Relationship of childhood abuse and household dysfunction to many of the leading causes of death in adults. The Adverse Childhood Experiences (ACE) Study. *American Journal of Preventive Medicine*, 14, 245-258.

Fergusson, D. M., Boden, J. M. & Horwood, L. J. (2008). Exposure to childhood sexual and physical abuse and adjustment in early adulthood. *Child Abuse and Neglect*, 32, 607-619.

Figley, C. R. (Ed.). (1995). *Compassion fatigue: Coping with secondary traumatic stress disorder in those who treat the traumatized*. Brunner.

Fisher, R. P. & Geiselman, R. E. (1992). *Memory enhancing techniques for investigative interviewing: The cognitive interview.* Charles C Thomas Publisher.（宮田洋監訳／高村茂・横田賀英子・横井幸久・渡邉和美訳 2012.『認知面接――目撃者の記憶想起を促す心理学的テクニック』関西大学出版会）

Foa, E. B., Hembree, E. A., Rothbaum, B. O. (2007). *Prolonged exposure therapy for PTSD: emotional processing of traumatic experiences. Therapist guide.* Oxford University Press.（金吉晴・小西聖子監訳 2009.『PTSD の持続エクスポージャー療法――トラウマ体験の情動処理のために』星和書店）

Freeman-Longo, R. E. & Pithers, W. D. (1992). *Client's manual: A structured approach to preventing relapse: A guide to sex offenders.* Safer Society.

藤岡淳子（2001）.『非行少年の加害と被害』誠信書房

藤岡淳子（2006）.『性暴力の理解と治療教育』誠信書房

藤岡淳子（2014）.『非行・犯罪心理臨床におけるグループの活用――治療教育の実践』誠信書房

藤岡淳子編著（2019）.『治療共同体実践ガイド――トラウマティックな共同体から回復の共同体へ』金剛出版

Fuselier, G. D. (1999). Placing the Stockholm syndrome in perspective. *FBI L. Enforcement Bull*, 68, 22-25.

Giaconia, R. M., Reinherz, H. Z., Silverman, A. B., Pakiz, B., Frost, A. K. & Cohen, E., (1995). Traumas and posttraumatic stress disorder in a community population of older adolescents. *Journal of the American Academy of Child and Adolescent Psychiatry*, 34, 1369-1380.

Gil, E. & Johnson, T. C., (1992). *Sexualized children: Assessment and treatment of sexualized children and children who molest.* Launch Press.

Glueck, S. & Glueck, E. (1950). *Unraveling juvenile delinquency.* Harvard University Press.（中央青少年問題協議会訳 1961.『少年非行の解明』［増訂版］法務大臣官房司法法制調査部）

Goffman, E. (1963). *Stigma: Notes on the management of spoiled identity.* Prentice-Hall.（石黒毅訳 2001.『スティグマの社会学――烙印を押されたアイデンティティ』せりか書房）

Gottfredson, M. R. & Hirschi, T. (1990). *A general theory of crime.* Stanford.（大渕憲一訳 2018.『犯罪の一般理論――低自己統制シンドローム』丸善出版）

Gottfredson, S. D. & Moriarty, L. J. (2006). Statistical risk assessment: Old problems and new applications. *Crime & Delinquency*, 52, 178-200.

Gudjonsson, G. H. (2003). *The psychology of interrogations and confessions: A handbook.* John Wiley & Sons.

Hall, G. C. (1996). *Theory-based assessment, treatment, and prevention of sexual aggression.* Oxford University Press.

Halse, A., Grant, J., Thornton, J., Indermaue, D. Stevens, G. & Chamarette, C. (2012). Intrafamilial adolescent sex offenders' response to psychological treatment. *Psychiatly, Psychology and Law*, 19, 221-235.

浜井浩一（2006）.『刑務所の風景――社会を見つめる刑務所モノグラフ』日本評論社

Hanson, R. K. & Bussiere, M. T. (1998). Predictors of sexual offender recidivism: A meta-analysis. *Journal of Consulting & Clinical Psychology*, 66, 348-362.

Hanson, R. K. & Morton-Bourgon, K. E. (2009). The accuracy of recidivism risk assessments for sexual offenders: A meta-analysis of 118 prediction studies. *Psychological Assessment*, 21, 1-21.

「犯罪被害者等給付金の支給等による犯罪被害者等の支援に関する法律」https://elaws.e-gov.go.jp/search/elawsSearch/elaws_search/lsg0500/detail?lawId=355AC0000000036（2020 年 5 月アクセス）

原田隆之（2015）．『心理職のためのエビデンス・ベイスト・プラクテイス入門』金剛出版

Hare, R. D. (1991). *Manual for the revised psychopathy checklist* (1st ed.). Multi-Health Systems.

Harm Reduction International サイト「What is harm reduction?」https://www.hri.global/contents/1269
（2020 年 6 月アクセス）

橋本和明（2011）．『非行臨床の技術――実践としての面接・ケース理解・報告』金剛出版

橋本和明（2016）．「犯罪心理鑑定の意義と技術」橋本和明編著『犯罪心理鑑定の技術』金剛出版

橋本和明編（2016）．『犯罪心理鑑定の技術』金剛出版

Healy, W. & Bronner, A. (1936). *New light on delinquency and its treatment.* Yale University Press. （樋口幸
吉訳 1956. 『少年非行』みすず書房）

Herman, J. L. (2005). Justice from the victim's perspective. *Violence against Women*, 11, 571-602.

引土絵未（2019）．「アディクション回復支援と治療共同体――治療共同体エンカウンター・グループを
中心に」藤岡淳子編著『治療共同体実践ガイド――トラウマティックな共同体から回復の共同体へ』
金剛出版

引土絵未・岡崎重人・加藤隆・山本大・山崎明義・松本俊彦（2018）．「治療共同体エンカウンター・グ
ループの効果とその要因について」『日本アルコール・薬物医学会雑誌』53, 83-94.

Hirschi, T. (1969). *Causes of delinquency.* University of California Press. （森田洋司・清水新二監訳 1995.
『非行の原因――家庭・学校・社会のつながりを求めて』文化書房博文社）

Hopper, E., Bassuk, E. L., Olivet, J. (2010). Shelter from the storm: Trauma-informed care in homelessness
services settings. *Open health Serv Policy J*, 3, 80-100.

Hoskins, M., Pearce, J., Bethell, A., Dankova, L., Barbui, C., Tol, W. A., van Ommeren, M., de Jong, J.,
Seedat, S., Chen, H., & Bisson, J. I. (2015). Pharmacotherapy for post-traumatic stress disorder:
Systematic review and meta-analysis. *Br. J. Psychiatry*, 206, 93-100.

法務省（2019）．「再犯防止推進白書」http://www.moj.go.jp/hisho/saihanboushi/hisho04_00009.html
（2020 年 6 月アクセス）

法務省（2020）．「令和元年版犯罪白書――平成の刑事政策」http://hakusyo1.moj.go.jp/jp/66/nfm/
mokuji.html（2020 年 3 月アクセス）

法務省大臣官房司法法制部司法法制課編（2019）．「矯正統計年報平成 30 年」法務省

法務省保護局（2006）．『心神喪失者等医療観察法による地域処遇ハンドブック――精神障害者の社会復
帰をすすめる新しい地域ケア体制の確立のために』法務省保護局

法務省サイト「犯罪被害者の方々へ」http://www.moj.go.jp/keiji1/keiji_keiji11.html（2020 年 2 月アク
セス）

法務省サイト「法務省研究部報告 55」http://www.moj.go.jp/housouken/housouken03_00084.html
（2020 年 6 月アクセス）

法務省サイト「令和元年版再犯防止推進白書（概要）」http://www.moj.go.jp/content/001309989.pdf
（2020 年 5 月アクセス）

法務省サイト「再犯防止に向けた総合対策――10 年間で再入率 20％減へ」http://www.moj.go.jp/
hisho/seisakuhyouka/hisho04_00020.html（2020 年 6 月アクセス）

法務省サイト「再犯の防止等の推進に関する法律の施行について」http://www.moj.go.jp/hisho/
seisakuhyouka/hisho04_00049.html（2020 年 6 月アクセス）

法務総合研究所（2013）．「研究部報告 50 無差別殺傷事犯に関する研究」http://www.moj.go.jp/

housouken/housouken03_00068.html（2020 年 7 月アクセス）

法務総合研究所（2014）．「知的障害を有する犯罪者の実態と処遇」『法務総合研究所研究部報告 52』

法務総合研究所（2019）．『犯罪白書——平成の刑事政策』［令和元年版］国立印刷局

Howells, K., Day, A. & Wright, S.（2004）. Affect, emotions and sex offending. *Psychology, Crime & Law*, 10, 179-195.

Hudson, S. M. & Ward, T.（2000）. Relapse prevention: Assessment and treatment implications. In Laws, D. R., Hudson, S. M. & Ward, T.（Eds.）. *Remaking relapse prevention with sex offenders: A sourcebook*. SAGE Publishing.

今村扶美・松本俊彦・藤岡淳子・森田展彰・岩崎さやか・朝波千尋・壁屋康洋・久保田圭子・平林直次（2010）．「重大な他害行為に及んだ精神障害者に対する『内省プログラム』の開発と効果測定」『司法精神医学』5, 2-15.

今村扶美・松本俊彦・小林桜児・和田清（2012）．「心神喪失者等医療観察法における物質使用障害治療プログラムの開発と効果」『精神医学』54, 921-930.

一般社団法人東京公認心理師協会「倫理綱領」http://www.tsccp.jp/pdf/rinrikoryo_20190113.pdf（2020 年 2 月アクセス）

Jerome, H. B., Leda, C. & Tobby, J.（Eds.）.（1992）. *The adapted mind: Evolutional psychology and the generation of culture*. Oxford University Press.

Jetha, M. K. & Segalowitz, S.（2012）. *Adolescent brain development*. Academic Press.

Johnson, D. & Lokey, J.（2007）. Individual psychology approaches to group sex offender treatment. Professional issues in counseling. https://www.shsu.edu/academics/counselor-education/piic/journals/summer-2007/lokey.html（2020 年 2 月アクセス）

Jones, L.（1997）. Developing models for managing treatment integrity and efficacy in a prison-based TC: The max glatt centre. In Cullen, E., Jones, L. & Woodward, R. *Therapeutic communities for offenders*. Wiley.

カーン，T. J.［藤岡淳子監訳］（2009）．『回復への道のり パスウェイズ——性問題行動のある思春期少年少女のために』誠信書房（Kahn, T. J. 2001. *Pathways: A guided workbook for youth beginning treatment* (3rd ed.). Safer Society Foundation）

Kahn, T. J.（2007）. *Roadmaps to Recovery: A guided workbook for children in treatment*（2nd ed.）. Safer Society Foundation.（藤岡淳子監訳 2009.『回復への道のり ロードマップ——性問題行動のある児童および性問題行動のある知的障害をもつ少年少女のために』誠信書房）

亀岡智美（2019）．「逆境的環境で育った子どもへの治療的関わり——トラウマインフォームドケアの視点から」『児童青年精神医学とその近接領域』60, 409-414.

亀岡智美・瀧野揚三・野坂祐子・岩切昌宏・中村有吾・加藤寛（2018）．「トラウマインフォームドケア——その歴史的展望」『精神神経学雑誌』120, 173-185.

金沢吉展（2006）．『臨床心理学の倫理をまなぶ』東京大学出版会

Karver, M. S., Handelsman, J. B., Fields, S. & Bichman, L.（2005）. Meta-analysis of therapeutic relationship variables in youth and family therapy: The evidence for different relationship variables in the child and adolescent treatment outcome literature. *Clinical Psychology Review*, 26, 50-65.

Kassin, S. M. & Wrightsman, L. S.（1985）. Confession evidence. In Kassin, S. M. & Wrightsman, L. S.（Eds.）. *The psychology of evidence and trial procedure*. Sage Publications.

「刑法」https://elaws.e-gov.go.jp/search/elawsSearch/elaws_search/lsg0500/detail?lawId=140AC0000000045 （2020 年 2 月アクセス）

警察庁「犯罪被害給付制度」https://www.npa.go.jp/higaisya/kyuhu/index.html（2020 年 2 月アクセス）

警察庁「犯罪被害者等基本法」https://www.npa.go.jp/hanzaihigai/kihon/hou.html（2020 年 2 月アクセス）

警察庁「犯罪被害者等基本計画」https://www.npa.go.jp/hanzaihigai/kuwashiku/keikaku/pdf/dai3_basic_plan.pdf（2020 年 2 月アクセス）

警察庁「主な犯罪被害者等支援体制の概要」https://www.npa.go.jp/hanzaihigai/soudan/gaiyou.html

警察庁サイト「取り調べ（基礎編）」https://www.npa.go.jp/sousa/kikaku/20121213/shiryou.pdf（2020 年 5 月アクセス）

警察庁「精神的・身体的被害の回復・防止への取組」https://www.npa.go.jp/hanzaihigai/whitepaper/w-2010/html/zenbun/part2/s2_2_1.html（2020 年 2 月アクセス）

警察庁「ストーカー行為等の規制等に関する法律」https://www.npa.go.jp/syokanhourei/kaisei/houritsu/281214/gaiyou2.pdf（2020 年 2 月アクセス）

警視庁「平成 29 年度 犯罪被害類型別調査 調査結果報告書（平成 30 年 3 月）」https://www.npa.go.jp/hanzaihigai/kohyo/report/h29-1/index.html（2020 年 2 月アクセス）

Kessler, R. C., Sonnega, A., Bromet, E., Hughes, M. & Nelson, C. B. (1995). Posttraumatic stress disorder in the national comorbidity survey. *Archives of General Psychiatry*, 52, 1048-1060.

Khantzian, E. J & Albanese, M. J (2008). *Understanding addiction as self medication Finding hope behind the pain*. Rowman & Littlefield publishers.（松本俊彦訳 2013. 『人はなぜ依存症になるのか──自己治療としてのアディクション』星和書店）

菊池安希子・橋本理恵子・岡野茉莉子・相田早織（2019）.「医療観察法処遇終了者の社会復帰促進に関する研究」精神・神経疾患研究開発費「疾病構造変化と地域移行に伴うニーズの多様化に対応する精神医療福祉体制構築に関する研究」平成 28 ～ 30 年度総括研究報告書, 45-52.

菊池安希子・岩﨑さやか・美濃由紀子（2010）.「国立精神・神経センター・医療観察法病棟が，そのプログラムとノウハウを公開します③ 暴力という問題解決をやめるための介入『思考スキル強化プログラム』」『精神看護』14, 28-36.

菊池安希子・美濃由紀子（2010）.「国立精神・神経センター・医療観察法病棟が，そのプログラムとノウハウを公開します② 幻覚・妄想の認知行動療法」『精神看護』13, 44-51.

菊池安希子・長沼洋一・安藤久美子・岡田幸之（2011）.「医療観察法の運用状況」*Schizophrenia Frontier*, 12, 17-22.

Kiss M., Principel S. D. & Taxman F. S. (2019). Traditional and Innovative Reentry Approaches and Interventions. In Polaschek, D. L. L., Day, A. & Hollin, C. R. (Eds.). *The wiley international handbook of correctional psychology*. John Wiley & Sons Ltd.

Köhnken, G. (1987). Behavioral correlates of statement credibility: theories, paradigms, and results. In Lösel, F., Haisch, J. & Wegener, H. (Eds.). *Advances in legal psychology: Psychological research in the criminal justice system*. Springer.

Köhnken, G. (2004). Statement validity analysis and the 'detection of the truth' In Granhag, P. A. & Strömwall, L. A. (Eds.). *The detection of deception in forensic contexts*. Cambridge University Press.

小松原織香（2017）.『性暴力と修復的司法──対話の先にあるもの』成文堂

小西聖子（1996）．『犯罪被害者の心の傷』白水社

古藤吾郎（2019）．「断薬と厳罰にこだわらない第三の道——ハームリダクション」信田さよ子編著『実践アディクションアプローチ』金剛出版

厚生労働省「児童虐待の防止等に関する法律」https://www.mhlw.go.jp/bunya/kodomo/dv22/01.html（2020年2月アクセス）

厚生労働省「心神喪失者等医療観察法『入院処遇ガイドライン』」https://www.mhlw.go.jp/stf/shingi2/0000197589_00007.html（2020年4月アクセス）

栗坪千明（2010）．「構造化された入寮生活による栃木ダルク5段階方式の展開」『日本アルコール・薬物医学会雑誌』45, 49-56.

Lane, S.（1997）. The sexual abuse cycle. In Ryan, G. & Lane, S.（Eds.）. *Juvenile sexual offending: Causes, consequences, and correction*. Jossey-Bass.

Lattimore, P. K. & Steffey, D. M.（2009）. *The multi-site evaluation of SVORI: Methodology and analytic approach*. RTI International.

Laub, J. & Sampson, R.（2001）. Understanding desistance from crime. *Crime and Justice*. 28, 1-69.

Laws, D. R. & Ward, T.（2011）. *Desistance from sex offending: Alternatives to throwing away the keys*. Guilford Press.（津富宏・山本麻奈訳 2014. 『性犯罪からの離脱——『良き人生モデル』がひらく可能性』日本評論社）

Lemert, E. M.（1951）. *Social pathology*. McGraw-Hill.

Lerner, M. J. & Montada, L.（1998）. An overview: Advances in Belief in a Just World Theory and methods, In Montada, L. & Lerner, M. J.（Eds.）. *Responses to victimizations and belief in a just world*. Plenum Press.

Levenson, J. S.（2014）. Incorporating trauma-informed care into evidence-based sex offender treatment. *Journal of Sexual Aggression*, 20, 9-22.

Lewis, S.（2014）. Learning from success and failure: Deconstructing the working relationship within probation practice and exploring its impact on probationers, using a collaborative approach. *Probation Journal*, 61, 161-175.

Lipsey, M.（1995）. What do we learn from 400 research studies on the effectiveness of treatment with juvenile delinquents? In McGuire, J.（Ed.）. *What works: Reducing reoffending*. Wiley.

Loftus, E. F. & Palmer, J. C.（1974）. Reconstruction of Automobile destruction: An example of the interaction between language and memory. *Journal of Verbal Learning and Verbal Behavior*, 13, 585-589.（ロフタス，E. F.・パーマー，J. C. 1988.「自動車事故の再構成」ナイサー，U. 編・富田達彦訳『観察された記憶——自然文脈での想起』[上] 誠信書房）

Lombroso, C.（1876）. *L'uomo delinquente* [The criminal man]. Torin.

マーラー他［髙橋雅士・織田正美・浜畑紀訳］（2001）．『乳幼児の心理的誕生——母子共生と個体化』黎明書房

Mahrer, A. R., Foulet, D. B. & Fairweather, D. R.（1994）. Beyond empathy: Advances in the clinical theory and methods of empathy. *Clinical Psychology Review*, 14, 183-198.

マクニール，S.（2001）．「露出行為——女性への影響」ハマー，J・メイナード，M. 編［堤かなめ監訳］『ジェンダーと暴力——イギリスにおける社会学的研究』明石書店

Mannheim, H.（1965）. *Comparative Criminology: A text book*. Routledge & Kagan.

Marshall, W. L., Anderson, D. & Fernandez, Y.（1999）. *Cognitive behavioral treatment of sexual offenders*. Wiley.

Marshall, W. L. & Burton, D. L.（2010）The importance of group processes in offender treatment. *Aggression and Violence Behavior*, 15, 141-149.

Marshall, W. L., Serran, G. A., Fernandez, Y. M., Mulloy, R., Mann, R. E. & Thornton, D.（2010）Therapist characteristics in the treatment of sexual offenders: Tentative data on their relationship with indices of behavior change. *Journal of Sexual Aggression*, 9, 25-30.

Martinson, R.（1974）. What works? Questions and answers about prison reform. *The public interest*, 35, 22-54.

Maruna, S.（2001）. *Making good: How ex-convicts reform and rebuild their lives*. American Psychological Association.（津富宏・河野荘子監訳 2013.『犯罪からの離脱と「人生のやり直し」──元犯罪者のナラティヴから学ぶ』明石書店）

Matsueda, R. L.（1992）. Reflected appraisals, parental labeling, and delinquency: Specifying a symbolic interactionist theory. *American Journal of Sociology*, 97 1577-1611.

松浦直己（2015）.『非行・犯罪心理学──学際的視座からの犯罪理解』明石書店

Meloy, J. R.（1988）. *The psychopathic mind: Origins, dynamics, and treatment*. Aronson.

Merton, R. K.（1938）. Social structure and anomie. *American Sociological Review*, 3, 672-682.

Metzler, M. Merrick, M. T., Klevens, J., Ports, K. A. & Ford, D. C.（2017）. Adverse childhood experiences and life opportunities: Shifting the narrative. *Children and Youth Services Review*, 72, 141-149.

Miller, S. D., Duncan, B. L. & Hubble, M. A.（1997）. *Escape from babel: Toward a unifying language for psychotherapy practice*. Norton.

Miller, W. R. & Rollnick, S.（2012）. *Motivational interviewing: Helping people change*（3rd ed.）. Guilford Press.（原井宏明監訳 2019.『動機づけ面接』［第 3 版 上・下巻］星和書店）

Mitchell O, Wilson D, Eggers A & MacKenzie D.（2012）. Drug courts' effects on criminal offending for juveniles and adults. *Campbell Systematic Reviews*, 8, i-87.

Moffitt, T. E.（1993）. Adolescence-limited and life-course-persistent antisocial behavior: A developmental taxonomy. *Psychological Review*, 100, 674-701.

Mokros, A. & Alison, L. J.（2002）. Is offender profiling possible? Testing the predicted homology of crime scene actions and background characteristics in a sample of rapists. *Legal and Criminological Psychology*, 7, 25-43.

Monnahan J. & Skeem J. L.（2016）. Risk assessment in criminal sentencing. *Annual Review of Clinical Psychology*, 12, 489-516.

森丈弓（2017）.『犯罪心理学──再犯防止とリスクアセスメントの科学』ナカニシヤ出版

森丈弓・高橋哲・大渕憲一（2016）.『再犯防止に効果的な矯正処遇の条件──リスク原則に焦点を当てて』心理学研究, 87, 325-333.

Moster, A., Wnuk, D. W. & Jeglic, E. L.（2008）. Cognitive behavioral therapy interventions with Sex offenders. *Journal of Correctional Health Care*, 14, 109-120.

毛利真弓（2018）.「刑務所内治療共同体の可能性と課題」『集団精神療法』34, 37-45.

毛利真弓（2019）.「刑務所での加害者支援に治療共同体を生かす」藤岡淳子編著『治療共同体実践ガイド──トラウマティックな共同体から回復の共同体へ』金剛出版

毛利真弓・藤岡淳子（2018）．「刑務所内治療共同体の再入所低下効果——傾向スコアによる交絡調整を用いた検証」『犯罪心理学研究』56, 29-46.

Murphy, W. D.（1990）. Assessment and modification of cognitive distortions in sex offenders. In Marshall, W. L., Laws, D. R. & Barbaree, H. E.（Eds.）. *Handbook of sexual assault*. Springer.

永田貴子・平林直次・立森久照・高橋昇・野村照幸・今井淳司・崎川典子・前上里泰史・大鶴卓・村田昌彦・中根潤・西岡直也・村杉謙次・眞瀬垣実加・山本哲裕・山本暢朋・須藤徹・松尾康志・谷所敦史・山本紗世・島田達洋・山田竜一・竹林宏・小澤篤嗣・仲田明弘・柏木直子・花立鈴子・磯村信治・安藤幸宏・橋口初子・西中宏史（2016）．「医療観察法指定入院医療機関退院後の予後調査」『精神医学』58, 633-643.

内閣府男女共同参画局「男女間における暴力に関する調査報告書 平成30年3月」http://www.gender.go.jp/policy/no_violence/e-vaw/chousa/pdf/h29danjokan-12.pdf（2020年3月アクセス）

内閣府男女共同参画局「配偶者からの暴力の防止及び被害者保護に関する法律」http://www.gender.go.jp/about_danjo/law/no_violence/dvhou.html（2020年2月アクセス）

内閣府男女共同参画局「性犯罪・性暴力とは（性犯罪・性暴力被害者のためのワンストップ支援センター）」http://www.gender.go.jp/policy/no_violence/seibouryoku/index.html（2020年2月アクセス）

Najavits, L. M.（2002）. *Seeking safety: A treatment manual for PTSD and substance abuse*. Guilford Publications.（松本俊彦・森田展彰監訳 2018. 『PTSD・物質乱用治療マニュアル——「シーキングセーフティ』金剛出版）

Najavits, L. M.（2019）. *Finding your best self: Recovery from addiction, trauma, or both*（2nd ed.）. The Guilford Press.（近藤あゆみ・松本俊彦監訳 2020. 『トラウマとアディクションからの回復——ベストな自分を見つけるための方法』金剛出版）

仲真紀子編（2016）．『子どもへの司法面接——考え方・進め方とトレーニング』有斐閣

中村哲（2007）．『医者，用水路を拓く——アフガンの大地から世界の虚構に挑む』石風社

成瀬暢也（2020）．「物質使用障害とどう向き合ったらよいのか」松本俊彦編著『物質使用障害の治療——多様なニーズに応える治療・回復支援』金剛出版

National Center for Injury Prevention and Control, Division of Violence Prevention（2014）. The relationship between bullying and suicide: What we know and what it means for schools. https://www.cdc.gov/violenceprevention/pdf/bullying-suicide-translation-final-a.pdf（2020年3月アクセス）

National Organization for Victim Assistance（2010）. *An Introduction to crisis intervention protocols*.

Newman, G.（1976）. *Comparative deviance: Perception and law in six cultures*. Elsevier Scientific.

NIDA（2015）. Therapeutic communities. *NIDA Research Report Series*, 15-4877. https://d14rmgtrwzf5a.cloudfront.net/sites/default/files/therapueticcomm_rrs_0723.pdf（2020年3月アクセス）

NIDA（2018）. Understanding drug use and addiction. *Drug facts*. https://d14rmgtrwzf5a.cloudfront.net/sites/default/files/drugfacts-understanding-drug.pdf（2020年3月アクセス）

野村照幸・森田展彰・村杉謙次・大谷保和・斎藤環・平林直次（2014）．「一般精神科医療への医療観察法に基づく医療の応用——クライシス・プランによる疾病自己管理と医療の自己決定（特集 医療観察法とその周辺——症例と取り組み）」『臨床精神医学』43, 1275-1284.

野坂祐子（2019）．『トラウマインフォームドケア——"問題行動"を捉えなおす援助の視点』日本評論社

野坂祐子・浅野恭子（2016）．『My Step（マイステップ）——性被害を受けた子どもと支援者のための

　心理教育』誠信書房

Office of Justice program サイト https://www.crimesolutions.gov/（2020 年 6 月アクセス）

小川時洋・松田いづみ・常岡充子（2013）.「隠匿情報検査の妥当性——記憶検出技法としての正確性の実験的検証」『日本法科学技術学会誌』18, 35-44.

小栗正幸（2010）.『発達障害児の思春期と二次障害予防のシナリオ』ぎょうせい

岡野憲一郎（2012）.「解離治療における心理教育」前田正治・金吉晴編『PTSD の伝え方—トラウマ臨床と心理教育』誠信書房

奥村雄介（2007）.「拘禁反応」野村俊明・奥村雄介編著『非行と犯罪の精神科臨床——矯正施設の実践から』星和書店

奥村雄介（2016）.「拘禁の心理と拘禁反応」日本犯罪心理学会編『犯罪心理学事典』丸善出版

屋内麻里（2016）.「少年鑑別所における心理検査等の活用について」『刑政』, 127, 86-94.

Orcutt, H. K., Cooper, M. L. & Garcia, M.（2005）. Use of sexual intercourse to reduce negative affect as a prospective mediator of sexual revictimization. *Journal of Traumatic Stress*, 18, 729-739.

Orlinsky, D. E., Grave, K. & Parks, B. K.（1994）. Process and outcome in psychotherapy-Noch einmal. In Bergin, A. E. & Garfield, S. L.（Ed.）. *Handbook of psychotherapy and behavior change*. John Wiley & Sons.

Print, B.,（2013）. *The Good Lives model for adolescents who sexually harm*. Safer Society Press.（藤岡淳子・野坂祐子監訳 2015.『性加害行動のある少年少女のためのグッドライフ・モデル』誠信書房）

Prochaska, J. O. & DiClemente, C. C.（1983）. Stages and processes of self-change of smoking: Toward and integrative model of change. *Journal of Consulting and Clinical Psychology*, 51, 390-395.

Prochaska, J. O. & DiClemente, C. C.（2003）. In search of how people change: Applications to addictive behaviors. In Salovey, P. & Rothman, A. J.（Eds.）. *Social psychology of health*. Psychology Press.

Quayle, E., Vaughan, M. & Taylor, M.（2006）. Sex offenders, internet child abuse images and emotional avoidance: The importance of values. *Aggression & Violent Behavior*, 11, 1-11.

Raine, A.（1993）. *The psychopathology of crime: Criminal behavior as a clinical disorder*. Academic Press.

Raine, A.（2013）. *The anatomy of violence: The biological roots of crime*. Vintage.（高橋洋訳 2015.『暴力の解剖学——神経犯罪学への招待』紀伊國屋書店）

Regini, C.（2004）. Crisis intervention for law enforcement negotiators. *FBI L. Enforcement Bull.*, 73, 1-6.

Rogers, C. R.（1961）. *On becoming a person*. Houghton Mifflin.

Rogers, C. R.（1970）. *Carl rogers on encounter group*. Harper & Row.（畠瀬稔・畠瀬直子訳 1982.『エンカウンター・グループ——人間信頼の原点を求めて』創元社）

Ronel N. & Segev, D.（Eds.）.（2015）. *Positive criminology*. Routledge.

Rowe, D. C.（2002）. *Biology and crime*. Roxbury Publishing Company.（津富宏訳 2009.『犯罪の生物学——遺伝・進化・環境・倫理』北大路書房）

裁判所「刑事手続における犯罪被害者のための制度」https://www.courts.go.jp/about/hogosisaku/seido/Index.html（2020 年 6 月アクセス）

Sampson, R. J. & Groves, B.（1989）. Community structure and crime: Testing social disorganization theory. *American Journal of Sociology*, 94, 774-802.

Sampson, R. J. & Laub J. H.（2003）. Life-course desisters?: Trajetories of crime among delinquent boys followed to age 70. *Criminology*, 41 301-339.

Sawyer, S. & Jennings, J. L.（2014）. Facilitating group centered treatment groups for sex offenders. In

Carich, M & Mussak, S.（Ed.）. *The safer society handbook of sexual abuser assessment and treatment.* Safer Society.

Sawyer, S. & Jennings, J. L.（2016）. *Group therapy with sexual abusers: Engaging the full potential of the group experience.* Safer Society.

Scerbo, A. S. & Raine, A.（1993）. Neurotransmitters and antisocial behavior: A meta-analysis. Cited In Raine, A.（Ed.）. *The psychopathology of crime: Criminal behavior as a clinical disorder.* Academic Press.

Schmucker, M. & Lösel, F.（2015）. The effects of sexual offender treatment on recidivism: An international meta-analysis of sound quality evaluations. *Journal of Experimental Criminology*, 11, 597-630.

Schmucker, M. & Lösel, F.（2017）. Sexual offender treatment for reducing recidivism among convicted sex offenders: A systematic review and meta-analysis. *Campbell Systematic Reviews*, 8, 1-75.

Schore, A. N.（2001）. The effects of early relational trauma on right brain development, affect regulation, and infant mental health. *Infant Mental Health Journal: Official Publication of The World Association for Infant Mental Health*, 22, 201-269.

性犯罪被害相談電話全国共通番号「＃8103（ハートさん）」https://www.npa.go.jp/higaisya/seihanzai/seihanzai.html（2020 年 2 月アクセス）

Seikkula, J. & Arnkil, T. E.（2006）. *Dialogical meetings in social networks.* Karnac Books.（高木俊介・岡田愛訳 2016. 『オープンダイアローグ』日本評論社）

Shaw, C. R. & McKay, H. D.（1942）. *Juvenile delinquency and urban areas.* University of Chicago Press.

Shear, M. K., Simon, N., Wall, M., Zisook, S., Neimeyer, R., Duan, N., Reynolds, C., Lebowitz, B., Sung, S., Ghesquiere, A., Gorscak, B., Clayton, P., Ito, M., Nakajima, S., Konishi, T., Melhem, N., Meert, K., Schiff, M., O'Connor, M., First, M., Sareen, J., Bolton, J., Skritskaya, N., Mancini, A. D. & Keshaviah, A.（2011）. Complicated grief and related bereavement issues for DSM-5. *Depression and Anxiety*, 28, 103-17.

嶋根卓也・近藤あゆみ・米澤雅子・近藤恒夫・松本俊彦（2018）.「民間支援団体利用者のコホート調査と支援の課題に関する研究」『厚生労働科学研究費補助金 障害者政策総合研究事業（精神障害分野）刑の一部執行猶予下における薬物依存者の地域支援に関する政策研究，平成 29 年度総括・分担研究報告書』107-118.

嶋根卓也・森田展彰・末次幸子・岡坂昌子（2006）.「薬物依存症者による自助グループのニーズは満たされているか──全国ダルク調査から」『日本アルコール・薬物医学会雑誌』41，100-107.

Sifneos, P. E.（1973）. The prevalence of 'alexithymic' characteristics in psychosomatic patients. *Psychotherapy and Psychosomatics*, 22, 255-262.

Stamm, B. H.（Ed.）.（1999）. *Secondary traumatic stress: Self-care issues for clinicians, researchers & educators*（2nd ed.）. Sidran Press.（小西聖子・金田ユリ子訳 2003. 『二次的外傷性ストレス──臨床家，研究者，教育者のためのセルフケアの問題』誠信書房）

Steiner, C.（2003）. *Emotional literacy: Intelligence with a heart.* Personhood press.

Substance Abuse and Mental Health Services Administration（2014）. *SAMHSA's Concept of Trauma and Guidance for a Trauma-Informed Approach.*（大阪教育大学学校危機メンタルサポートセンター・兵庫県こころのケアセンター訳 2018.「SAMHSA のトラウマ概念とトラウマインフォームドアプローチのための手引き」http://www.j-hits.org/〔2019 年 3 月アクセス〕）

杉山春（2017）.『児童虐待から考える──社会は家族に何を強いてきたか』朝日新聞出版

杉山尚子・島宗理・佐藤方哉（1998）.『行動分析学入門』産業図書

Sutherland, E. H. (1939). *Principles of criminology*. Lippincott.

Sutherland, E. H. (1940). White collar criminality. *American Sociological Review*, 5, 1-12.

鈴木敬生・田口寿子 (2019). 「司法精神療法のケースフォーミュレーション」林直樹・下山晴彦編『ケースフォーミュレーションと精神療法の展開』[精神療法増刊第6号] 金剛出版

Sykes, G. & D. Matza. (1957). Techniques of Neutralization. *American Sociological Review*, 22, 664-670.

高野歩・郡健太・熊倉陽介・佐瀬満雄・松本俊彦 (2018). 「ハームリダクションの理念と実践」『日本アルコール・薬物医学会雑誌』53, 151-170.

田辺肇 (1994). 「解離性体験と心的外傷体験との関連——日本版 DES (Dissociative Experiences Scale) の構成概念妥当性の検討」『催眠学研究』39, 1-10.

Tannenbaum, F. (1938). *Crime and the Community*. Columbia University Press.

寺村堅志 (2017). 「RNR モデル——再犯防止や社会復帰支援を効果的に推進するための方法論」『臨床心理学』, 17, 763-767.

The American group psychotherapy association. (2007). *Clinical practice guidelines for group psychotherapy*. https://www.agpa.org/docs/default-source/practice-resources/download-full-guidelines- (pdf-format) -group-works!-evidence-on-the-effectiveness-of-group-therapy.pdf (2020年2月アクセス：日本集団精神療法学会監訳 2014. 『AGPA 集団精神療法実践ガイドライン』創元社)

特定非営利活動法人東京ダルク (2010). 「平成21年度 社会福祉推進費補助金事業実施報告書 依存症回復途上者の社会復帰に向けての就労・就学支援事業」

富田拓 (2017). 『非行と反抗がおさえられない子どもたち——生物・心理・社会モデルから見る素行症・反抗挑発症の子へのアプローチ』合同出版

津川律子 (2018). 『面接技術としての心理アセスメント』金剛出版

津富宏 (2017). 「犯罪からの離脱——リスク管理モデルから対話モデルへ」浜井浩一編『犯罪をどう防ぐか』岩波書店

内山登紀夫編 (2017). 『発達障害支援の実際——診療の基本から多様な困難事例への対応まで』医学書院

上岡陽江 (2017). 「女性薬物依存症者の当事者研究」熊谷晋一郎編『みんなの当事者研究』[『臨床心理学』増刊第9号] 金剛出版

ウォード, T. [小長井賀興訳] (2012). 「犯罪者の更生——再犯危険性の管理と善い人生の追及」『更生保護学研究』[第1巻] 77-95.

Undeutsch, U. (1989). The development of statement reality analysis. In Yuille, J. C. (Ed.). *Credibility assessment*. Deventer.

Van der Kolk, B. A., Roth, S., Pelcovitz, D., Sunday, S., & Spinazzola, J. (2005). Disorders of extreme stress: The empirical foundation of a complex adaptation to trauma. *Journal of Traumatic Stress*, 18, 389-399.

Vecchi, G. M., Van Hasselt, V. B. & Romano, S. J. (2005). Crisis (hostage) negotiation: Current strategies and issues in high-risk conflict resolution. *Aggression and Violent Behavior*, 10, 533-551.

Vrij (2015). Verbal lie detection tools: Statement Validity Analysis, Reality Monitoring, and Scientific Content Analysis. In Granhag, P. A., Vrij, A. & Verschuere, B. (2015). *Detecting deception: Current challenges and cognitive approaches*. John Wiley & Sons. (荒川渉・石﨑千景・菅原郁夫監訳『虚偽検出——嘘を見抜く心理学の最前線』北大路書房)

和智妙子・渡邉和美・横田賀英子・大塚祐輔 (2016). 「受刑者の自白理由と取調べの手法」『心理学研究』87, 611-621.

Wachi, T., Watanabe, K., Yokota, K., Otsuka, Y. & Lamb, M. E. (2016). Japanese interrogation techniques from prisoners' perspectives. *Criminal justice and behavior*, 43, 617-634.

Wagner, C. C. & Ingersoll, K. S. with contributors. (2013). *Motivational interviewing in groups*. Guilford. (藤岡淳子・野坂祐子監訳 2017. 『グループにおける動機づけ面接』誠信書房)

和久田学 (2019). 『学校を変える――いじめの科学』日本評論社

Ward, T. (2002). Good lives and the rehabilitation of offenders: Promises and problems. *Aggression and Violent Behavior*, 7, 513-528.

Ward, T. A., Hudson, S. M. & Keenan, T. (1998). A self-regulation model of the sexual offense process. *Sexual Abuse: A Journal of Research and Treatment*, 10, 141-157.

Ward, T. & Maruna, S. (2007). *Rehabilitation: Beyond the risk paradigm*. Routledge.

渡邉和美 (2006). 「犯罪者プロファイリング研究とその実践」松下正明総編集／山内俊雄・山上皓・中谷陽二編集『犯罪と犯罪者の精神医学』中山書店

Waters, E., Kondo-Ikemura, K., Posada, G. & Richters, J. E. (1991). Learning to love: Milestones and mechanisms. In Gunner, M. & Sroufe, L. A. (Eds.). *The minnesota symposia on child psychology* (vol. 23). Psychology Press.

WHO & IASP (2007). *Preventing suicide in jails and prisons*. WHO Press.

Widom, C. S. (1995). Victims of childhood sexual abuse: Later criminal consequences. *US Department of Justice, Office of Justice Programs. National Institute of Justice*.

Widom, C. S. (1999). Posttraumatic stress disorder in abused and neglected children grown up. *American Journal of Psychiatry*, 156, 1223-1229.

Wilson, E. O. (1975). *Sociobiology: The new synthesis*. Belknap Press.

Wilson, R. J., Cortoni, F. & McWhinnie, A. J., (2009). Circle of Support & Accountability: A Canadian National Replication of Outcome Findings. *Sexual Abuse: A journal of Research and Treatment*, 21, 412-430. Association for the Treatment of Sexual Abusers.

山上敏子・下山晴彦 (2010). 『山上敏子の行動療法講義 with 東大下山研究室』金剛出版

山本譲司 (2003). 『獄窓記』ポプラ社

Yates, P. M. (2003). Treatment of adult sexual offenders: A therapeutic cognitive-behavioral model of intervention. *Journal of Child Sexual Abuse*, 12, 195-232.

Yates, P. M. & Prescott, D. S. (2011). *Building a Better Life: A good lives and self-regulation workbook*. Safer Society. (藤岡淳子監訳 2013. 『グッドライフ・モデル――性犯罪からの立ち直りとより良い人生のためのワークブック』誠信書房)

横田賀英子・渡辺昭一・カンターデヴィッド・オーバーオールクリス・渡邉和美・岩見広一 (2002). 「人質立てこもり事件の記述的特徴とその結末に関する分析――日本と南アフリカ共和国の比較を通して」『犯罪学雑誌』68, 119-128.

吉田博美 (2008). 「性暴力被害者への心理的アプローチ」藤岡淳子編『関係性における暴力――その理解と回復への手立て』岩崎学術出版

吉田博美・渡邉美紀子・山本このみ・佐々木洋平・星野美也子・土岐祥子・小西聖子 (2019). 「トラウマインフォームド・ケア実践のための教育プログラム――初学者・支援者双方の再トラウマを予防し,

安心で安全なトラウマ臨床教育の工夫」『武蔵野大学心理臨床センター紀要』19, 69-82.

吉田博美・山本このみ・渡邉美紀子・小西聖子（2020）.「動画で見る解離の対処法」武蔵野大学心理臨床センターウェブサイト https://www.musashino-u.ac.jp/rinsho/trauma_support/movie.html （2020年6月アクセス）

吉川和夫（2006）.「リスクアセスメントの理論と実践」山内俊雄編『司法精神医学5──司法精神医療』中山書店

Zehr, H.（2002）. *The little book of restorative justice*. Good Books Publications.（森田ゆり訳 2008. 『責任と癒し──修復的正義の実践ガイド』築地書館）

全日本断酒連盟サイト https://www.dansyu-renmei.or.jp/ （2020年5月アクセス）

● 事 項 索 引 ●

● 人名索引 ●

❄ **編者紹介**

藤岡 淳子（ふじおか じゅんこ）
　一般社団法人もふもふネット代表理事，
　大阪大学名誉教授

司法・犯罪心理学
Forensic and Criminal Psychology　　〈有斐閣ブックス〉

2020 年 10 月 20 日　初版第 1 刷発行
2023 年 8 月 30 日　初版第 2 刷発行

編　者	藤　岡　淳　子
発行者	江　草　貞　治
発行所	株式会社　有　斐　閣

郵便番号 101-0051
東京都千代田区神田神保町 2-17
https://www.yuhikaku.co.jp/

| 印　刷 | 萩原印刷株式会社 |
| 製　本 | 牧製本印刷株式会社 |